MERIT Farms

J・J 略年譜

1908年　東京日本橋に生まれる。
1930年　早稲田大学理工科建築学科入学。
1935年　東宝入社。主にプログラムの編集に従事。
1948年　東宝退社。映画評論を書き始める。
1956年　突然ジャズを聴きはじめる。
1967年　『ジャズの前衛と黒人たち』を刊行。
1970年　『ぼくは散歩と雑学が好き』を刊行。
　　　　若者に熱烈な植草ブームをまきおこす。
1973年　雑誌「ワンダーランド」責任編集。
1974年　はじめてニューヨークに行く。
1976年　『植草甚一スクラップ・ブック』刊行開始。
1979年　世田谷区経堂の自宅で逝去。

Mr.J·J by Terry Johnson

植草甚一
ぼくたちの
大好きなおじさん

J·J 100th Anniversary Book

晶文社編集部・編

晶文社

カバー画　テリー・ジョンスン
装　丁　小田島等

植草甚一スクラップ・ブック語録 1

全41巻とはびっくりした。どうびっくりしたかといえば……毎月毎月これだけ〈楽しめる〉というびっくりだ。楽しいぞ。そしてハッと気がついた。これはそうだ〈植草甚一バイブル〉〈植草甚一大学〉だ。

はじめは全41巻にびっくりしたが思えばこの著者なら全170巻だって不思議ではない。とするとそれをちぢめにちぢめた41巻は著者の〈感覚〉のエッセンスなんだ。ぜいたくな本なんだ。

さて内容を覗くとこれがけんらんと面白い。『一九二〇年代のアメリカとエンタテインメント』これだけでもう胸がときめいた。

このバイブル、毎日心こめて一章読むべし。君をいかに磨くことか。この大学を必ず卒業すべし。もしも君がほんものの教養人になりたければ。しかもこのモダン・ユニヴァーシティの何たる楽しき教室ぞ。

推せんどころか読まねば手遅れだ。愛読し給え。手にして自慢し給え。君の本だ。

そして私はこの植草大学の卒業生となら安心して生涯の心の友、その親友となりたいものである。

淀川長治

植草甚一スクラップ・ブック第二期投込チラシより

さて、最初に登場するのは、原作で物語の語り手になるイシュメール（リチャード・ベースハート）である。彼は山のふもとを渓流にそって急ぎ足で歩きながら、正面を向くと「私の名前はイシュメールと呼ぶことにしよう」と希望にみちた声でいう。Call me Ishmael は原作者が小説の冒頭で読者に呼びかけた有名な言葉であるが、脚色家レイ・ブラッドべりもまた、これを最初に使ったわけである。ブラッドべりは空想科学小説家として異常な才能を持っていて、この方面の第一人者である。ヒューストンも共同脚色にあたり、ある部分は二十回も書きなおしたというが、ブラッドベリを起用したには彼が想像力に非常にめぐまれている詩人肌の作家であるからだろう。

スクラップ・ブック㉘「シネマディクトJの映画散歩　アメリカ編」より

ヒッチのおじさん、あれ（ポラロイドカメラ）でぼくを撮ってくれたんだ。ゴキゲンになっちゃった。

スクラップ・ブック②「ヒッチコック万歳！」より

グレタ・ガルボというのは、いままでの映画界の女優の中で、いちばん利巧な、インテリジェントな女優なのではないだろうか。

スクラップ・ブック③「僕の大好きな俳優たち」より

ぼくはゴダールがエロ本を読むのも好きな男なんだ、と直感的に解釈したのだった。

スクラップ・ブック⑯「映画はどんどん新しくなってゆく」より

なにか気にいった映画をみたあとで、その印象をきかれた場合、たいていは「素晴らしい」とか「とてもいい」とかいった褒めかたが最初に口から出るものです。しかし「太陽がいっぱい」のような映画にぶつかりますと、これでは褒めたりないという気持になり、たとえば大きな声で「猛烈にいい」と褒めてみると、いくらか感じも出てくるようです。

スクラップ・ブック㉙「シネマディクトJの映画散歩　フランス編」より

ずっとまえにフェリーニに感心して二度みたけれど、封切が都合で遅れたので、どれくらい場面を覚えているかが心配になったから、きのう三度目の試写をみた。どうゆうわけで「青春群像」というイタリア映画は、こんなに面白いのだろう。三度みたけれど、まだすこしも退屈しない。

スクラップ・ブック㉗「シネマディクトJの映画散歩　イタリア イギリス編」より

映画を見に行くときには、そんなよそゆきな顔なんかしなくてもいいし、好きなら好き、嫌いなら嫌いで勝手な熱をあげられるのです。

スクラップ・ブック①「いい映画を見に行こう」より

一時ハリウッドでは精神分析によって、ノイローゼをなおすことが流行したが、喜劇俳優だけはノイローゼにかかっても放ったらかしにしておいた。

スクラップ・ブック④「ハリウッドのことを話そう」より

まさに「羅生門」は映画的落雷だったと言っていい。日本映画は人工の菊であって、そこには真実性なんかないんだと考えていた人たちの腹黒い心を八つ裂きにしたのだった。テクニックのうえで「羅生門」は肉体のキズにつける薬が痛いようなくらいのオリジナリティをもっていた。その映画的内容は、スケールが雄大で男性的だった。だれの目にも天才的な作品だった。そしてその天才が黒沢明であり、映画の新しい時代を告げる最も初期の伝道者だったのである。

スクラップ・ブック㉚「シネマディクトJの誕生」より

ブニュエルの映画なら、なんでも見たい。日仏交換映画祭で、ながいあいだ夢みていた「アンダルシアの犬」と「黄金時代」を見たときくらい嬉しいことはなかった。「ロビンソン漂流記」だってそうなのだ。ぼくはいま、これを書きながら、こんなに嬉しかったことはないと思っている。それなのに、いったいどうしたことだろう。これを見た友だちがみんな『つまらなかった』といっているのだ。ぼくはすっかり頭にきてしまった。『どうしてつまらないんだろう。ぼくはブニュエルらしい映画のつくりかたを見たので、すっかり興奮してしまったのに、こうなると、こっちのアタマが古くなっちゃったのかなあ』とつぶやかないではいられなくなったが、いいものは、やっぱりいいんだし、それをつまらないというのは、見かたが狂っているということがすぐに判りだすと、こんどはとても気持ちがよくなってきた。

スクラップ・ブック㉚「シネマディクトJの誕生」より

まったくレコードを買っているときの気持は、隣りが火事だと叫んでも耳に入らないようになっている。

スクラップ・ブック㊱「J・J氏のディスコグラフィー」より

モダン・ジャズに夢中になりだしたころだが、先輩が『ジャズは聴いてるときだけでなく、聴いてないときでも考えるようにならなくちゃ駄目だ』といったのが、ながいあいだ頭にこびりついていた。というのも、これが難問だったからで、とくべつな場合をのぞくと、たいていの演奏が、あとで煙のように消えてしまう。

スクラップ・ブック㊳「「ジャズマガジン」を読みながら」より

ジャズを聴きながら「シビレちゃった」というジャズ・ファン用語はすたれてしまったのかしらん。どうも最近は耳にしないようになった。

スクラップブック㊲「フリー・ジャズの勉強」より

こいつは、かなりむずかしいな、とまた呟いた。ひさしぶりにリー・コニッツのレコードを出して聴きながら考えこんだり、ひと晩じゅう机に向かったままで参考資料を読みだしてから、もう四日間になるかしらん。

スクラップ・ブック㉟「ジャズ・ファンの手帖」より

ぼくがジャズのとりこになって五年くらいしたとき、ふと頭を横切った考えは、もしジャズを聴かないようになったら、そのときはもう人間としてダメなんだということだった。

スクラップ・ブック⑭「ぼくたちにはミンガスが必要なんだ」より

なるほど、このロリンズを聴いていると、ケチなぼくでも、もう一杯コーヒーを飲みたまえといいたくなる。久保田二郎さんだったら、ハイボールのおかわりを注文するだろう。

スクラップ・ブック⑬「バードとかれの仲間たち」より

おまえはモダン・ジャズ曲で、なにをいちばん繰りかえして聴いたか、と質問されたら、即座に「道化師」のなかの「ハイチャン・ファイト・ソング」だと答えるし、そのつぎがモンクの「ラウンド・ミドナイト」だ。

スクラップ・ブック⑭「ぼくたちにはミンガスが必要なんだ」より

ロックは聴いたとたん、若い人におそいかかってくるのです。ロックのばあいは、ジェット機が急に飛び立つような興奮のさせかた。ジャズの方は、列車に乗って行くような漸増的な興奮のさせかたといっていいでしょうね。そしてその感動は、ひとに話して伝えることの不可能な体験であるんです。

スクラップ・ブック㉑「ニュー・ロックの真実の世界」より

小説家でも画家でも売れっ子になった者は、たいていが自己流のスタイルをそのまま押しだしていった。そして人気が出たあとでマンネリズムの度あいがましたとしても、それは面白いからいいんだというようになってしまい、表現力が進歩したとかしないということは無関係で、読まれたり眺められたりするものなのである。（中略）

ところがジャズの世界では、これとは違って、新しいテクニックなりスタイルをもったミュージシャンが出現しなければ土壌がゆたかにならないだけでなく、それが周期的現象であって、そのときいつもきまって起こるジャズの形態変化が繰りかえされていくうちに、しぜんと音楽的領域がひろがってゆき、同時に創造的意欲を活発にしていく。……

スクラップ・ブック㉕「ジャズの十月革命」より

そばにあるとてもチャチなステレオでダラー・ブランドのトリオを聴いたあとで、ぼくはこのピアニストが大きらいだったことを思い出しながら、こんどは好きになったけれど、それはなぜだろうかと考えた。

スクラップ・ブック㉖
「ジャズは海をわたる」より

植草甚一 スクラップ・ブック語録 2

マイルスとジャズとの結びつきは、さしずめヘミングウェイとアメリカ文学、あるいはピカソと美術との結びつきと似たようなものだ。

スクラップ・ブック⑮「マイルスとコルトレーンの日々」より

もともとモダン・ジャズは、ほかの人から教えられて好きになっていくような性質のものでなく、ふとしたある瞬間、まだ経験したことのないような新しい興奮をあじわったことから、しぜんと好きになっていくものなのです。

スクラップ・ブック⑫「モダン・ジャズのたのしみ」より

こうもファンキーづくとね、おかしな心理現象が起こるよ。ブルースの本源がさぐりたくなったり、ゴスペル・ソングが聴きたくなってくるんだ。

それが当たりまえだって？ そうかなあ。

すると、きみもイカれてる仲間のひとりにちがいない。なぜってさ、ファンキーづくってことはだね、自分が半分ばかり黒ちゃんになった気がして喜んでいるのと変わりがないんだもん。

スクラップ・ブック㉔「ファンキー・ジャズの勉強」より

ジャズを聴いているときくらい日常生活を楽しくさせてくれたことが、ほかにあるかというと、あまり頭に浮かんでこない。けれど、それはぼくだけのことではなく、二つの戦争にはさまった時代に青年期をすごした者にとっては、若さにふさわしい刺激をあたえるものはジャズしかなかったのである。

スクラップ・ブック㉓「コーヒー一杯のジャズ」より

植草甚一
スクラップ・ブック語録
3

…ある日、紀伊國屋三階の洋書部で英語とフランス語の小説を買って出てくると日が暮れていて、四谷方面から真っすぐに通っている街路が、どこもかしこもキラキラとまっ赤に光り輝いている。頭のうえのほうも、かなりの高さまで、やっぱり美しい赤で染まっている。車は一台も走っていない。すぐ下の地下鉄わきの自動車専用路を走っているのだ。かなり賑やかな人手であって、赤い光の洪水のなかで、むこうから歩いてくる人たちは、みんな、まっ青な姿をしている。…

ぼくは伊勢丹の角まで行くと、新宿文化のほうへ足を向けた。そこは紫色に輝いている街路で、遠くから歩いてくる緑色の人間が、こっちから歩いていく紫色の人間のあいだに見え隠れする。きれいな夜の世界だなあ。振り向かないではいられなくなる。…

現実的であった新宿が、ある日から、こんなふうに超現実的な都会になったのだった。それは純粋なプロムナードの出現であって、車がとおらない路上には堅牢なガラス球体がはめ込まれ、その片面は強烈な赤色を、逆の片面は強烈な青色を発光するようになっている。交差した街路のほうは紫と緑を発行し、どのガラス球体も回転仕掛けになっているのだ。

スクラップ・ブック⑲「ぼくの東京案内」より

ヒース・ロビンソンの漫画を見ていると大笑いしてしまうが、それは泣けなくなった人間の笑いなのだ。

スクラップ・ブック㉒「ぼくの大好きな外国の漫画家たち」より

これが流行なのだといわれると、すぐ乗ってしまう人をみかけます。それでもいいでしょうが、流行は、それに先行する流行を知っていてそこから生じた変化に面白みがあるわけで、この点で正統派が生んだ流行と、単なるアイディアから生まれた流行とに区別することができますね。そして、こういうことにたいする知識と自信とが、よいデザイナーをつくりあげる先決条件であると、ぼくは昔の経験から皆さんに申しあげることができるのです。

スクラップ・ブック⑩「J・J氏の男子専科」より

ぼくはコーヒーの知識はないけれど、飲みだしたとき、もう一杯飲んでもいいと思うのに、飲みおわったとき、それだけでよくなってしまうのが、おいしいコーヒーだ。

スクラップ・ブック⑩「J・J氏の男子専科」より

気がつかないことばかり起こっている都会がニューヨークだ。ねこが駐車した自動車のしたで眠っている。エンパイア・ステート・ビルの屋上には何千匹ものアリがいる。どうしてここまで上がってきたんだろう。鳥が運んできたんだろうか。それとも風に吹きあげられたのかな。とにかく不思議だ。そういえば、昼間はニューヨークの街なかで通行人から喜捨をうけ、夕方になるとタクシーでバワリー街へ帰っていく乞食がいる、とおもうと六番街のごみための蓋をあけてごそごそ何か捜している紳士がいる。これも不思議なシロモノだ。

スクラップ・ブック㉝「ぼくのニューヨーク案内」より

女の絹のスカーフや腕時計やフランスのネクタイや石けんなんか、いつでも目のまえに転がっているじゃないか。みんな知っているよ。そう言うかもしれないけれど、じつはそんなものが気がつかないうちに変化しているんだ。青山や原宿や六本木あたりが夜になってキレイに見えてくるのは、そういった新しい変化を光っているウィンドーやガラス・ケースの中に発見できるからなのである。

スクラップ・ブック㊵「植草甚一自伝」より

去年の暮れに原稿料や何かが、あっちこっちからドカドカとはいった。みんなのおかげで景気がいいなあと思いながら、秋にまたニューヨークに行くときの本代を別にして、あとを小遣いにしたところ、それを一月七日までに全部すっかり使ってしまった。

スクラップ・ブック㊶「植草甚一の研究」より

エッフェル塔が美しいか醜いかという議論は、ほぼ二十年ごとにむし返されるといい、このエピソードをあつめた面白い記事が、サタデー・イブニング・ポスト誌八月十一日・十八日号にのった。よく引用される笑い話だが、毎日かかさずエッフェル塔にあがり、その料理店で食事をすると、チップをはずんで降りていく金持の紳士がいるので、ある日ボーイが『毎度ありがとう存じますが、毎日おいでになるというのは』と口をすべらせたところ『こいつを見ないで食事できる店は、ここしかないからだ』といわれた。

スクラップ・ブック㉞「アンクルJの雑学百科」より

これからニューヨークを中心にしてスリの研究をしますが、便宜上、ぼくがスリ発見係となって目を光らしながら、スリが出没する場所をえらんで歩き回ることにします。

スクラップ・ブック⑦「J・Jおじさんの千夜一夜物語」より

3月21日（土）晴

2時半、厚生年金へ。内容はいいし、テナーのビリー・モーガンJr.がいいが、万博の影響で不入り。帰りに近くの古着屋でチェックのジャンパーを買い、報知の井内龍二さんにジャズ・コンサートの印象を話す。それから紀伊国屋へ行き、ヘリテージ辞典ほか6冊、およびイギリスの切手（計８６００円）。マジック・ペン、眠り薬を買い、カツを食べ、「オザワ」でレコード7枚（1万１５００円うち1万円はこのつぎ）。遠藤で3冊（１５００円）買って帰り、新聞を見て、レコードをかけながら、これを書いている。１０時半。あとでレノンをすこし訳そう。

スクラップ・ブック㊴「植草甚一日記」より

ぼくの大すきな古本屋の一軒に神保町の泰文社があって、そこへ寄ると荷がふえるから帰りは経堂までタクシーにしなければならない。けれどタクシー代は本を値切ったぶんで出てくるのだ。

スクラップ・ブック⑨「ポーノグラフィー始末記」より

なにかあたらしいノートブックを買ってきてボツボツこの仕事をはじめよう。あたらしい仕事に取りかかるときは机の上に置いたノートブックがいいやつでないと感じがでない。

スクラップ・ブック⑪「カトマンズでLSDを一服」より

少年時代から老年にいたる今日まで、植草甚一氏はモダニストとしての姿勢をいささかもくずさない。中年のころのたくましい風貌が、いまは白い髪と白いヒゲとにはさまれた童顔となって、二つの眼はイギリスの童話に登場する妖精のごとく、好奇と探求のために光り輝いている。

植草氏は、その生活と仕事へ絶えず新鮮なエネルギーをそそぎ入れるたのしさで、その日その日を夢中にすごしているにちがいない。

その新鮮なエネルギーとは、金でもなければ酒でもない。

すべてこれ、きたえぬかれた〔モダン根性〕から生み出されるのだ。

生み出された作品群の中で、まだ自分の目にふれていないものが、今度の41巻におよぶ集成の中にすべてふくまれていると聞き、いまから私は、発刊の日を待ちかねている。

池波正太郎

植草甚一スクラップ・ブック第二期投込チラシより

植草甚一 スクラップ・ブック語録 4

ぼくは、つぎのような場合に、古本屋を歩きたくなる癖がある。

1 寝不足の日の正午前後。
2 ひとりぼっちで酒を飲みだしたとき。五時半から六時にかけて。
3 三、四日つづいた雨あがりの日。
4 本を買った夢を思い出した瞬間。
5 そして古本を調子よく買っているとき、ますます歩きたくなる。十時ごろまで。

スクラップ・ブック⑥「ぼくの読書法」より

本というものは不思議で、売れない本を買ってやると、本自身はよほど有難いとみえ、あたかも犬のように、道先案内をしてくれるのである。最初はいった店で、買うのを止めてしまった日は、いくら捜し回っても掘出物がないことが多い。

スクラップ・ブック⑥「ぼくの読書法」より

この「消えた犠牲」の扉書きには——田舎にあるコッテージとその鍵をもって作者の救援に来てくれたアリシアとジョンに、この作品を捧げよう。お前たちのお蔭でプロットをまとめあげることが出来たんだ——と書いてあるが、コップは一八九二年の生まれであるから、このとき六十六歳であり、アリシアが孫娘でもあるとすると『おじいさま、田舎の別荘へ行って、のんびり推理小説でも書いてらっしゃい』といっているのが目のまえに浮かんでくる。

スクラップ・ブック⑱「クライム・クラブへようこそ」より

倒叙形式の探偵小説では、アイルズが基礎づけた構成上の共通特色があり、それは大体つぎのようになっている。すなわち、完全犯罪を思いたつ動機が第一段で描かれ、準備はととのったが、実行の一歩手前で詰らない邪魔が入ったため挫折してしまうまでの詳細な描写が第二段となり、これで諦めかけていた矢先、急に思いがけない好機がおとずれたので再び実行に移し、こんどはうまく成功するまでが第三段である。ところが第四段に入ると、唯ひとつ不注意による手ぬかりをやったために、完全犯罪が揺ぎはじめ、結局これが命とりになる、という四つの段階によってサスペンスをたもっていくのが技巧上の定石となっている。

この場合、読者のほうで無意識に強く引きつけられるのは、第二段から第三段にかけて犯罪の遂行が宙ぶらりんの形をとっているあいだである。ここで倒叙形式の作品に面白味が加わるのであるが、事件が起っていないために、はっきりと目立った形をとって面白味があらわれないので、案外この特徴が見逃されている。それだけでなく、二流以下の作品になると、作者自身がこの技巧を知らないとみえ、一度で計画を成功させている場合をみかける。

スクラップ・ブック⑧「江戸川乱歩と私」より

まったく知らなかった作家でも、三十編、四十編と読まされたせいか、なんだか友達みたいになってくる。

スクラップ・ブック㉜「小説は電車で読もう」より

アメリカ文学を研究する人たちの場合は、文学史の線にそいながら、コツコツと昔の作品を系統的に読まなければならないが、ぼくたち一般読者のばあいは、それとはちがった動機で、なにか特別な作品が急に読みたくなってくるものだ。

スクラップ・ブック⑰「アメリカ小説を読んでみよう」より

ホテルに泊まって三日間ぶらつけば、二百冊は読んでみたい洋書にぶつかるはずだ。ぼくはまだ二百冊いっぺんに買ったことはないので、それをタクシーに積んで帰るときのことを想像すると、やっぱり三日間泊り込みで神保町の古本屋歩きがしたい。

スクラップ・ブック⑥「ぼくの読書法」より

探偵小説の愛読者がよく経験するであろうようにクルーゾーもまたこの探偵小説の細かい筋はすっかり忘れてしまっていた。

スクラップ・ブック⑤「サスペンス映画の研究」より

丸善の洋書部をのぞいたら、またもやフランスで推理小説のあたらしい叢書が出はじめたのが、白と黒の新鮮なデザインのために、パッと目についた。あっさりした表紙なのに、なんといいことだろう。細目の字体をつかった大きな題名が、こころもち斜めに遠近をつけてあって、したのほうの白い空間に「パニック」Panique という叢書名が、じつに気持ちよく入っている。見た瞬間にほしくなった。

スクラップ・ブック㉛「推理小説のたのしみ」より

「ニューヨーカーよりマクスウィニー　だよ」ってJ・Jは言うと思うんだ

山崎まどか
（エッセイスト）

J・J氏が今も生きていたら、何に興味を持つかと考えるのはいつも楽しい想像ゲームで、考え始めると一時間かそこらはすぐに潰れてしまう。きっとヒップホップのトラック・メイカーたちには夢中になったはずだ。「ティンバランドに僕はいつも感心させられてしまうのだ」というエッセイだって、でっち上げられる。スニーカーに狂ったり、裏原ブランドにはまったりしたかもしれない。晩年の植木等がAPEのシャツを品良く着ているのを見たことがあるが、J・J氏ならばもっとファンキーに着こなしたに違いないと思うのだ。チープなアクセサリーをジャラジャラつけてね。

最初私はこのエッセイをもっと普通に始める気でいた。私が初めて植草甚一を知ったのは、とか。ディレッタントでないところが私みたいに「気まぐれの中に真理がある」と思う人間には魅力的で、とか。

でも、J・J氏ならば好きな人について、好きなモノについて、興味をひかれた対象についてそんな退屈な書き方はしないよなあ、「好き」という気持ちの最大風速の地点で書いているようなテンションとスピードで、気ままに書いて字数が尽きたところで終わる。そんなスタイルをとるよなあと思ったら、何だか自分が書いているものが馬鹿らしく思えてきた。

だからもう、たった今、私が面白いと思っていること、J・J氏もきっと面白いと思ってくれたであろう、この本のことを書くことに決めた。Vintage というペーパー・バックの出版社から出ている「McSweeney's のブック・ジョークのジョーク・ブック」(The McSweeney's Joke Book of Book Joke) のことである。

J・J氏のエッセイの愛読者は、今も熱心に「ニューヨーカー」を読んでいるのだろうか。今だったらJ・J氏のお気に入りの文芸誌は「McSweeney's」に決まっている！　と、私は思っているのだが。

通称「McSweeney's」こと「Timothy McSweeney's Quarterly Concern」は、アメリカ人の作家、デイヴ・エガーズが運営する出版社 McSweeney's から出ている文芸誌である。98年に創刊された時は、色んな出版社から却下された無名作家の作品を掲載するのが目的のインディな雑誌だった。その後、スティーブン・ミルハウザーやアン・ビーティーといったビッグ・ネームも執筆陣として名を連ねるようになったが、いつも面白いコンセプトで新しい作家を紹介してくれる貴重な雑誌であることは変わりない。

「McSweeney's」の魅力といえば、いつも趣向が違うこと。装丁からして毎回違うのである。グラフィック・ノヴェルの作家やイラストレーター、装丁家に好きなことをさせていて、毎号ノヴェルティ感覚で集めたくなる。今、手元にある22号は革張りの表紙を真似た合皮のブックケースに三巻の冊子が収まっている。背表紙の裏がマグネットになっていて、冊子がぴったりとくっつくよ

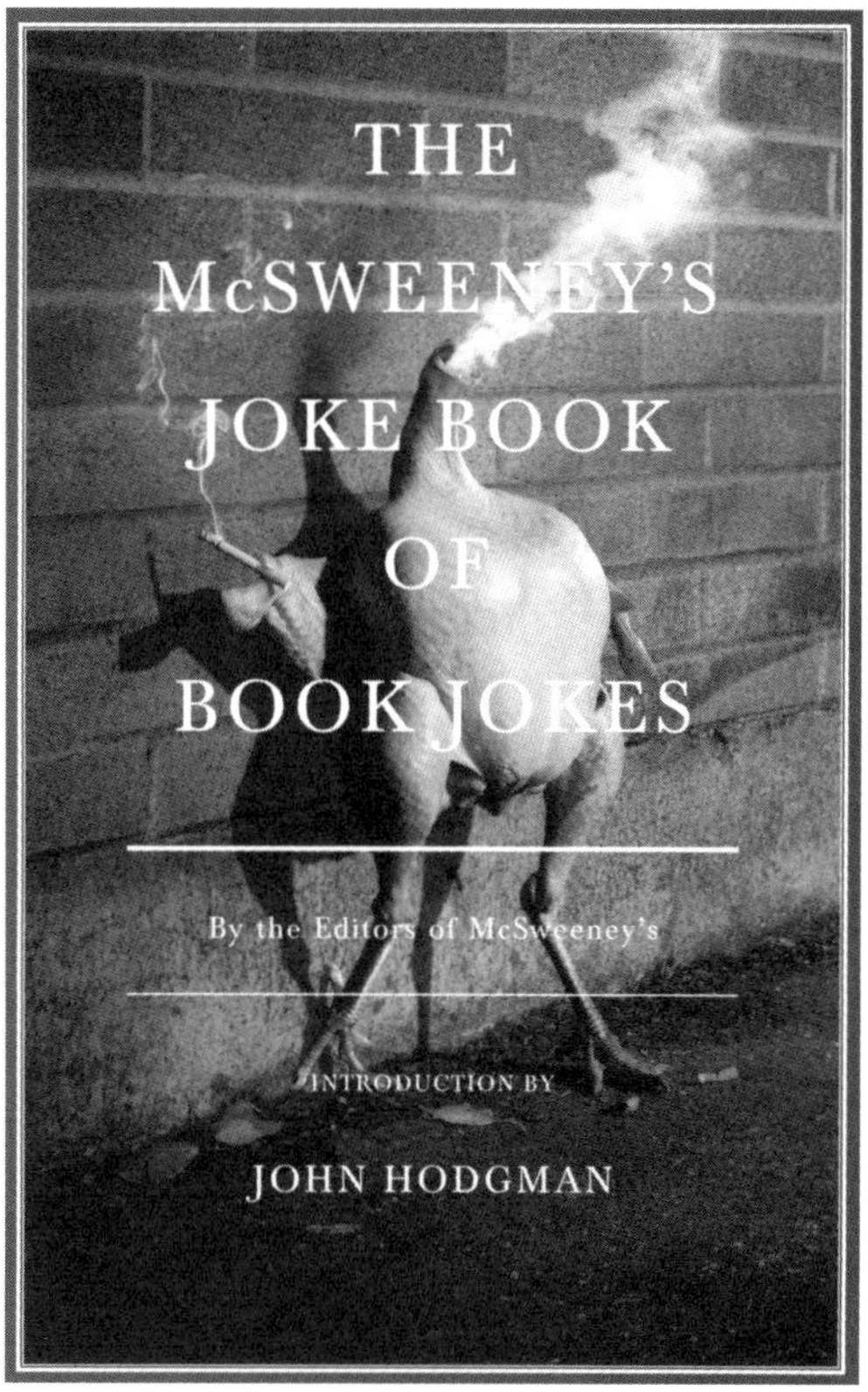

うになっているのだ。一冊は、スコット・フィッツジェラルドが残したアイデア・ノートから現役作家たちが好きなものを選んで、それにインスパイアされて書いた短篇を収録したアンソロジー。もう一冊は文学集団オリポの現メンバーの新作集で、最後の冊子は詩人たちが自分の作品とお気に入りの詩をリレー形式で紹介する詩集になっている。

紺の布張りの表紙にイラストがプリントされた24号も素晴らしい。金文字で入れられた「McSweeney's 24」の書体も位置も上品だ。この号は二冊の本を裏表くっつけたような形をしている。蛇腹のように本を開くと、裏表それぞれの表紙と、見返しのイラストが続いていて、全体で大きな絵になっていることが分かる。幻想的な影絵でエキゾチックな島の風景を描いたのは、レイチェル・サンプターというイラストレーター。偶然、インターネットで彼女の描く愛らしいエスキモーの少女たちの絵を見て以来、私は彼女の大ファンだったので、「McSweeney's」とサンプターの組み合わせは嬉しかった。この号は表から開くと、「トラブル」をテーマにした六編の新作小説が収録されたアンソロジーになっている。24号であることと、緊迫したドラマの『24』をかけて、このテーマにしたのだという。

前から気になっていたジョー・メノという作家が、ストックホルム症候群のもとになった銀行強盗事件についての短篇を寄せていた。これを読んで、彼の『少年探偵の失敗』(The Boy Detective Fails)という長編小説をやっぱり買おうと思った(私はJ・J氏のように英語が得意ではなく苦労しながら読むので、洋書を買うときにはよっぽど面白いという保証がないと躊躇してしまうのだ)。かつては少年探偵として名を馳せた三十代の男が、長い精神病院暮らしを終えて故郷に帰り、妹の自殺にまつわる謎を解くというハードボイルドで、ジュブナイル仕立てで書いてあるらしい。でも、その前に彼の短篇にレイチェル・サンプターや、その他のイラストレーター、グラフィック・ノヴェルのアーティストたちイラストを寄せたメノの最新短編集の『春の悪魔たち』(Demons in The Spring)が欲しい。

裏から開くとドナルド・バーセルミに捧げる随筆集だ。更に小冊子で、もうすぐMcSweeney'sから出版される長編小説の抜粋がついてくるという贅沢な造りになっている。私が、そして私の考えるJ・J氏が、「McSweeney's」に夢中になる理由が分かってもらえただろうか。

「McSweeney's」は、本誌やウェブサイトに収録された短篇から、ユニークなテーマでアンソロジーを組むことでも知られている。「McSweeney's のブック・ジョークのジョーク・ブック」は最新のアンソロジーだ。タイトルの通り、文学をテーマにしたユーモア・スケッチを収録している。鮮やかなピンクで縁取りされた表紙の写真が印象的だ。頭を落とされて羽毛を抜かれ、恐らくは内蔵も処理されているであろうという鶏肉が煙草をふかしている。

この表紙を見て、『知られざる真実の本』(The Book of General Ignorance)というトリビア本で読んだ、「首なし鶏のマイク」の話を思い出した。斧で頭を切られた鶏がしばらく生きているのは有名だが、一九四五年コロラド生まれのこの雄鳥は、首を切られてから十八ヶ月も生きていたのだ。脳幹と頸静脈がうまい具合に残っていたために、死なずに済んだのである。点眼器で餌も補給されて、一躍「トキのトリ」となったマイク君は有名誌の表紙を飾り、巡業の旅に出た。これが大当たりしたため、アメリカではその頃「二羽目のトリ」を狙った飼い主によって首を落とされる鶏が多発したという。

序文を書いているジョン・ホッジマンというのは、アメリカでは有名なユーモア作家である。何故有名かというと、MacのCMに出演しているからだ。日本ではラーメンズがマックと(恐らくは)ウィンドウズのパソコンを演じていたあのCMの本国版に、ジョン・ホッジマンはウィンドウズの役で出ていた。ホッジマンはちょっとビル・ゲイツに似ているので、この役に抜擢されたらしい。ちなみにマックを演じていたのは、『ギャラクシー・クエスト』や『ダイ・ハード4.0』といった映画のギーク役でお馴染みの俳優、ジャスティン・ロングだ。

「McSweeney'sのブック・ジョークのジョーク・ブック」にまつわるトリビアばかり書いてしまったが、本当に雑学的な知識が必要なのは、この本の内容の方かもしれない。何せ、ジョークのネタにされているのはホメロス、ジェームス・ジョイス、カフカ、ナボコフ……。相当な文学マニア向きだ。

エミリー・ディキンソンへのラップ・バトル・コーチの辞職願い(彼女は韻を踏まないのでバトルに不向き)。あまりに短いホールデン・コールフィールドの卒業スピーチ。通報者を実存主義的に追いつめる、ジャン・ポール・サルトルの緊急通報用電話交換手。私が気に入ったのは、「ジョン・アップダイクがテレビ脚本家だったら」というスケッチだ。

アップダイクが書く「フレンズ」は悲惨である。アップダイク版「フレンズ」の中心は、小心者のインテリ男、ロス・ゲラーだ。彼は長い間、自分の妹の親友であるレイチェルに想いを寄せているが、彼女の方はそんなロスをサディスティックにいたぶることに歓びを見出している……ほぼ、オリジナルの「フレンズ」に忠実なプロットだが、アップダイク視点で見るとこうなるのだ。ロスは最後、ヴァーモントへのスキー旅行で、レイチェルに惨めったらしく「一夜のお願い」するのだが、冷たく拒否され、ペンシルバニアで娼婦を買って、彼女の優しさに触れて母親を思い出すのである。

これなど、和田誠が『倫敦巴里』でやった、いろんな文学者による「雪国」冒頭のパロディを思い出させる。ペダンティックだけど、チャーミングな遊び心を忘れない、そんなところがMcSweeney'sのアンソロジーらしい。

文体や文学のパロディだけではなく、小説の構造に関するジョークも多い。「ひねりの効いた結末」と題された短いスケッチに載っているのはこんな用例だ。

・今までのことは全部夢だった
・彼は女だった
・彼女は男だった
・主人公が犯人だった
・主人公は実在していなかった
・主人公は物語冒頭から死んでいた
・ヒロインは物語冒頭から死んでいた
・登場人物はみんな物語冒頭から死んでいた

・異星人だった
・ロボットだった
・SFだった
・神の仕業だった

実際にこういう結末だった文学作品やミステリー、SFを挙げられる人も相当いると思う。そんな人なら、まず「THE McSweeney's JOKEBOOK OF BOOKJOKE」を楽しめるはずだ。

J・J氏もきっと楽しんで、この本一冊をネタにして、私が書いたのよりももっと面白いエッセイをサラサラ書き上げてしまうと思うのだが。

でもひょっとしたら「McSweeney'sなんてもう古いよ。今一番面白いリテラリー・マガジンはキース・ゲッセンやベンジャミン・クンケルがやっているn+1じゃないかな」なんて言われちゃうのかもしれない。

ニューヨークのブックショップ

秦 隆司（翻訳家）

一九七四年六月一四日、僕はサンフランシスコに到着しそこからグレイハウンドバスを乗り継ぎアメリカ大陸を横断した。行き先はニューヨークのマンハッタン。日本の大学に入ることを辞めキャットフィッシュというブルースバンドをやっていた僕が選んだのは、日本を出てアメリカで暮すことだった。七四年、僕は二〇歳だった。

その決断の結果、僕は不法労働者としてアメリカ移民局に捕まり、裁判の証人としてその後の四年間はアメリカを出ることが許されない状況となった。

だから僕にとって長く暮す決意でアメリカに来た一九七四年という年は忘れられない年だ。

その七四年に植草さんも初めてニューヨークに来た。彼は六六歳だった。

この年のニューヨークの印象はいまも僕の中に強く残っている。

当時ニューヨーク市は市の歴史始まって以来の財政難に陥っていた。グレイハウンドバスでタイムズスクエアに着いた僕は街の荒《すさ》みかたに驚いた。道路はゴミで溢れ、タイムズスクエアにたむろしていた人間はすぐにも銃をぶっぱなしそうにみえた。

頼る人もいない僕はマンハッタンを諦めロングアイランドの郊外に逃げ出した。

そんなニューヨークを植草さんは楽しそうに散策している。やはり人生経験が違っていたのだろう。

僕はいまグリニッチビレッジのアパートに住んでいる。植草さんが初めてニューヨークに来たときに使った一五階建てのフィフス・アヴェニュー・ホテルは僕のアパートから歩いて五分くらいのところにある。ここはいまはすでにホテルではなく高級住宅ビルとなっている。しかし、入り口の横に出窓のあるレストランがあり、普通のコンドミニアムの作りとはやはり雰囲気が違っている。

僕は植草さんが書いた文章や描いた地図を頼りに、彼が歩いたダウンタウンを歩いてみた。

まず、植草さんが立ち寄ったマルボロ・ブックショップやE・S・ウィレンツのエイス・ストリート・ブックショップがあった八丁目の通り。ここは今も店が多く賑やかな通りだ。しかし、靴や服のショップが多く、商店街といった感じだ。

試しにマルボル・ブックショップがあった八丁目西五六番地を訪れてみるとそこには「economy foams & futons」という看板がかかっていた。ニューヨークでも人気のあるフトンも扱う寝具店だ。同じ通りにあったウィレンツのエイス・ストリート・ブックショップは靴屋になっていた。

そのほか、植草さんが一番気に入っていた五番街六六番地にあったダウバー&パイン書店はいまは美術大学パーソンズ・スクール・オブ・デザインの校舎となっている。

植草さんが好きだったこれらの本屋はそれぞれニューヨークの文学史や歴史に足跡を残しているので、少しその話を紹介しよう。

まずは八丁目にあったウィレンツのエイス・ストリート・ブックショップ。この書店はニューヨークのビートシーンに深く関わった店だった。店のオープンは一九四七年。最初は同じ八丁目のもっと西側にあったが六五年に八丁目西一七番地に移っている。植草さんが通ったのはこの一七番地の店だ。

この店にはE・E・カミングス、マリアン・ムーアなどの詩人やジャック・ケルアック、グレゴリー・コーソ、アレン・ギンズバーグ、アミリ・バカラ（aka リロイ・ジョーンズ）などのビート作家が集まった。

生活に窮していた詩人や作家はここを自分の住所として使い郵便を受け取り、時には書店員として働き、お金を借りることもあった。二〇〇一年五月六

昔エイス・ストリート・ブックショップがあった場所は靴屋になっている

高級コンドに変わったフィフス・アヴェニュー・ホテル

パーソンズ・スクールオブ・デザインとなったダウバー&パイン書店

18 Miles of Books がストランドのキャッチフレーズ

日付のニューヨーク・タイムズ紙にこの店を紹介する記事が出ているが、それによるとジャック・ケルアックとニール・キャサディもこの書店からお金を借りたという（彼らがお金を返すことはなかった）。

また、オーナーのエリアス・ウィレンツとテッド・ウィレンツはコリンシアン・ブックスという出版社も経営していた。この出版社は無名の作家やほかの書店では扱わないようなアヴァンギャルドな作品を出版していた。ウィレンツの出版社からはダイアン・ディ・プリマの『Dinners and Nightmares』やアレン・ギンズバーグの『Empty Mirror』、ジャック・ケルアックの『Scripture of the Golden Eternity』などが出版された。また、ウィレンツ兄弟は詩人デルモア・シュウォーツに彼が本を完成させることはないと分かっていながら、先に原稿料を支払った。

この兄弟出版社からの一冊を選べと言われたらやはりエリアス・ウィレンツが編集を務めた『The Beat Scene』だろう。一九六〇年に第一版が出版されたこの本はケルアック、ギンズバーグはもちろんローレンス・ファーリンゲティ、ピーター・オーロフスキー、グレゴリー・コーソ、フランク・オハラ、ダイアン・ディ・プリマ、などの五〇名近くの作家の作品を集めた本だ。

エリアス・ウィレンツは序文でこの本は「新しく若々しいニューヨーク・グリニッチビレッジの文学世界とその作家たち、パーティ、朗読会、つまりいまの現場を映し出そうとした試みだ」と書いている。

エリアス・ウィレンツが編集を務めた『The Beat Scene』

この本に使われている数多くの写真は、当時『ビレッジ・ヴォイス』の写真家フレッド・マクダラが担当した。フレッド・マクダラは多くのビート作家の写真を撮り続けた写真家であり、本のなかで使われている写真はすべて彼がこの本のために撮り下ろした作品だ。

ニューヨークのビートシーンと深く関わったウィレンツのエイス・ストリート・ブックショップの蔵書は六万冊。ニューヨークで一番詩集が充実していた書店でもあった。店のキャッチフレーズは「Three Floors of Books」。近くにあったストランド・ブックストアのキャッチフレーズが「8 Miles of Books」なのでその対比が面白い（最近ストランドはキャッチフレーズを18 Miles of Books に変えた）。

七六年に店は火災に遭い閉店の危機に襲われた。その時にはニューヨークの詩人や作家が立ち上がり資金集めをおこなった。店は再開したが、ウィレンツ家の子供たちが本屋を継ぐ意思がなかったため、七九年にその三一年の歴史に幕を閉じた。

オーナーの一人だったエリアスは一九九五年に七六歳で亡くなり、テッドは二〇〇一年八六歳でこの世を去っている。

植草さんがこの書店に通ったのはもうテッドが店を閉める少し前の時期だったのだ。

＊　＊　＊

もう一軒植草さんがよく通ったと書いてある書店がダウバー・アンド・パイン。植草さんはこの店が一番好きだったようだ。

この書店はオーストリアからの移民サミュエル・ダウバーとロシアからアメ

リカにやってきたネーサン・パインによって一九二〇年代に開かれた。店の名前はふたりの苗字を並べたものだった。

店には常に二〇万冊の本があったといわれている。パインが受け持つ一階に七万冊程度、残りはダウバーが担当する地下階に収められていた。植草さんもこの店の地下階で多くの時間を費やしたようだ。

この店の文学界への貢献はエドガー・アラン・ポーの『モルグ街の殺人事件』のごく初期の版を発見したことだろう。

発見したのはサミュエル・ダウバー。一九二六年の夕方彼は店に高く積まれた古本の山のひとつをうっかり崩してしまった。山を元どおりにしようとしている時にある小冊子をみつけた。それがポーの『モルグ街の殺人事件』だった。

『モルグ街の殺人事件』は一八四一年、「グラハム・マガジン」が掲載した物語だったが、その小冊子はセールスマンが雑誌セールスのために持ち歩けるようにと、雑誌本体とは切り離し、物語だけを印刷したものだった。この小冊子が物語単体として出版された『モルグ街の殺人事件』の最初の印刷媒体だった。

この小冊子は、弁護士で書籍の収集家であるオーエン・ヤングという人物に二万五〇〇〇ドルで売られた。

当時の同僚書籍業者だったウォルター・ゴールドウォーターによると、ポーの『モルグ街の殺人事件』の小冊子はダウバー・アンド・パインがある男から一ドルで買ったものだったと語っている。ダウバー・アンド・パインがその本を二万五〇〇〇ドルでオーウェン・ヤングに売ったことを知ったその男は自分にお金を支払うべきだと文句を言ったという。しかし、ダウバーたちは支払いに応じず、その男は自殺をしてしまったという話だ。

「彼らの関わったこの事件は街中に知れ渡りました」とゴールドウォーターは当時を懐古するインタビューで語っている。

この本の持ち主となったヤングは、一九四一年に小冊子をニューヨーク・パブリック・ライブラリー（NYPL）に寄付し、いまもNYPLがこの本を所有している。

サミュエル・ダウバーの方は六五年に死亡し、その後ダウバーの息子であるマレー・ダウバーとネーサン・パインが店の経営にあたっていたが、八二年にネーサンが九〇歳で他界。翌八三年にマレーは店を閉めた。

マレーは「ニューヨーク・タイムズ」紙のインタビューに今後の人生について一七世紀のフランスの詩人ジャン・ド・ラ・フォンテーヌの言葉を借りてこう語っている。

「私は寓話に出てくるキリギリスのように生きたい。キリギリスは始めに歌い、そして次に踊った」

どこか物悲しさが漂う言葉だ。

＊　＊　＊

これまで紹介した本屋は植草さんが通い、すでにその歴史に幕を閉じてしまった店だが、いまだにニューヨークに残っているという本屋ももちろんある。

そんな店のひとつがストランド・ブックストアだ。

ストランドの歴史を簡単に紹介すると、店の設立は一九二七年。ストランドは多くの古本屋が四番街と一四丁目を中心に店を開き「ブック・ロウ」と呼ばれた地域の歴史を一手に受け継いでいる店だ。

「他の店は、後継者がいなくなり廃業したところが多かったようよ。ストランドは二代目に恵まれていて、お父さんが本を好きでストランドを大きくした」と二代目の経営者フレッド・バスの娘であるナンシー・バスは話してくれた。

ストランドが昔の「ブック・ロウ」の名残を受け継いでいるといえるのは、もちろんブロードウエイと一二丁目の角という立地もあるが、それよりも大切なのが店の雰囲気だろう。

植草さんが通ったダウンタウンの本屋に共通するものは、言うなれば店の中に漂うある種の無秩序さだったはずだ。床に積み上げられた本。どこに何があるのか一度や二度店内を歩いてみただけでは分からない雑然さ。壁や床は傷み、書架もかなりの歴史を感じさせたはずだ。

この無秩序さや雑然さについてストランドの経営者フレッド・バスが書籍専門雑誌「ブック」二〇〇〇年九／一〇月号のインタビューに答え面白いことを言っている。

「店のなかを綺麗に整頓したら売り上げが落ちた。二五年から三〇年前のことだ」

また、フレッド・バスは「ウォールストリート・ジャーナル」紙でも「店をわざと雑然とした状態に保っている。整頓すると売り上げが落ちるんだ」と語っている。

「ブック・ロウ」に並んでいた古本屋は、それぞれの経営状況で店を雑然とした状態に置いておくほかに本の置き場がなかったはずだ。それに店員も多くはなかっただろう。しかし、いまやストランドはアメリカだけではなく世界でも有名な古本屋になり従業員は二〇〇名近く、年間売り上げも二〇〇〇万ドルを超えるという。その店がダウンタウンの無秩序な雰囲気を保っているのは、経営のためとはいえダウンタウンに住みその自由な空気が気に入っている僕のような人間にはありがたい。

無秩序さはある種の人間を引き寄せる。これは間違いない。そうして古本漁りが好きな者は、そんな無秩序さに引き寄せられる人間が多いのだろう。植草さんも無秩序さに魅力を感じる人間だったはずだ。もし、ストランドが時代の先端さを感じさせるスーパークールな店にでもなってしまったら、やはり僕はもうストランドには行かなくなってしまうし、もし植草さんが生きていたとしてももう足を運ばないだろう。

しかし雑然さは残っているとはいえ、ストランドは植草さんが通った頃に比べずいぶんと綺麗になった。昔は、出版社から送られてきた新刊が半額で手に入るレビュー・ブックスの棚がある地下の売り場などは壊れかけた倉庫の中を歩いているような感があった。

数年前におこなわれた改装により、三階にある稀覯本の売り場は二倍に増え、二階は芸術関係書籍の専門フロアーになった。現在ストランドの蔵書は二〇〇万冊から二五〇万冊くらいだという。レジの近くにはストランドのロゴ入りトートバッグやTシャツを売るコーナーができた。そしてなによりも、エレベーターが出来たことが大きな違いだろう。

ストランドは普通の人から本を買い取っている。本を売りたい人はブロードウェイにあるメインの入り口ではなく、一二丁目にある入り口から入り店の右側にあるカウンターの上に本を並べる。持ち込まれた本の買い取り値段を決めるのはカウンターの後ろに陣取っているフレッド・バスだ。フレッド・バスが見当たらない時もたまにはあるが、普通は彼がカウンターの後ろに入っている。

僕も時々、ストランドに本を売りにいくが、その時ごとに経営者でありながら店内に自分個人のオフィスを持たないフレッド・バスを偉いと思ってしまう。僕は彼と娘のナンシー・バスに以前インタビューをしたことがある。ストランドの店の中を案内してもらい、裏の倉庫や三階にある稀覯本の売り場も案内してもらった。その時、一六三二年発行のシェークスピアの本や、ヘンリ・マティスとジョイスのサイン入りの『Ulysses』などを見せてもらったことを憶えている。

フレッドが僕のことを憶えているかどうかは分からないが、もし憶えていたとしても彼はそのことを顔に出さない。僕たちはお互いに知らんぷりをしながら、本とお金を交換する。

ストランドにはリチャード・ヘル、パティ・スミスなどが働いていたことでも有名だが、元ストランドの書店員で最近ストランドを舞台とした小説を出版した作家もいる。それがオーストラリア生まれのシェリダン・ハイ。彼女のデビュー作『The Secret of Lost Thing』の主人公はタスマニア生まれの一八歳の少女ローズマリー。父親が誰か分からず母親も失ったローズマリーはニューヨークにやってきて、アーケードという古本屋に働き始める。このアーケードという本屋がストランドで、ハイはオーナーのフレッドやほかの一風変わった書店員たちの姿をこの小説で描いている。

ニューヨーク・ダウンタウンの古本屋の伝統を守っているストランドはこれからも存在していくだろう。ストランドは九〇年代になって店が入っているブロードウェイ八二八番地のビルを買っている。ビルのオーナーから退去を求められたり、賃貸料の高騰のために店を閉め、または移転して遂には無くなっていった書店は数えきれないくらいある。店舗が入っているビルのオーナーになったことで、ストランドがそんな不運に直面する可能性はなくなった。店舗の移り変わりが早く、賃貸料の高いニューヨークではこれはとても重要なことだ。

＊　＊　＊

植草さんがニューヨークを訪れたときにはまだ無かったが、もしあったとしたら好きになったはずの本屋もダウンタウンにある。

そんな一軒が二〇〇四年、プリンス通り五二番地に開店したマクナリー・ロビンソン・ブックセラー。カナダに同じ名前のチェーン店があるが、ニューヨークの店はカナダのマクナリー・ロビンソンチェーンの経営者の娘サラ・マクナリーが始めた本屋だ。

サラは一九九九年に大学を卒業し、ニューヨークに移り出版社で働いた。そして、二〇〇四年に周囲に大手チェーンブックストアがないノリータと呼ばれるお洒落な地域に自分の本屋を開いた。

「いまは母の店と同じ名前にしていますが、私の本屋なのでこの夏には店の名前を変えるつもりです」とサラは言う。

マクナリー・ロンビンソンは独立系の書店で、バーンズ＆ノーブルやボーダーズといった大きなチェーン店があるニューヨークではなかなか経営が難しい。

「いまのところ、大手書店との競争による影響は感じられません」とサラは言う。店のウィンドーには「Buy local. Keep our city unique.（地元で買い物をしよう。私たちの街をユニークに保とう）」、「Circulate your money within your community.（あなたのお金はあなたのコミュニティのなかで回そう）」というメッセージが書かれたポスターがある。

「この店の強さは、文学書籍によいものが揃っているところでしょう。それによいスタッフがいるところですね」とサラは続ける。

「書籍に精通しているスタッフということですか」と僕は聞いた。

「書籍に精通していなくとも、よい人たちですよ」とサラは笑って答えた。

この店には無料でインターネットにアクセスできるフリーWiFi（ワイファイ）のサービスを提供するカフェがあり、このカフェで自分のコンピュータを使いウェブを見たり、メールを読んだりすることができる。

「カフェのほうからの収入はほんの少ししかありませんが、人々が集まる場所としてこのカフェをやっています」とサラは語る。

店の売り場は一階と地下。文学やアートの書籍が充実している。一階から地下に下りる途中の踊り場にはバーゲンブックがあり、僕はここでパトリック・

マグラアの『Ghost Town』（六ドル九五セント：定価一六ドル九五セント）、ジョナサン・レサムの『As She Climbs Across the Table』（五ドル九九セント：定価一三ドル）、シンシア・レノンのメモアール『John』（七ドル九九セント：定価二五ドル九五セント）を買った。

意識したわけは無かったが、三冊ともニューヨークに深く関係した本だ。パトリック・マグラアはイギリス生まれの作家だが、長くニューヨークで暮らしていて、今回買った『Ghost Town』もニューヨークを舞台とした三編のゴシック短編が収められている。マグラアの得意とする強迫感、焦燥感、狂気の雰囲気が全編に漂う作品だ。

ジョナサン・レサムはニューヨーク市ブルックリン生まれの作家で、僕が買った本は一九九七年に出版された彼の三作目の小説だ。レサムは一九九九年に発表した『Motherless Brooklyn』が全米批評家協会賞を受賞し、その作品を機に一般の人々にも知られるようになった作家だ。

そして、シンシア・レノンはジョン・レノンの最初の妻。最近では、ジョージ・ハリソンとエリック・クラプトンの妻だったパティ・ボイドのメモワール『Wonderful Tonight』があるが、ビートルズのメンバーの身内が書いたメモワールはやはり興味深い。『John』ではシンシアとジョンの息子であるジュリアン・レノンが序文を担当していて、冷たく離れていた存在だったジョンに恨みの言葉を述べている。

＊　＊　＊

もう一軒はマクナリー・ロビンソンから徒歩三分ほどのクロスビー通り一二六番地にあるハウジングワークス・ユースド・ブックカフェ。ここは古本屋だが、店内にある本やCDは全て出版社や人々から寄付されたものだ。つまりこの本屋は仕入れる本やCDにお金を払っていないのだ。

その理由はこの本屋の収益のすべてがエイズ患者やホームレスを救済するために使われているからだ。

寄付の品は本ばかりではなく、店内にあるテーブルや椅子までに及んでいる。

「スタッフは五〇人くらいいるけど、給料をもらっているのは数人だけなんだ」とこの店のマネジャーは言っていた。店員の多くがボランティアや職業トレーニングを受けている人だ。そればかりか、この店を作る時も、材料は店が

世界的に有名な書店となったストランド

ノリータにあるお洒落な書店マクナリー・ロビンソン

ハウジングワークス・ユースド・ブックカフェは利益を１００％寄付している

購入したが、設計や工事はボランティアで賄われたという。

　店に入ると、中二階がある吹き抜けの空間。一番奥がカフェの場所となっていて一〇席ほどのテーブルが並んでいる。このカフェではコーヒーや紅茶のほかにビールやワインも飲むことが出来る。この店もフリーWiFiのサービスを提供しており、コンセントを使えるテーブルもある。テーブルにはプラスチック・ケースに入れられた店からのメッセージがありその中に「Make a donation in return for free WiFi and electricity（無料のワイファイと電気を使うかわりに寄付をしよう）」という一文がある。

　この店にはフィクション、フィルム、ミステリーなどという定番の棚のほかにスモールプレスから出版された本の棚や、クール、ユニーク、レアな本を集めた棚などがある。

　僕はこの店でジョセフ・ヘラーの『Closing Time』（『Catch 22』の続編）を一〇ドル、カート・ヴォネガットの『Jailbird』六ドルを買った。

　このふたりの作家の本を買ったのは、どちらももう死んでしまった作家だが、どちらにも僕は会ったことがあったからだった。

　ジョセフ・ヘラーの方は九〇年代半ばにニューヨーク・タイムズ紙主催で開かれたリテラリー・ティー（文学お茶会）に出席し、彼の話を聞いた。直接話したのは五分くらいだったが、ヘラーは上機嫌で笑顔で受け答えしてくれた。ヴォネガットに会ったのは二〇〇〇年だった。

　その時、僕は『Grand Central Winter』という本を出版したリー・ストリンガーという作家から本のリーディングをやるという連絡を受けていた。セブン・ストーリーズ・プレスというニューヨークにある独立系出版社主催のそのリーディングに出かけると、ストリンガーと一緒に並んでいたのがヴォネガットだった。

　ストリンガーがリーディングをした本は『Like Shaking Hands with God』という本で、「A Conversation About Writing」という副題がついていた。つまり書くという行為について作家が語った本だ。語ったのはストリンガーとヴォネガットのふたりの作家だった。

　この時も僕はヴォネガットと五分ほど話したが、彼は不機嫌で僕は会話にすぐに詰まってしまった。

　そんなことを思い出しながら買った本だ。

＊　＊　＊

　今回、植草氏を偲びながらニューヨークの通りを歩き、新聞や雑誌を読み、そして本屋を巡り本を買った。ニューヨークはいつものように、少し知らんぷりをしながらも僕を好きにさせておいてくれた。ニューヨークは決して暖かい街ではない。人の暖かさを期待してニューヨークに来るとしたら、その人はこの街にがっかりするだろう。しかし、ニューヨークはやりたいことがある人の行動を阻むようなヤボはしない街だ。自分で面白いものをみつけようとした植草さんにとってはこの街は常に刺激を与えてくれたのだと思う。植草さんが初めてニューヨークに来て三四年が経つ。植草さんの好きだったニューヨークはいまも変わらずに残っていると思う。

植草甚一さんと私の一九七〇年代

小野耕世
（海外漫画研究家）

1

「これは、ちょいとおもしろいですよ」と植草さんは言い、一冊のハードカバーの古書を私に渡した。植草さんは、会話のなかで「ちょいと」という言いかたを、しばしばされていたが、このとき私は、経堂の植草さんのアパートが、この部屋で、本の整理を手伝っていた――というよりも、その名目で、なんにんかのひとたちといっしょに、彼に会いに行ったのだった。一九七〇年代のことだ。

植草さんの部屋には、古書店で買った洋書と、新刊で入手した洋書が、いっしょに束ねられて部屋の床《ゆか》が見えないほど、彼のまわりとりかこみ、なにか攻めたてているように見えた。彼は、本を持ちながら本を売らない古書店の主人のようなおもむきもあった。そのとき渡されたのは、アメリカのマンガ家ウィリアム・スティーグ（William Steig）の作品集である。スティーグは、人間の顔をさまざまにデフォルメして描いていた。一九五四年に創刊された「文芸春秋臨時増刊漫画読本」に、スティーグによる顔百態のマンガが載っていたことを覚えている。植草さんが古書店で見つけてきたのは一九四〇年代末の本だったのではないか（いま、私の乱雑極まる書庫のどこかにあるはずだが、探すのはたいへんだ）。スティーグは、その後多くの子ども向きの絵本を描き、画風も初期の頃とはずいぶん変ってきたことを、私は彼が八〇年代に出した何冊もの絵本を見て知っている。

スティーグのことから書きだしたのは、ふとしたことで、最近、彼の初期の絵を見たからである。アジア太平洋戦の敗戦直後に、日本ではすぐに多くのマンガ雑誌が創刊されたが、そのひとつに大阪から出た「まんがマン」がある。この雑誌について調べる必要があり、その編集発行人だった大坂ときを氏から頂いた資料を見ると、表紙絵は酒井七馬が描いたことになっている。酒井七馬は一九四七年、手塚治虫と組んで長編マンガ「新宝島」の原作、構成をしたことで知られており、二〇〇七年に初めて出た酒井七馬についての伝記の本にも、彼と「まんがマン」とのかかわりについて記されており、表紙は酒井七馬画とある。

だが私の目からは、それはまぎれもなくスティーグによる絵なのだ。さまざまな顔が描かれている。それで、〇八年三月、大坂ときを氏に手紙をさしあげて問い合わせると「あれは酒井氏がアメリカのマンガの本を横に置いて、それを見ながら模写したのです」と、ていねいな返事が届いた。これで疑問が解けた。これは、酒井七馬が敗戦後、日本にはいってきたアメリカのマンガに、いかに強く感化されていたかを傍証するはなしだろう。

酒井七馬は「まんがマン」第四号の表紙にも、アメリカのマンガ家の絵を模写している。「まんがマン」は、戦後の日本のマンガ史に名を残しているが、これまで表紙絵について、この指摘をした者はいない。これまでだれもそのことで質問をしなかったので、これまで大坂氏も語ることがなかったのだろう。（これは、私にとっては、インタビューのおもしろさと難しさ――というはなしに通じる。私は多くの海外のマンガ家やアニメーション作家、映画監督などにインタビューしてきたが、質問のしかたによって、思いがけない返事がきかれたときは嬉しいものだ。実際には話をきいたあとで、あのことを質問するのを忘れていたと思いあたり、自分の未熟さにがっかりするのがいつものことなのだが）。

植草さんから私がいただいたのは、スティーグの本とアメリカのユーモアについての本との二冊である。植草さんは外国のマンガについてエッセイを書かれているが、彼の部屋の本の山のなかに、マンガの本はほとんどなかった。彼は、マンガの単行本そのものを読むというよりも、さまざまなアメリカの雑誌に出ている新しいマンガについての記事をもとに、植草さんらしいやわらかい文章によって、そのマンガについて語っていた。

60年代から70年代にかけて、アメリカの雑誌文化は、それまでにない輝きをもって私をひきつけていた。「プレイボーイ」は、札束にものを言わせて、人気の出てきたイギリスのイアン・フレミングによるジェイムズ・ボンド・シリーズを「女王陛下の００７号」から独占連載していたし（「女王陛下の００７号」の一部は、後にペンギンブックのハードカバー版で出た「イギリス名文章選」に収められた）、人気作家のエッセイや短編も載せていたが、時代の新しい文化的な空気をもっと感じさせていたのは、「ナギット」「キャヴァリエ」など、「プレイボーイ」と同じくヌードのピンナップを売りものにしながらも、アンダーグランド・コミックスを多く紹介していた雑誌で、ちょっとした小さなコラムの筆者に、シオドア・スタージョンとかサミュエル・ディレーニの名を見つけて嬉しかったものだ。もちろん「エヴァグリーン・レヴュー」や「アヴァンギャルド」といった雑誌が、例えばマーク・トウェインの知られざる過激極まる短編を再掲載したりしていたし、「ヴィレッジ・ヴォイス」よりずっと尖鋭的な「イースト・ヴィレッジ・アザー」（ＥＶＯ）というアンダーグラウンド新聞も、「ロサンジェルス・フリープレス」といっしょに、私は定期購読していた。植草さんは、そうした雑誌（私が見ていたものと重なるものが多い）から、新しいマンガの動きについての文章を見つけては、紹介していた。

『植草甚一スクラップ・ブック』のなかに、外国マンガについての一冊があるが、そのあるページを、最近私にひらいて見せてくれた人がいた。そこには、まだ無名だったアート・スピーゲルマンのマンガについての言及があった。『スクラップ・ブック』の本は、もちろん私も持っているのだが、私が後に翻訳するアメリカの長編コミックス（いまは、グラフィック・ノヴェルと呼ぶべきか）『マウス』の作者として、世界的に知られるようになるスピーゲルマンのことを、植草さんが早いうちに書いていたことを、私はすっかり忘れていたのである。

それで改めて植草さんのマンガについての文章を読み返してみると、スピーゲルマンはもちろん、そこで触れられている海外のマンガ家たちの何人かに、私は後に会っていることに気がついた。マンガ『パッショネラ』や小説『女にもてるネズミのハリー』の作者で、マイク・ニコルズ監督、ジャック・ニコルスン主演の映画「愛の狩人」（71）の脚本も書いているジュールズ・ファイファーには、九〇年代に彼が来日したときに会っている――というぐあい。

一九八〇年代に、私はドナルド・ダックの見事なコミックスを描き続けてきたカール・バークスというマンガ家に焦点をあてて『ドナルド・ダックの世界像』（中公新書）という本を出したが、そのときある雑誌に、「植草甚一さんはカール・バークスについてなにも書いていない。なぜだろう」という意味の文章を載せた人がいる。

私の目からは、理由は明白だ。植草さんはアメリカで一般的に人気のあるコミックブックのたぐいには、まったく関心がなかった。ドナルド・ダックもバットマンもスパイダーマンも、すべて植草さんの視野の外であった。そして、それは当然だと私は思う。

この、時代の新しい文化現象の気ままな狩猟者は「ちょいとおもしろい」「ちょいと気がきいた」「ちょいとしゃれた」マンガの〈動向〉に興味をそそられていたのであり、マンガ本そのものを注文して読み通すほどの必要はなかったのであろう。だから、当時の言いかたではアンダーグラウンド・コミックス、いまのことばでは（作家性の強い）オルタナティヴ・コミックスと呼ばれる種類の新しい感覚のマンガにのみ関心を持ったのだ。それは、一九六八年にいわゆる「パリ五月革命」があり、ビートルズが来日し、カリフォルニアにはロバート・クラムを中心にアンダーグラウンド・コミックスが急成長し、世界のコミックス・シーンに影響をおよぼし、私がすぐに夢中になった『思想のドラマトゥルギー』（平凡社）という本のなかで「ヒッピーとはなんでしょうか」と問われた林達夫が「世界のコミュニケーション・センターですね」と答えていた時代であった。なにを読んでも見ても、日々、さまざまな刺激があった気がする。

「マウス——アウシュヴィッツを生きのびた父親の物語」Ⅰ、Ⅱ
アート・スピーゲルマン著、小野耕世訳、晶文社、1991・1994

「本はハードカバーに限ります」と植草さんが言われていたように、彼の部屋に積まれた本のほとんどは、ハードカバーだった。だが、私はすでにペイパーバック世代であった。とりわけ一九六〇年代に、アメリカではペイパーバック革命が進んでおり、大衆小説のたぐいだけでなく、多くの分野、というより諸分野を横断するような新しい感覚のペイパーバックが続々と刊行され、私を魅了していた。「US」というペイパーバック・マガジンもあったし、文庫サイズで「不安」そのほか人間の心理学をあつかった全ページがカラーの絵を巧みに使ったペイパーバックのシリーズなど、いま見てもすばらしい。

ハードカバーの本は、いかにも本という感じがして、もちろん悪くないのだが、なにしろかさばるから、置き場に困ることになる。私も海外の評判にあおられて、ジョン・ル・カレの『寒い国から帰ってきたスパイ』のハードカバーが入荷したときは、つい買ってしまったし、イギリスのジョナサン・ケイプ社刊のジェイムズ・ボンド・シリーズは、カバーのデザインがすばらしいので、『007号は二度死ぬ』『私を愛したスパイ』なども、翻訳が待ちきれずにハードカバー版を買ったが、結局処分することのことになってしまう（しかし、E・M・フォースターの序文が新しくついたウィリアム・ゴールディングの『蠅の王』のアメリカで出たハードカバー版を、引越しのときに失くしてしまったことは、残念でならない）。

2

植草さんが亡くなられたあと、その蔵書はどうなったのか。だれかがもらいうけたとか、古書に流れたとかきくが、私にはまったく関心がない。『ぼくは散歩と雑学が好き』とは、植草さんの著書のタイトルだが、植草さんの蔵書は多岐にわたっている。そのぼう大な本は、植草甚一という存在にとっては、あるつながりを持たれていたにちがいない。だが、植草さんの〈意識〉のなかの結びつきから離れてしまえば、それらは、ばらばらの本の群れにすぎない（といっても、蔵書のなかにマンガの本がもっといろいろあれば、私も欲しがっただろうけれども）。

それら雑多な本を統合することは、所有者のあたまのなかでしかできない。たとえばらばらに見えても、それらは本人にしか完成できないジクソーパズルなのである。その人の意識のなかでは、それらのピースは、一瞬にして組みあわされるのだろう。所有者である植草さんのあたまのなかに、彼が長年にわたって呼吸し、意識のなかに浮遊してきた無限ともいえる要素が、あるときぱっとつながる瞬間があり、そのときばらばらに見えるすべてが、ある意味を持つことになる。

私も本が好きなので、自分を例にとると、私の枕もとにはいつも多くの本が散らばっており、それは山松ゆうきちの新刊のマンガ『インドへ馬鹿がやって来た』（東京文芸社）、何度もくり返して読んでいる内田百閒の短編集『冥途』（これほど恐ろしくもなつかしい短編小説集はない）だったり、田山花袋の長編『一兵卒の銃殺』（角川文庫版。中学生のころに読んで、もう一度読みたかったのだがとっくに絶版で、先日、札幌の古書展で見つけ、百円で買った。久しぶりに読んでどきどきした。有名な短編「一兵卒」とは別の作品。念のため）、アメリカのマンガ『リトル・ルル』の復刻全集版の一冊、「モーニング」や「スピリッツ」などのマンガ週刊誌……、書いているときりないが、雑多なものを読みながら、あかりをつけっぱなしで眠ってしまう（亡くなった草森紳一氏が、電燈をつけっぱなしで眠れると言っていたが、私もそうなのだ）。

もちろん、なにかをテーマに書く必要があれば、図書館に出かけ資料を借りることも多いが、ふだんは乱読である。だが、そうして読んだものの一節が、地下鉄に乗っているとき、ふとあたまのなかによみがえってきて、そのとき書こうとしていたことに、はからずも結びつくことがある。読んだものは、忘れているようで、あたまのなかに浮遊し続け、それが、なにかの拍子に結びつく……。

植草さんの蔵書にしても、（私の好きな宮沢賢治の童話「どんぐりと山猫」をひきあいにだせば）植草さんという〈意識〉が中心に生きている限りは、黄《き》金《ん》のどんぐりのように輝いているだろうが、それが失われれば、ただの光を失ったどんぐりの群にすぎないのではないか。だがともかく、植草さんが本を読むという〈呼吸法〉の達人であったことはまちがいない。

3

〈雑学〉とはなんだろうか。

まだ植草さんとお会いするようになるずっと前のことだったと思うが、私には〈雑学〉ときくと〈ディレッタント〉ということばを思いうかべる時期があった。このことばに注意したのは、学生時代にエッカーマンの『ゲーテとの対話』を角川文庫の二冊本で初めて読んだときではなかったか（これはすでに絶版で、いま手にはいるのは岩波文庫の三巻本だ）。

『ゲーテとの対話』のなかには、ディレッタントについて述べた部分が少しあるので、一部を山下肇訳の岩波文庫版（上巻）から引用してみよう。ゲーテはこう語る。

「大体ディレッタントや、ことに女性たちときたら、詩についてじつに薄っぺらな考えしか持っていない。彼らはたいていただテクニックさえ会得すれば、それで詩の本質をとらえた完全な詩人にでもなったように思いこむのだ。しかし、それはひどい誤りだよ」

「それから、ゲーテはある外国人の話をした。この男は最近しげしげと彼を訪ねて、彼の作品の幾つかを翻訳させて欲しいといっているそうであった。『根はよい男なのだが』とゲーテはいった、『しかし、文学という点では、全くのディレッタントのようだな。というのは、彼はドイツ語などさっぱり出来ぬくせに、早速やるつもりの翻訳やら、その扉に印刷する肖像やらの話しをしたりする始末だからね。仕事の奥にひそむ困難というものを少しも理解しないで、いつも自分にやれそうもないことばかり企てようとするのが、ディレッタントたるゆえんなのだ』」

この引用部分を読んでも、私がディレッタントということばの意味を正しく理解しているかどうか、正直のところ自信がない。ただ、ゲーテは初めの引用部分で、女性を非難しているが、私は男性のほうが、女性よりもはるかにディレッタントになりがちな部分を持っている、と感じている。

一九六〇年代の末から七〇年代のなかばまで、私は放送局の国際局渉外部というところで働いていた。そこで私は、自分よりずっと年長の男とすぐ親しくなったが、彼は私の目からは、典型的なディレッタントに映った。彼の働きかけで、渉外部では「ニューヨーカー」や「エスクワイア」、「ショウ」（これには、ウィリアム・ゴールディングの小説「尖塔」の連載が始まっていた）「ライフ」などのアメリカの雑誌を定期購読していた。毎週そこで「ニューヨーカー」に目を通すことができるのは嬉しかった。その人は英米文学にも通じていたし、イアン・フレミングや久生十蘭の文章のよさについて語ることもできたし、いろいろ意見が一致することが多かった。

確かに彼と昼食時に外に出て、おしゃべりするのは楽しくもあったが、次第に私は、ある種のいらだちを覚えるようになった。この人は、多くのことを知っているし、教養もあるだろう。彼は私を、同様のテイストを持つ仲間と思ったのかもしれない。しかし、こうした雑談に興じていて、それがなんになるのか。広いコーヒーショップで会話していても、なにか、閉塞《へいそく》感がつきまとっていて、はがゆい。ある音域からは決してはみ出ないなかでおしゃべりをしているような、閉じられた気分が私にはあった。たぶんこの頃の私は、この種の会話をつきぬけた世界を求めていたのではなかったか。その人は、どうも部内では、ちょっと変り者だと思われていたふしがある。その部署のなかでは、珍しく知的好奇心を持っている人だったのだが、仕事の面ではあまり信頼されていないことも、私は知っていた……。

ここまで書いてきて、ふと直感することがあった。新聞の広告で、双葉十三郎さんの『ぼくの特急二十世紀』（文春新書）という本が出たことを知って、すぐに買おうといくつか書店を見たが、置いてない。この原稿を書いている途中の〇八年六月九日、銀座の福家書店で一冊だけあるのを見つけ、ようやく買うことができた。待望の双葉さんの自伝だ。私は映画の試写会で、淀川長治さんと双葉十三郎さんとは、何度かお会いしている。おふたりとも、私と同じで、試写室のいちばん前の席にすわるので、となりあわせになることが多かった。

「むかしの（というのは、私にとって一九五〇年代の映画を指すのだが）ハリウッドのアクションの映画は、無駄がなく、きびきびしてたのに、この頃の映画は、だらだらと長く、アクションもずっと派手でおおげさだけど、むかしのほうが映画らしくて、良かったですねえ」などと、双葉さんに試写のあとで話しかけると「ほんとにそうだねえ。どうしてなのかねえ」などと応じてくださるのが嬉しい。双葉さんも私も、アクション映画が好きなので、そんな会話がはずむのだった。

「ぼくの特急二十世紀」
双葉十三郎著、文藝春秋、2008

『ぼくの特急二十世紀——大正昭和娯楽文化小史』をいっきに読み、いろいろ学ぶことが多かった。私は双葉十三郎訳の「大いなる限り」を高校生のときに読み、初めてレイモンド・チャンドラーを知ったのだが、映画評論家、翻訳家としてのほか、この人の多くの側面がこの本には記されている。そのことを書くと長くなるのでやめるが、どうしてもここに触れておきたいのは、この平明な文章で書かれた内容豊かな本の最後にある「あとがき」の部分である。

　ぼくが高校から大学に通っていたころ、インテリ（インテリゲンチャア＝知識人）と並行して「ディレッタント」という言葉が軽蔑をこめてさかんに使われていました。古い言い方では半可通の好事家《こうずか》。半かじりで何にでも興味を持つ種族ですが、「道ひとすじ」が尊重されている風潮からすれば、軽蔑に値する存在だったのでしょう。

　が、ぼくはディレッタントで何が悪いと思い、ディレッタントとして何でも楽しみ、どこへでも足を運んで「道ひとすじ」にやってきたわけで、そうして面白く読んだり見たり聴いたりしてきた、そのひとすじが本書となった次第です。

そうか。九十七歳を超えた双葉十三郎さんが、その自伝の最後に、ディレッタントについて言及しておられるとは——と、ちょうどそのことについてここに書いていた私は、このちょっとした暗合に驚く。双葉さんのこの本には、植草甚一さんや淀川長治さんのことも、もちろん出てくる。植草甚一さんも、同じような思いを抱いたことがあったのだろうか。

事のついでに、辞書をひいてみる。まず『リーダース英和辞典』（研究社）には、

・dilettante　芸術愛好家、（特に）美術愛好家。芸術（学問）をしろうと道楽でやる人、好事家、ディレッタント。——とあり『広辞苑』（岩波）には、

・ディレッタント　好事家、一般に、何事をも慰み半分、興味本位でやる人。

——と出ている。

4

〈教養〉ということばを思う。

もの知りの人を指して「あの人は教養がある」などと言われることがある。たしかに教養のある人は、さまざまなことについて知識がある場合が多いだろうが、もの知りの人が、必ずしも教養のある人とは限らない。「教養がある」とは、なにを意味するのだろうか。

教養とは「思いやり」と訳すという文章を読んだことがある。それも正しい

のだろう。それは、さまざまな世界を楽しむ能力、多様な世界の味わいかたを知っていること、それができる人が教養のある人なのかな、と私は思うことがある。知的好奇心が豊かで持続している人、柔軟な、考えかたの持ち主――そう言えば、私の好きな作家のひとりである大岡昇平は、マンガも好んで読んでいたなと思う。

植草甚一さんが、晩年になってスウェーデン語を学び始めたと知ったとき、私は感嘆し、敬意を表した。この人はすごいと思った。こうありたいと思った。彼は、学ぶことを恐れない人だった。学ぶことを、いつになっても楽しむことができる人だった。そういう植草さんを見ると、もっと私は語学を勉強しておくべきだったなと、後悔し、恥ずかしく感じた。語学だけではない。

私の高校時代（都立新宿高校）に、見るからに腕のふとい同級生がいた。彼の父親が剣道の先生で、父親に剣道を習っているからだとわかった。「きみも習いたかったら、おやじに頼んでやるよ」と言ってくれたのだが、子どものころからスポーツは大の苦手で、いつも体操の時間には逃げだしたい気持ちですごしてきた私は、とてもそんな気持にはなれなかった。私はスポーツから逃げ、本ばかり読んでいる高校生だった。剣道をする彼は、とてもやさしい人柄で、すぐ仲良くなったのだが、いまにして思えば、彼の父親から剣道を習っておけばよかったと思う。

私が一九六〇年代初めに通っていた国際基督教大学は、社交ダンスがさかんな大学だった。ダンスを習う機会はあったのだが、子どものときから引っこみじあんの恥ずかしがりやで、ひと前でろくに口がきけなかった私は、そのダンスができなかった。大学時代の私のいちばんの親友である小山修三（彼は後に考古学者として縄文時代の権威となった）から「おまえ、この大学でダンスができないのは、死を意味するぞ」と言われたが、私は大学の四年間、ついに一度もダンス・パーティに出たことがない。それほど自意識過剰だった私は、ジルバを踊りながら逆立ちまでしてみせる小山を、ただ驚嘆の思いでながめていたものだ。

私がダンスを始めたのは、それから三十年後の90年代になってからだ。荻窪に住むイラストレイターの長尾みのるさんに、「近くの区民センターでダンス教室があるんだけど、来てみない?」と誘われ、知りあいのマンガ家など五人で出かけた。私はその日のうちにダンス・シューズを買い、翌日からそのダンス教室に通い出したのだが、他の四人はそれきり顔を見せなかった。音楽にあわせてからだを動かす楽しさに、私はようやくめざめたのだった。

語学でも武芸でも、なにかを学ぶことは、人を自由にするような気がする。植草さんは学ぶことを恐《こわ》がらず、学ぶことで自分を解放することができる人だった。学ぶことは遊ぶことに通じる。「よく学び、よく遊べ」というが、このふたつはつながっていて、それが自然なのだと思う。

つまり、「教養」とは「遊び」でもあろう。植草さんは、双葉十三郎さんと同様、文章を書くのが仕事であり、おふたりとも、わかりやすく、どこかひろびろとした解放感を与える文章を書いている。例えば、私が強く印象に残っている植草さんの文章を、ひとつ紹介したい。

ほしいなあと思うけれど、そういうものは値段が高いし、こないだ滋賀県甲賀町の本屋さんが実物見本を送ってきた甲賀流忍術の秘本は、面白そうだけれど八万五千円した。

きのう新宿三越の裏のほうから代々木のほうへブラつきながら道に迷ったが、途中の古道具屋で、ちょっとした掘り出し物をした。それはヴァージニア州マウント・ヴァーノンの文房具店が四十年ほど前に出した絵ハガキで十九枚が手つかずのまま、その店の封筒に入っている。見るとワシントン大統領のマウント・ヴァーノン邸の室内と庭園集で、五百円にしてくれたが、アメリカでは建国二百年祭だから五ドルで売れるだろう。

それからいい加減に歩いていると、うしろから若い声がして『植草さんですか、「宝島」を読んでいますよ、がんばってください』と言ったので、道をきこうと思って振り返ったら、もうどこにもいない。忍者のようだった。

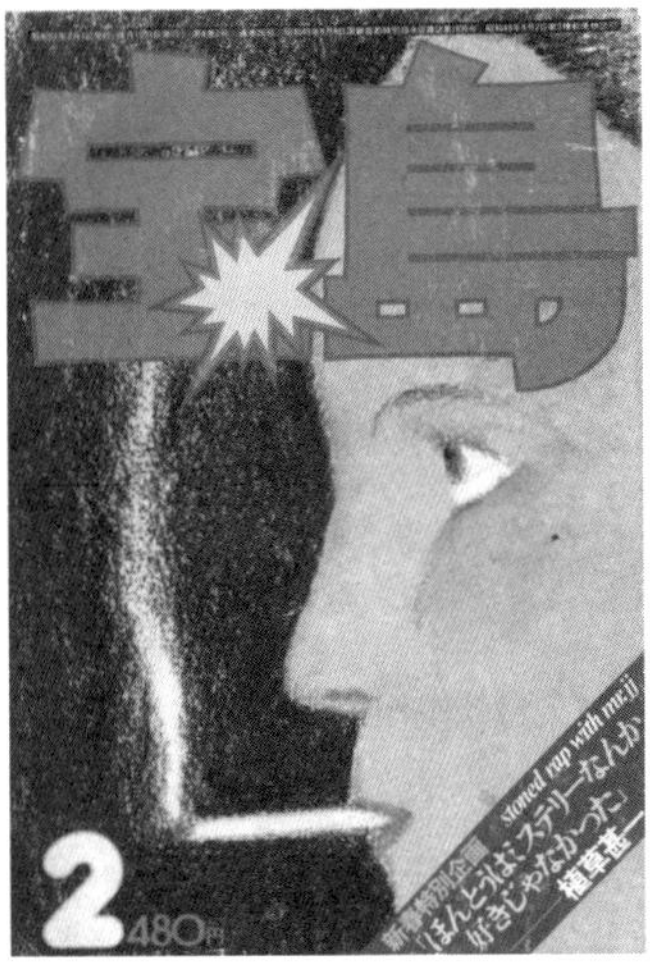

「宝島」1976年2月号

この四〇〇字の原稿用紙一枚に書かれた文章は、雑誌「宝島」76年2月号に、手書きの原稿のまま掲載されたもので（後に、晶文社刊、植草甚一スクラップ・ブック別巻『植草甚一の研究』に収録）、一読して私は「お見事」と、うなる思いだった。短い文章のなかから、この人の持っている世界があざやかに吹きこぼれ、ひろがっていく。それが最後に、新宿の一角に収斂《れん》される。歩いている植草さんとファンの姿が目に浮かぶような文章の結びかたはユーモラスでいきいきとした動きがある。日常の断片を示しながら、それ以上にイメージをふくらませてくれる文章。かんたんそうに見えて、なかなか書けるものではない。

ここには「遊び」が、または、ある種の「ぜいたくさ」がある。ここで言うぜいたくとは、吉田健一氏が「ぜいたくがすぎると、それはぜいたくではなくなってしまう」と言う意味あいでの「ぜいたく」である。

そして遊びとは、人から教わるものではなく（もちろん、コントラクト・ブリッジの遊びかたなどは、教わらなければどうにもならないが）、自然に身につけていくものだろう。そうしたことが、このちょっとした文章からうかがえる。

この文章を書いているあいだに、植草さんのエッセイを担当していたもと「美術手帖」の編集者に、ある美術展のパーティでお会いした。彼は植草さんのコラージュを多く載せた『植草甚一主義』という大判の本の編集も担当されたのだが、そのコラージュを撮影するため植草家をカメラマンと共に訪ねると、必ず植草さんは撮影にたちあったという。それは、自分が作ったコラージュ画に傷でもつけられたら――ということではなく、どのように撮影するのか、カメラの操作などに興味があったためで、好奇心からカメラマンの仕事のしかたを、植草さんはじっと見つめていたそうだ。

植草さんは、おくりものをもらうことも、人にあげることも好きだった。なにかもらうと、海外から買ってきたちょっとしたものを、そのお礼に必ずあげた。そうしたことを楽しんでいた。

植草さんは、映画について文章を書くので、試写室でメモをとった。私も試写室の暗闇のなかで、映画を見ながらノートにメモ（英語のセリフで、これはと思うことばづかいなどをメモ）するが、ボールペンの文字が重なって、あとで読みにくいことがよくある。「どうなさるのですか」と植草さんにおききすると、紙にメモしていき、一行書くと紙を折るとのことだった。なるほど、それなら字が重ならない。映画が終ると、メモの紙は何回も折られて、細長い短冊みたいになっている。

5

ここまで書いてきて、家の本の山のあいだから、植草甚一スクラップ・ブックの一冊『アメリカ小説を読んでみよう』の表紙がちらと見えたので、ひっぱりだして読んでみる。そのなかでいちばん古い文章は、一九四九年に雑誌に載った「アメリカ文学私観」と「ジョン・オハラの最新作を中心に」のふたつである。アジア太平洋戦争での敗戦直後、早くも、これほどアメリカの小説に対する情熱をこめた文章を書かれていたのかと、私は圧倒される。一九六四年に発表された「なぜ十九世紀アメリカ文学が読みたくなるのだろう」という文章には、自伝的な部分があり、一九三〇年代の初めに、神保町の洋書専門店をめぐり、「アーネスト・ヘミングウェイっていう新人が出てきたんだなあ」とつぶやいたことなどが出ている。こうした文章は、いま読んで少しも古さを感じさせることなく、新鮮このうえなく、若き日の植草さんの姿が目のまえに浮かぶ。すごい人だったと、改めて思う。

この本には、「現代アメリカ文学の冒険」と題する佐伯彰一・丸谷才一の両氏と植草さんとの鼎《てい》談（初出は「ユリイカ」一九七〇年七月号）も収録されている。三人のなかで、最も多く英米（特にアメリカ）の新刊の小説を読んできているのは、どうも植草さんのようだ。植草さんが紹介する小説を、それはまだ読んでいませんと、他のふたりが言う場面がある。「今日は小ライブラリーといいたいほど山ほどの新刊本をもってきてくださった」と佐伯氏は植草さんに言う。

にもかかわらず、この鼎談を一九七〇年に雑誌で読んだとき、ある違和感を私は抱いていた。丸谷・佐伯のおふたりのあいだは、いかにも話しがよどみなく流れる。植草さんは、もちろん発言はしているが、その流れからちょっとずれているように感じてしまった私は、おかしいのだろうか。実は、一九七〇年代のある日、ウィリアム・モリス研究家の小野二郎氏と、作家で翻訳家の中田耕治氏に誘われて、お茶の水のバーにご一緒したことが一度だけある。いろいろ楽しく雑談をしたなかで、そのことがなお気になっていたのだろう。私は「ユリイカ」での鼎談での植草さんの立場について、おふたりに話したことを、いまでも覚えている。その私のこころのなかでのひっかかりは、いま初出から四〇年近くなってこの鼎談を読み返したときも、変っていない。

『アメリカ小説を読んでみよう』の巻末には、宮本陽吉氏の親子二代にわたる植草ファンである想いをつづった楽しい解説がついている。思えば私が、イギリスの作家ウィリアム・ゴールディングについて知ったのは、宮本氏が一九六〇年ごろ、丸善の雑誌「学燈」に書かれた『蠅の王』についての紹介文ではなかったか。結局、その短い文章に刺激を受け、ゴールディングの著書を丸善に注文するようになり、私の卒業論文は「ウィリアム・ゴールディングの小説」となった。そのとき、丸谷才一氏が書かれたイギリスの現代小説についての本を参考にさせていただいた——というふうに、先人から学んでいくことのありがたさ、ふしぎさを私はいま想う。

晩年の植草さんは正直のところ、私には少し恐《こわ》かった。一九七五年、月刊「PLAYBOY」の仕事でニューヨークに行ったとき、タクシーに同乗したことがある。植草さんが運転手に行きさきを告げる。そのときよせばいいのに、私がそれを補足するようなことを運転手に言ってしまった。「そんなことを言うと嫌われるよ」と、植草さんは、私を見て言った。しまった、余計なことを、出すぎたことをしてしまったと、私は恥ずかしかった。同時に、タクシーの運転手に気をつかっている植草さんを、少しおかしく思った。このことを思いだすと、申し訳なかったという気持とともに、ちょっと笑いがこみあげてくる。

また、植草さんは、ニューヨークの車のワイパーが、左右から二重に重なって水滴を掃《ふ》くことに、しきりに感心していたことがある。実は日本の自動車でも、その新しいワイパーがすでに使われていることをごぞんじなく、ニューヨークは進んでいると、感心しておられたのだった。

植草甚一さんの多くの著作のなかで一冊だけ選べと言われれば、私は迷うことなく『ジャズの前衛と黒人たち』（一九六七）をあげる。それは、私が初めて買った植草さんの本だった。ジャズのファンでもなんでもない私が、本屋で手にとりちょっと読んでみて、その文章に吸いこまれ、文章から感じる情熱に私は打たれ、すぐその本を買い、いっきに読み、なにか新鮮なものを全身に浴びた思いがした。そのときの気持のいい衝撃は忘れることはない。また、植草さんが新聞に連載した中間小説時評がいい。日本のエンタテイメント小説を、海外の小説と比較しながら語るのだが、それはいかにも海外の小説を読みこんでいるこの人でなければできない分析で、それがいかにも自然で楽しく味わい深かった。

植草さんは、いつまでも感動するちからを持続されていた。それこそが生きることであり、つまりは〈教養〉の本質なのではないか。

一九七五年、集英社から月刊の「ＰＬＡＹＢＯＹ」が創刊されたとき、私は毎月の映画評や、アメリカ版に連載のハーヴィ・カーツマンによるマンガ「リトル・アニー・ファニー」の翻訳などを受けもつことになった。60年代から古書店でバックナンバーを見つけたり、紀伊国屋書店で最新号を買って親しんでいたこの雑誌の日本版のために仕事ができることは嬉しかった。すぐに「ニューヨークの24時間」という特集のため、アメリカ人のカメラマンと組んで取材し、文章を書くという大きな企画にかかわったし、「イージー・ライダー」に主演した映画俳優ピーター・フォンダにインタビューするためカリフォルニアに飛んだこともある。この雑誌にかかわったことが、私の世界をひろげてくれた。

月刊「ＰＬＡＹＢＯＹ」の創刊にあたって、私を編集部に紹介したのは、レイアウトを担当することになった画家の田名網敬一さんだった。「植草甚一さんを若くしたようなひとだ」と言って私を推薦してくださったのだと、あとになって知った。そして、一九八〇年、「週刊朝日」がニューヨーク特集の別冊を刊行したとき、私はその企画にかかわった。私の仕事はアンディ・ウォーホルに会うことなどのほかに、亡くなられた植草甚一さんがニューヨークで通っていた古書店など、ゆかりの場所や人を訪ねることだった。思えば、私の一九七〇年代は、植草甚一さんの死とともに終ったのだった。

散歩は探検だということを発明したのは植草甚一じゃないのだろうかと思っている。

鏡明（評論家）

散歩はただ歩くことではないということを、教えてくれたのは、植草甚一だ。いや、もっともっとたくさんのことを植草甚一には教わっているけれども、その最大のものは、散歩だと思っている。教わったなんて書いたけれども、本人と話したわけではない。ぼくは一度も植草甚一と話したことがない。

ぼくが洋書の古本屋に出入りするようになったのは、60年代の半ばを過ぎたころだったけれども、何度も植草甚一を見かけることができた。ぼくは、まだ十代だった。

植草甚一という人を初めて見たのは、渋谷の道玄坂の下、恋文横丁の中にあった石井さんの店だったと思う。その店は洋書の古本屋だったのだけれども、巾一間ほどの店の前にはビニール袋に入れた洋雑誌がずらりと貼り付けてあった。その雑誌の下をくぐるようにして入ると、ハードカバーやペーパーバックが雑多な感じで積んであった。そのすぐ左側に石井さんが座っていて、客が一人入ったらもういっぱいになってしまう。いや、もう一人ぐらい何とかなったかな。

それでも、その時は、何となく入りづらくて、ぼくは外で雑誌のカバーを見たり、ペーパーバックの棚を眺めて待っていた。いいものは、みんな中にあったんだ。

石井さんと話していたのが、植草甚一だった。どうしてかわからないけれども、ぼくにはその小柄な老人が、いやそのときの植草甚一は、老人というべき年ではなかったが、十代のぼくには十分に老人に思えたのだが、植草甚一という人だと、わかったのだ。派手なチェックのジャケット。

思ったよりも高い声で話すその人と入れ替わりに入って行ったぼくに、石井さんは、今のは植草さんだよと言った。

あ、そうなんだ、と答えたのか、知ってますよ、と言ったのか覚えていないけれども、なんとなく後者に近い答え方をぼくはしたに違いないと思っている。そのほうが、十代のぼくらしい。何しろ、その頃のぼくは生意気だったし、その時点で、五年以上も植草甚一の読者だったんだから。

ぼくが植草甚一の文章に触れたのは中学生のときだった。「マンハント」の「夜はおシャレ者」というコラム。十三歳か、そのときのぼくは。

十三歳の少年が植草甚一に触れて何を思ったのか。

一言で言えば、妙な感じだった。

その瞬間から、植草甚一に夢中になったと言えば、素敵なのだが、正直に言おう。何だか胡散臭い人がいるぞ。それが最初の印象だった。書いてあることもよくわからないことばかりだし、エルンストの影響で始めたと言うコラージュも、ものすごく怪しげだった。あのコラージュが、本人の手になるものだということを知ったのは、けっこう後になってからだ。それまでは、どうしてこんな奇妙なイラストを使うんだろうと不思議に思っていた。

ただ、あの文体、そしてタイトルの不思議ななれなれしさは、十三歳のぼくにも充分に魅力的だった。「マンハント」という雑誌の文体はコラムだけではなく翻訳も含めてみんな普通じゃなかった。その中でも植草甚一の文章は異彩を放っていたように思う。とても平易なのに、特別なのだ。そしてぼくの文章はその影響を受けているように思う。少なくとも、影響を受けたと思いたい。あんなふうに書ければなぁと思った。いや、ぼくだけではない。たとえば、八十年代になってからだと思うが、新聞のテレビ欄が変わり始めた。番組のタイトルが妙に長くなり始めたのだ。他の番組との差別化ということだったのだろうが、どの局の誰が始めたのか知らないが、その文体は明らかに植草甚一的だったのだ。おや、ここにも植草ファンがいる。そう思ったことがある。

何だか、自分のことばかり書いているような気がするぞ。不思議なことに植草甚一のことを語り始めると、誰も彼も自分のことを語ってしまうように思う。だから、ぼくもこのままで続けていくことにしよう。

植草甚一との、その最初の出会い以来、石井さんの店だけではなく、神田神保町のブック・ブラザーや東京泰文社でも、そういえばみんな今では消えてし

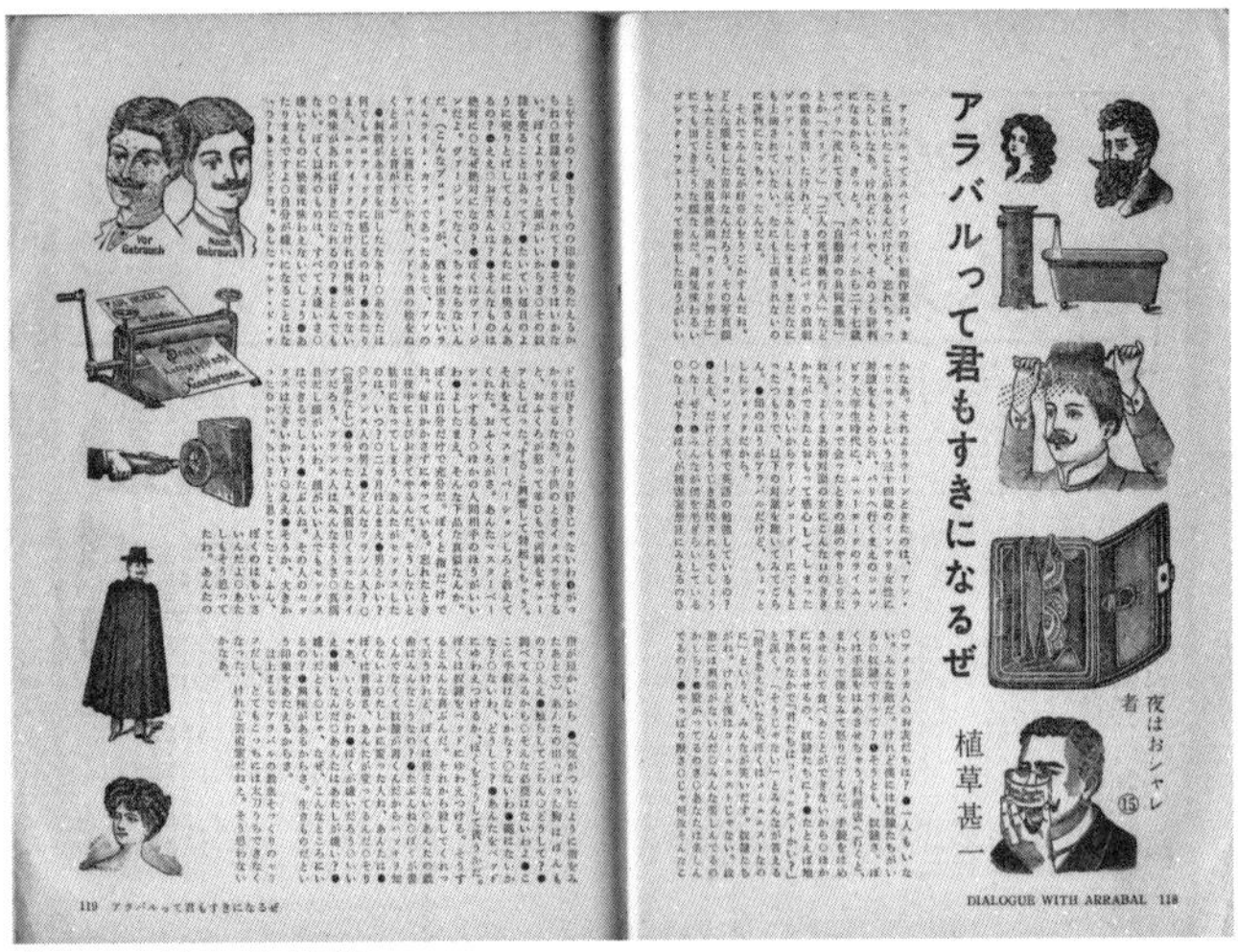

「マンハント」61年3月号

まったな、何度も何度も植草甚一を見かけることがあった。でも、一度も話したことはない。

どうしてなんだろうね。理由はいくつかあって、たとえば、ぼく自身、知らない人から話しかけられるのが苦手ということもあるし、またその頃のぼくは、初対面の人に失礼なことを言ってしまう傾向があった、ま、今でもなおってないかもしれないが。

結局は、面倒くさい、と思っていたんだろう。ことに年上の人と話すのは面倒だった。その内、植草甚一は時の人のようになってしまい、とてもじゃないが、話しかけにくくなってしまった。でも、ぼくはそれでいいと思っている。植草甚一の本は、たぶん、全部読んでいるし、古本屋で姿を見ただけで十分だ。

そして、たとえば、植草甚一の何度目のニューヨーク旅行の後だったのだろう、東京泰文社の前で、両手に、そうだな、20冊ずつぐらいのハードカバーの山を下げた植草甚一とすれちがったことがある。中に入ると、店主のおじさんが、今、植草さんが来たところだったよと言った。昨日、ニューヨークから帰ってきたんだって。

当時、植草甚一は、船のコンテナいっぱいの本をニューヨークから送ったというような噂があって、それはたぶん本当だったと思うのだが、それだけの本を買って、何千冊という感じだろうが、なお、翌日に神田神保町で、あれだけの本を買うのか。すごいよなぁ。そんな気分を味わえただけで十分だ。

そして、これまた、たぶんだけれども、あの日の植草甚一は、神保町で本を買うために来たのではなく、散歩しに来たのだろうと思っている。そして東京泰文社の本棚を覗いたら、おやおや、こんな本があるじゃないか、しばらく留守にしていた自分を待ってくれていたんだ。ということだったに違いないと信じている。

植草甚一の散歩は、常に発見と結びついている。町中の人が時計代わりにしていたというカントの散歩とは対極にある。このドイツの哲学者は、毎日決まった時間に決まったルートで歩いていたのだという。彼にとっては、同じ時間に同じルートで同じ散歩を繰り返すことに意味があったのだろう。

植草甚一は、自分の散歩のスタイルを大正式散歩と呼んだが、それは要するに彼が子供のころから同じ感覚で散歩をしているということからそう呼んだわけで、正しくは植草式散歩と呼ぶべきものではないか。

その特徴は歩く途中で何か新しい商品や、見慣れないものに出会い、それを手に入れないと、その散歩が成立しないというところにある。それは、もちろん都会でないと成立しない散歩だ。

ぼくは偶然だが、植草甚一が住んでいた経堂の近くに住んでいる。そして植草甚一は経堂の街を飽きない街と評していたが、その理由は経堂を歩くルートが八つもあり、それをたどっていくと何か新しいものが商店に並んでいることを挙げている。ところがさ、この八つと言うのが謎なんだな。植草甚一が住んでいたのは、駅のそばだから、駅を中心にルートを考えていいと思うのだけれど、ぼくの見たところでは、六つ。無理すれば、七つと言ってもいいかもしれないが、それでも、ひとつ足りない。しかも何か新しいものを置いている商店ということになれば、三つぐらいしかルートは無いんじゃないだろうか。で、週に一度は経堂を歩くのだけれども、その度にどこが八つ目になるのか、ずっと気になっている。まあね、それは四半世紀以上も前のことだから、植草甚一の文章に出てくる喫茶店は、ほぼ全部無くなっているし、古本屋も二軒しか残っていない。それ以外でも色々変わっている筈で、今の時点でどうこういうことでもないのだろうが。そう言えば、つい最近、経堂商店街が、植草甚一の時代のマップをつくって、配っている。それを見ても、八つのルートはないね。ま、八つだろうが三つだろうが、どちらにしてもそのことが、植草甚一の発明した散歩の意味を教えてくれる。それは都市における探検だ。

探検は、ただ未知の世界を探し求めることではない。それは、その発見したものを自分の世界に持ち帰ることではじめて完結する。

植草甚一の家がそのようにして持ち帰った本や雑多なものであふれかえっていたのは、探検の成果として当然のことだと思う。

言っておくけれども、植草甚一と言う人はどうあってもコレクターではない。集めようとして集めるのではない。結果として何万冊もの本の集積になってしまったのだ。そのことはとても重要なことだと思う。植草甚一は、よく勉強とか、研究と言う言葉を使う。けれども、通常の意味での勉強や、研究とは違う。ちゃんとした参考文献や、先達が存在していない状況の中で何かを知ろうとすると、しかも植草甚一の場合は、同時代のものに関心があったわけだから余計にそうなるのだろう、実際に自分の目で確かめていくしかない。植草甚一の本の集積はその過程の結果なのだ。考えてみると、ぼくの先輩で新しい大衆文化を研究しようとした人たちはみんな同じ方法を取っていた。ことに海外の大衆文化を扱おうとするとそれしか方法が無かった。アメリカのペーパーバック・ライターたちのミステリーの研究を始めた小鷹信光も同じ方法論だった。著作リストも存在していないライターたちのことを知ろうとしたら、彼らの作品を全部探し出すしかないわけだ。それを見たり聞いたりしていたぼくは、すぐに自分ではできないと思ったものだ。

ただ、そうした過程の中で、何かを発見したり、新たな手がかりを見つけ出したときの歓びや興奮は、他人の後を追っていくやり方では味わえないものだ。それを考えれば、無駄な本の山ぐらいたいしたことではない。ま、限度というものはあるけれど。で、植草甚一の蔵書の量は限度を越えていたとしか思えない。

そのことを実感したのは、植草甚一の死後、その本の一部を見たときだ。やっぱり八十年代の初めのことだけれども、恋文横丁の店を畳んだ石井さんが、神田の駿河台下と小川町の間のビルの三階に移ってきたことがあった。その店は、植草甚一の蔵書の一部を売りさばくための店だった。どうしてその様な事になったのか、石井さんが説明してくれたような気がするが、はっきりとは覚えていない。きっと、誰も買わなかった本を最後に売る場所ということだったのだろう。石井さんは、几帳面な字でレポート用紙に何枚もの目録を作っていた。その店に行く度に新しいリストができましたと手渡してくれる。あの目録は、きっとぼくの部屋のどこかにあるのだが、どこにあるのか見当もつかない。あれがあれば、もうちょっと具体的な話ができるのにね。

で、とりあえずの感想だけになる。とにかくまぁ、びっくりしたよ。そのビルの小部屋に詰め込まれた本のとりとめのないこと。どうしてこんなものを買ったんだろう。どこがおもしろいと思ったんだろう。どの本を見ても首をかしげたくなる。そしてもっとびっくりするのは、その大半の本にはあの有名な植草甚一の横顔をカリカチュアライズしたサインが入っていたことだった。

何十冊買っても、その日のうちにその本を広げてサインしていたんだろうなぁ。その楽しげな感じがサインから伝わってくる。

なんだかんだ言ったけれども、結局のところ、ぼくは何十冊かの本を買ってしまった筈だ。ぼく以外の人には、植草甚一のサイン以外、何の意味もない本なんだろうな、きっと。

あ、そうだ、この石井さんの新しい店のことを教えてくれたのは、LEOだった。

アメリカン・コミックの専門家としても有名だったけれども、サイバーパンクの代表作である「ニューロマンサー」の訳者としての黒丸尚の名前の方が今では通りがいいかもしれない。LEOは、土曜日にはいつも石井さんの店で本の整理を手伝っていたように思う。忙しかったはずなのに、困っている人がいるとつい、手を差し伸べてしまう。そういう人間だったのだ、LEOは。

彼とは、長い付き合いだったけれども、植草甚一については、一度もまともに話したことが無かった。それでも、当然、ぼく以上に沢山の植草甚一のサイン本を手に入れていたに違いない。でも、彼が若くしてこの世からいなくなったときに彼の蔵書の即売会みたいなことをやったのだが、その本の中に植草甚一のサイン本はほとんど見当たらなかったように思う。あの本、どこに去ったんだろう。ま、ぼくの場合も似たようなもので、石井さんのところで買った本はどこかにまぎれて、見当たらない。ようやく見つけたのは、四冊。でも、二冊にはサインが無いから、確実なのは二冊だけか。

一冊は1974年のMay 31 at「BOOK BRANCH」、もう一冊は1978年のJuly 5 at「Biblo&Tannen」としてある。ということは、まったくの偶然だけれども、植草甚一が最初のニューヨークで買った本と最後のニューヨークの旅で買った本がぼくのところに在ったということになる。

その本のことをちょっとだけ書いておこう。両方とも、植草甚一が取り上げていない本だからね。なぜ買ったのかわからない本の山だった、と言ったけれども、この二冊はわかりやすい。特に1978年に買ったほうは、「THE STORY OF THE SUN」有名なニューヨークの新聞「The Sun」の1833年から1928年の歴史。著者のFrank M Robinsonは「The Sun」の編集者だけれども、彼の「The Sun」における四半世紀の思い出。植草甚一が、この本を買ったのは、ニューヨークのことを勉強しようということかもしれないが、それ以上にニューヨークの新聞のことを書こうと思っていたんじゃないかと言う気がする。植草甚一の情報源は、新聞や、雑誌であることがしばしばある。雑誌のことは、ニューヨーカーを始め、幾つかの雑誌について、何度か彼自身あつかっているし、それなりの本も出ている。でもニューヨークの新聞のことは、意外と書かれていない。いや、もちろん、これは、ぼくの憶測でしかない。

でもね、この本の値段。

14ドル50セント。元は1928年の本だから比較にならないけれども2ドル50セント。植草甚一の日記を読んでいると、彼がニューヨークで買っている本の大部分は2ドルとか3ドルのような気がする。そこで15ドル近い金を払っても欲しいというのは、何か特別な理由があったんだろうと思うわけ。

関係ないけれども、最近のニューヨークの古本屋の本の値段は、ハードカバーで10ドルとか15ドルぐらいが相場じゃないだろうか。ケースバイケースですが。で、ぼくは、この本に3500円も払ったらしい。そんな値段が付いている。石井さんの値付けは、けっこううまい所があって、うーん、高いけどしょうがないか、みたいなこちらの気分を掴んでいる。

ぼくが、そんなに払ったのは、何もニューヨークの新聞のことを勉強したかったからではない。「The Sun」と言う新聞は、パルプマガジンという新しいメディアを十九世紀に開発したことで有名なフランク・M・マンセイが、出版から新聞に事業を拡大したときに買収した新聞のひとつだったよな、というような予備知識があったからだ。この本の一章が、そのマンセイのことに割かれている。このあたりのことは、マンセイのことを調べていけば、わかることで、何もこの本を買う必要も無いかもしれない。でも、たとえば、マンセイがこの新聞を買って最初にやったのが、それまで2セントだった値段を一挙に1セントにしてしまったとか、1912年にニューヨークには、朝刊紙が七種類、夕刊も七紙在ったという様なことは、この本じゃないとわからないことのような気がする。

どうでもいいことだけど、植草甚一はこの本を読んでない。ページがアンカットのままだからだ。でも、ということは、この本の最初の持ち主も読まなかったということになる。すると、半世紀以上も経って、初めてこの本を読んだのが、ぼくということになる。マンセイのたった一章だけだけど。

もう一冊の1974年の方も、ま、わかりやすい。MARVIN KITMANの「You Can't Judge a Book by Its Cover」H.L.メンケンとアート・バックウォルドを合わせたようなユーモア・エッセイと書いてある。バックウォルドのことを日本で最初に紹介したのは植草甚一だと思うから、当然買っていてもおかしくない。ただね、この本1ドルって値が付いている。と言うことは、1ドルの棚をずっと見ていって見つけたわけだ。感心する。時間の問題だけではなく、本当に本が好きなんだ。日本でも、均一棚の鬼のような人たちがいるから、珍しくないかもしれない、が、ぼくには無理。それにしても、ニューヨークにいる間に平均すれば一日二万冊の本を見たと、植草甚一は書いているわけで、これはやっぱりすごいことのように思う。

マーヴィン・キットマンは、今では、マーヴィン・キットマン・ショーというTV番組を持っていて、そちらの方が有名かもしれない。そういえば、この本のイントロダクションで、とあるパーティで彼がひどい目に会ったエピソードが書かれていた。

かわいい女の子に、お仕事は？　と聞かれたので、雑誌にコラムを書いている、と答えたら、最低！　と言われてしまったんだそうだ。そのパーティで何度も同じような言われようをしたので、友人の一人に、俺のどこが悪いってんだ？　と、尋ねたら、お前が時代遅れってことだよ、と言われた。

じゃあ、どうすれば、今っぽいと思われるんだい？　パーティで馬鹿にされるのは、もう嫌だと思って尋ねると、今の流行は、メディア・ミックスってことさ。ウォホールを見ろよ、絵描きだけど、映画も撮ってる。トム・ウルフは作家だけど、絵も描いてるだろ、ジョージ・プリントンは、クオーターバックもやってるけど、ニューヨーク・フィルでトライアングル、叩いてるじゃないか。お前も、何か別のメディアを見つけなきゃな。

このエピソードが元で、テレビのホストを始めたのかどうか、知らないけれど、今のキットマンのことを考えると、ちょっと笑える。

ぼくは本を買うときに必ずイントロダクションを読むわけではない。この本の場合は、タイトルでほぼ買うと決めたような気がする。だってね、「ジャケットじゃ本の中身はわからない」ってタイトルで、ジャケット・カバーの写真はセクシーなポーズのヌードなんだから。中身とはまったく関係ない。そして、植草甚一は、ジャズを聞き始めた頃、ジャケットがいいアルバムは中身もいいというジャケ買いの法則を発見した当人だからね。その本人の蔵書の中にこんなタイトルの本があるというだけで素敵じゃないか。この本を見つけたとき、御本人はどんな顔をしたんだろうと考えると、ね、ちょっと笑える。

まずいな、いつまでも、続けていけそうな気分になってきた。散歩の話はどこに行っちゃったんだろう。でも、植草甚一の発明した散歩には、目的なんて無いわけで、何か持って帰れるものがあればいい。この文章も、そうであればうれしい。読み終えて、何か持って帰れるものがあればいい。でもね、植草式散歩には、ちょっとした副作用がある。

実は、一年ぐらい前から健康のためと称して、植草式散歩を実践しているのだけれども、急激に本と雑貨が増殖してきた。もともと少ない数ではなかったんだけれども、ほぼ臨界点を突破しつつある。どうしようか？ これも、植草式のライフスタイルとあきらめるか、まっとうな生活に戻るか。でも、植草式散歩は、楽しいんだよなぁ。

開かれた明るい「話体」
——植草さんの文体をめぐって

杉山正樹
（作家・文芸評論家）

『植草甚一コラージュ日記①②』（平凡社）が出たとき、こんな書評をした。

この本がなぜおもしろいかって？ 植草甚一が自筆で書いた日記で、お得意のコラージュもたくさん載《の》っているからさ。

植草甚一って？ 説明するとながくなるので簡単にいうと、60年代から70年代にかけて、若者たちからまるで教祖みたいに見られてた人なんだ。かれの生き方そのものが支持されたっていったらいいかな。

その理由も、いまでははっきりしている。かれは映画や探偵小説やジャズを批評したけれど、どれも自分の好みのままに楽しんでいた。イデオロギー闘争でくたびれた当時、かれの風に吹かれて遊ぶような自由さがすごく新鮮に見えた。

もうひとつは、文章がよかったってこと。目下進行中のあたらしい言文一致体の先駆者といってもいいくらい、明るい話し言葉を駆使して書いた。その息づかいがそっくり伝わる直筆の複製だから、うーんと唸《うな》ってしまうわけさ。続刊のニューヨーク編も、眺めてあきないんだなあ。

（朝日新聞・04年1月4日付）

ちょいと植草調で書いてみたのだが、いまもこの主旨は、まったくかわらない。ただ「目下進行中のあたらしい言文一致体」については、説明が必要だろう。これからしばらくのあいだ、文芸史家の真似をして、近代日本文学の変遷を、駆け足で早わかり式にたどってみることにしようか。

明治のころ、幸田露伴や尾崎紅葉らの雅文体を脱するため、二葉亭四迷や夏目漱石が、近代人の心情と思想を反映できる日本語を創造していった過程で、三遊亭円朝の落語が参照されたのは人も知るとおり。わけても漱石は寄席が好きで三代目小さん贔屓《びいき》だったのが、初期作品の文体によくあらわれている。まず発端に、落語のような他者にむかって語りかける「話体」があり、いまふたたび、現代人の表現にふさわしい言文一致体がもとめられているわけだ。

漱石に学んだ芥川龍之介や白樺派の面々、とりわけ武者小路実篤や志賀直哉らが、自我を表現する方法、あるいは見たものや考えたことをそっくりそのまま書くのにふさわしい文体を作りだした。志賀直哉の名短編として知られる「城の崎にて」の冒頭部分、

山手線の電車に跳飛《はねと》ばされて怪我をした、その後養生に、一人で但馬《たじま》の城崎《きのさき》温泉へ出掛けた。

必要にして不可欠な文章の緊密さと、省略の巧さ。戦前、雑誌が主体で短編小説全盛のころ、作家たちはこの「小説の神様」を見ならって、いかに文章を削るかに苦心惨憺した。それほどリアリズムとリゴリズムが徹底していたのである。

その志賀直哉の作品を英訳したら、いちばん近いのは、ハードボイルド小説だったという笑えぬ挿話がある。かれの文学世界が、ヘミングウェイやハメットに似ているはずもないのだが、翻訳すると酷似してしまうのは、きわめて不思議な現象といえよう。

私小説になると、特殊な事情はもっとはっきりする。なによりも告白の誠実さが問われるわけだから、嘘いつわりのない地声がそのまま伝わる文章がもとめられ、ほとんど宗教的な懺悔といっていい、ひろがりを持たぬ「私」の告白に終始する。これが日本文学の想像力の幅をどれほど狭くしたかしれない。

もっとも私小説こそ日本独自の特産品なので、熱烈な愛好者がいつの世もいて、今後とも長くこの国に伝えられるにちがいない。いわば民族性ともいうべきか。自分史とか身辺雑詠とかが盛んな現状からも、それは推察できるだろう。たとえば安岡章太郎のように、読者にむかって開かれた、ユーモアのある「私」文学は、あまたあるのだが、今は措《お》くことにする。

また一方には、森鷗外らの漢文体くずしの抑制された散文もあって、この流れから永井荷風をはじめ、多くの格調高い「純文学」が生み出された。教養主義的な小説、人格の錬磨が文学に結実するという成長小説《ビルドゥングスロマン》など、その典型といえようか。

しかし、「私」が一個の「私」として完結し、特権的な「私」が主人公たりうる時代はとうに終わってしまったのだ。日本の近代文学の文体は、「私」そのものが分裂し、現実と仮想現実との境界さえ危うい現代にあっては、そのまま適用することがむずかしくなり、現実を描写するには窮屈な、一種の文語体めいた型にはまってしまっている。あたらしい暢《の》びやかな文体がもとめられるわけである。

さて、日本の近代小説には、もう一方に話し言葉の系譜があった。泉鏡花から久保田万太郎と里見弴につながる関東の説話体や、宇野浩二から織田作之助らへとつづく関西の浄瑠璃ふうな饒舌体、それに関西移住後の谷崎潤一郎（『卍《まんじ》』）や、久生十蘭（『姦』）、太宰治（『駆込み訴え』）をはじめ、さまざまな「話体」の秀作が見られる。これらの作家の多くが戯曲を書いているのも特徴のひとつで、他者にむかって開かれた印象を与えるのはそのためだろう。

注目すべきは石川淳で、もともと鴎外・荷風の系列につながりながら、かれの歴史小説や寓話ふうの小説は、講談の張り扇の音が聞こえると評された。これもまた、一種の「話体」というべきか。その直系に安部公房と丸谷才一がいる。カフカの笑いを包含した安部の悲喜劇的な小説や戯曲、あるいは英国ふうのユーモアをたっぷり含んだ丸谷の小説や評論、とりわけそのエッセイは、まさしく「話体」になっているのだ。この方向こそ、自我表現の手段だった日本の近代小説のあと、あたらしい言文一致体になりうる可能性があるといっても過言ではない。そして、われらが植草甚一の位置もまたそこにある。

「ライ麦畑の正しい読み方」
ホールデン・コールドフィールド協会編
飛鳥新社、2003

植草甚一の文章をいち早く認めたのが丸谷才一だったのも、おなじ「話体」同士だから当然だろう（もっとも丸谷のエッセイの文体は、吉田秀和の語り口にずいぶん影響されているのではないかしら）。

暢《の》びやかな「話体」が、あたらしい言文一致体をひらく方法だとして、では植草甚一の文体にはどんな効果があるのか。ここにきわめて興味ぶかい考察がある。かれの文章が、サリンジャーの『ライ麦畑でつかまえて』の翻訳の文体に影響を与えたという説である。

*

《「ライ麦畑」の正しい読み方》（03年4月・飛鳥新社）の編者はホールデン・コールフィールド協会。J・D・サリンジャーの『ライ麦畑でつかまえて』の主人公の名前を掲げたこの会は、五人の研究者がサリンジャーの、とりわけ『ライ麦畑』の読み方をさまざまな角度から照射していて、じつにおもしろい。

その26章の見出しは「翻訳者・野崎孝が発明したとされるホールデンの喋り口調文体だが、そのルーツはどこからきたか？」という質問になっている。

野崎孝はフォークナーの翻訳をする場合、たとえば野間宏や大江健三郎や吉田健一の、どの文体を参考にしたらいいかと考えると語っているとおり、翻訳をするとき、その作品にふさわしい既成の文体のモデルを見つけてきたのではなかったか。

そして『ライ麦畑』ではと、つぎのように推察する。〈文体のモデルは植草甚一——それも、久保書店が出していた「マンハント」というハードボイルド系マガジンに連載されていた「夜はおシャレ者」という軽妙なコラムの文体——ではないか。〉

かれの文体は、映画批評の段階ではまだ、後年「植草調」とか「植草節」とかいわれる饒舌体がみられない。ジャズについて書きはじめた一九五七年ごろから、ゆっくりと変化してゆき、やがてモダン・ジャズに熱中してゆくうちに文体が変貌していった。書き言葉による口語体が誕生したのである。

「マンハント」一九六〇年一月号からはじまる「夜はおシャレ者」こそ、その文体がもっとも精彩をはなったコラムであり、ジャズの即興演奏を連想させる植草甚一の饒舌体が、野崎孝の趣好にかなったのではないだろうか。ちなみに『ライ麦畑』の野崎訳は六四年の十二月刊で、「夜はおシャレ者」の連載は同年一月号までである。

引用された実例のひとつはこうだ（傍線は編者によるもの）。

エロールってフリンのことさ。嫌いだったよ、ぼくは。みんなも嫌いだったろうね。ところが最後に出演した「自由の大地」をみたとき、なんだかとても好きになってしまった。酔っぱらって生地まるだしだったのがスターの末路をみているようでさ、とてもよかったんだ。そうしたら死んでしまった。そのあとですぐ自伝がでたね。しってるだろう。これが、とても評判になってさ。読みたいなとおもっているとき、ヒッチコックが船にのって日本についた。

（一九六一年二月号「エロールは四十三万ドルの喧嘩をやったのさ」）

たしかに『ライ麦畑』の野崎孝訳とよく似ている。いま、たまたま開いたページから、ごく短い一節を引用してみよう。

とにかく、僕がやろうと決心したのは、そういうことなんだ。そこで僕は、自分の部屋に帰ると、明かりをつけて、荷造りやなんかをやりだしたのさ。いろんなものはもうそれまでに荷造りしてあったんだ。ストラドレーターの奴は、目をさましもしなかったね。僕は煙草に火をつけ、身支度をすませると、僕の持ってる二つの旅行鞄《グラッドストーン》に品物をつめた。これは二分ぐらいですんじまったな。僕は荷物をつめるのがとても早いんだ。

文体の呼吸《いき》が、じつによく似ていて、これに気づいた協会諸氏の炯眼《けいがん》には敬服するほかない。そういえば坪内祐三の『アメリカ』（07年12月・扶桑社）の〈一九八〇年の『ライ麦畑』〉の章にも、この事実が、共感をもって裏書きされている。一九六一年から「マンハント」で「夜はおシャレ者」を担当した編集者といたしましては、なにやら面はゆい気持ちさえしないではない。

というのも、野崎孝訳の『ライ麦畑でつかまえて』は、当時の文学青年（という種族がいた）にとって、感受性の変革を迫られるほどの小説だったからだ。ベストセラーになっただけでなく、庄司薫が『赤頭巾ちゃん気をつけて』ほかの青春四部作でパロディー化し、村上春樹が、のちに新訳をするほどにも影響をうけたのだった。村上の『風の歌を聴け』からはじまる日本文学のあたらしい局面については、あらためて詳述するまでもないだろう。

植草さんとは「マンハント」以前、書肆ユリイカの伊達得夫が発行する「ユリイカ」の特集〈モダン・ジャズと現代詩〉に執筆してもらっていた

「マンハント」62年7月号

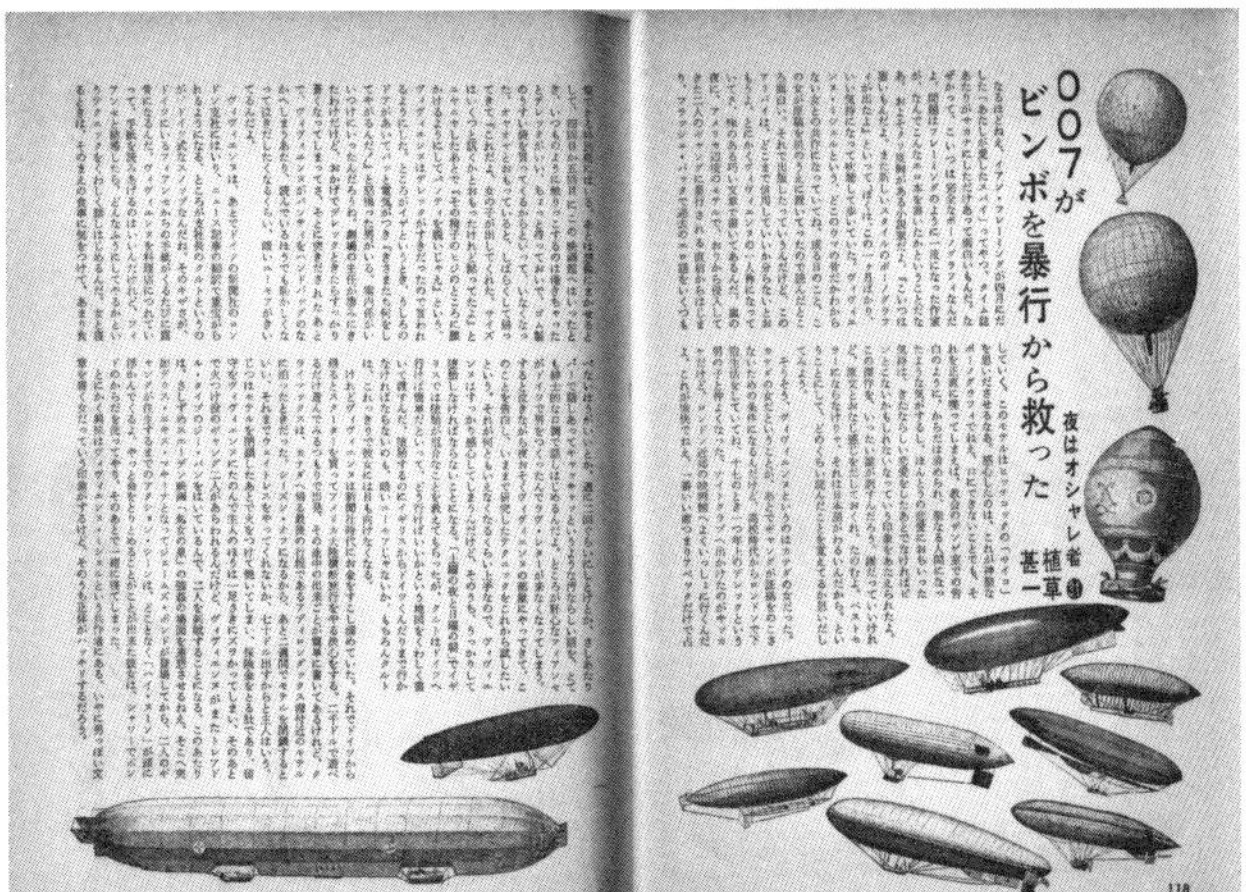

植草さんと天井桟敷

萩原朔美
(元「ビックリハウス」編集長、映像作家)

のだが、「夜はおシャレ者」の担当者として、毎回、自宅に通うようになってから、まず最初に気づいたのは、かれの話しぶりである。じつにゆっくりと、言葉を選びながら、やや甲高《かん》い声で話す口調が、それまで文章から想像していた江戸前のテンポとはちがっていた。いちど頭のなかで文章をこしらえてから喋っているのかとおもうほど、慎重で暢《の》びやかな語り口なのだ。それは原稿用紙の桝目いっぱいに楷書で書かれる大きな文字と、とてもよく似ていた。

話すように書くというが、書くように話しているのではないか。まず相手がいて、その相手にむかって話しはじめる。それがそのまま文章になるのだから、この「話体」は、はじめから読者に聞かれている。

その話し方がまた、明るいのだ。話題は好きな映画やジャズや小説のことだから、口調はおのずから暢《の》びやかになり、自由連想ふうに飛躍する。こちらの記憶には、残念ながらサリンジャーについて聞いたおぼえはないのだが、『ライ麦畑』の原作が出たのが一九五一年だから、たえずあたらしいものを求めつづける植草さんにとって、事は旧聞に属していたためかもしれない。

いつだったか、人形町を歩いていたとき、船場育ちの父親がしきりに謡をうなってて、と昔話をしたら、「ソオロー、ソオローっていうんだろう。嫌だねえあれは、耳について」と顔をしかめた。そうか、日本橋小網町の木綿問屋の旦那も謡をやっていて、植草少年は生理的に嫌だった。かれがモダンボーイとなり、あたらしもの好きになった遠因は、あるいはそのあたりにあるかもしれないぞ、と空想したことがある。

ちなみに「マンハント」は、アメリカのハードボイルド探偵小説の翻訳雑誌で、編集長の中田雅久が戦後の「新青年」ともかかわりが深かったので、アメリカ風俗を中心にした「新青年」をと、面白おかしい誌面づくりを試みた。翻訳も戯作調あり超訳ありで、田中小実昌のカーター・ブラウンなどは絶妙だった。新人の起用も大胆で、和田誠・真鍋博・立木義浩・寺山修司らがグラビア・ページを担当し、作家以前の野坂昭如がブルーフィルム入門のコラムを連載した。片岡義男・紀田順一郎・小鷹信光らがこの雑誌からデビューしている。

もっとも客観的に見れば、あの《『ライ麦畑』の正しい読み方》がいうように〈アメリカの通俗文化を、毎号、戯作調で紹介していた「マンハント」という、不良っぽくて妙ちきりんな〉雑誌だったろう。その創刊号から最終号まで連載されたのが植草甚一の「夜はおシャレ者」で、モダン・ジャズの即興演奏に似たかれの文章が、この雑誌の中軸だったといっていい。

当代にふさわしい文体がもとめられている現在、読者にむかって開かれている、植草甚一の明るい「話体」は、あたらしい言文一致体の好見本となるにちがいない。有効なのは『ライ麦畑でつかまえて』の訳文だけではないはずである。

植草さんに最初に文章を頼みに行ったのは、一九六九年だ。この時私は寺山修司主宰の演劇実験室・天井桟敷に所属していた。この年劇団は、渋谷の並木橋の小さな劇場をオープンさせた。そのオープニング公演「時代はサーカスの象にのって」の演出を私が担当していた頃だ。

劇場は地下一階にあって、客席数が百人程度の小さなもの。当時小劇場のブームで、アングラ演劇などとメディアで呼ばれていて、天井桟敷の劇場が地下にあったから、まさにアングラ劇団だったのだ。

植草さんに原稿を依頼したのは「天井桟敷写真帖・時代はサーカスの象にのって」という単行本の企画ものだ。ずい分大胆な試みである。劇団の公演の写真集など売れるのだろうか。当時も今もあまり聞いたことがない。こういう企画が生れたのは、「時代はサーカスの象にのって」というロック・ミュージカルがヒットしたからだったと思う。この芝居は、何度も再演をくり返して、二年近く上演し続けた。一時期には、本公演が終った後にもう一度ダイジェスト版のようなものまで上演した。これは、ハトバスの観光ルートに入ったためで、東京のアングラスポット巡りの目玉として、天井桟敷の芝居を観せたのである。そんな小劇場ブームの状況だったから、風変りな本も出版が可能だったのだろう。

企画内容は全編おかしなものだった。キャッチフレーズが面白い。総て寺山さんが考えたものと思われる。

「天想天外！　なにがとびだすかわからない！　開けてびっくり！　玩具箱も顔まけの不思議な立体絵本！」

となっている。内容はなんだかさっぱり分からない。

「出版革命怪書出現！」

「豪華本一〇冊分の衝撃画報です！」

キャッチフレーズがみんな勇ましいのだ。

具体的な内容はというと、

「時代はサーカスの象にのって」ポスター（1969年）
デザイン／及川正通　図版提供／(株)テラヤマ・ワールド

「大山デブコの超特大ドレス型紙」

大山デブコというのは、二年前に新宿の末広亭で上演した第二回公演の演目で、実際に肥った女性が出演した。寺山さんが好んだ巨大な母親をイメージさせる肉体だ。フェリーニの映画に出てくる存在感のある女性で、寺山さんの映画の中にも出現する空気女である。その他、

「青少年のための男色入門」

「自殺機械の設計図！　侏儒紳士録から日光写真による春画名作選！」

「原色版大型サイズの横尾忠則ポスターから井上洋介の魔術小道具！　丸山明宏サインいり妖艶プロマイド！」

「双六から新高恵子の裸体着せかえ人形！」
といった妙な内容が次々と登場する。芝居の方は
「ページをめくるとパッととびだす立体舞台装置！」
となっている。それだけだ。附録として紹介されているのが
「おかま用語辞典」
「戦後流行歌ベスト一〇」
「変装用刺青シール」
などである。これらを見ると、およそ劇を中心としたものではなく、天井桟敷の演目から派生したものや発想をビジュアルに展開させたページ構成である。スタッフとして名前が並んでいるのは、
寺山修司　横尾忠則　宇野亜喜良　篠山紀信　井上洋介　沢渡朔　辰巳四郎
須田一政　森山大道　粟津潔　金子國義　植草甚一　和田誠　コシノジュンコ　八木正生　桃中軒花月　萩原朔美　東由多加　前田律子　九篠映子　となっている。スタッフといっても編集に携わった訳ではなく、みんな寄稿してもらったり作品を提供してくれた人達である。編集の実務は私と出版社の室町書房の人が担当したのだった。
植草さんへの依頼は、私と室町書房の人と二人で、経堂の自宅にうかがった。玄関から続く廊下には、大量の洋書が積んであって、歩くと崩れ落ちそうだった。ソファーに坐って、本の内容を説明した。植草さんは、聞いている内に面白そうと思ったのかニヤニヤと笑った。植草さんにはどんな内容の原稿を頼んだのか思い出せない。いい返事をもらったことは覚えている。
しかし、一番ハッキリと覚えているのは、その時部屋に流れていたレコードである。モダンジャズだ。植草さんは、一九六七年に『ジャズの前衛と黒人たち』という本を晶文社から出している。その中で

「ぼくはジャズは勉強なのだと確信しているし、ジャズを聴いているとき一番いいことは、なにかこうほかの勉強にとりかかりたいという強烈な推進力をあたえてくれることだ。そしてモダンジャズに取りつかれた最初のころは、あたかも広い海へとボートを漕ぎ出していくような気持だったし、まったくの白紙状態だった。」

と書いている。

「四十八才になったときに急にシビレだした」

というから、私達がうかがった時は、ジャズが好きになって一〇年以上たっている頃だった。新しく買ったレコードらしく、話の合間に私達にいいでしょうというような表情を向ける。私は一〇代後半からジャズ喫茶に入り浸りになって、ついにボーイのアルバイトを二年間もやってしまった男だ。もちろん植草さんのジャズ好きに共感出来る。依頼原稿の話はそっちのけで、すっかりジャズ談議になってしまった。その内に、レコードの曲目が変ってピアノのソロが始まると、

「おーい、これ猫が塀の上を歩いているようだろ」

と植草さんが奥の方に声を掛けた。奥さんに面白いだろうこの曲、と言っているのである。私はびっくりしてしまった。あんまり興味のなさそう（という風に私には見えた）な奥さんに、ちゃんとモダン・ジャズの面白さを伝えようとするその親切心にである。当時の私にはまず考えられないことであった。私は私。あなたはあなたで、自分の興味の対象を連れ合いに知らせることなど思いも付かなかったのだ。

その時ふと、植草さんの文章は、みんなこの時の奥さんへの呼び掛けと同じではないだろうか。そう感じたのである。ジャズでもコミックでもアートでも小説でも、それを知らない人にも、ほらこんなに面白い世界があるんだよ、と

伝える。そこが植草さんの文章の面白さなのだと思ったのだ。

その時のレコードをどうしても思い出せない。ピアノだとするとマル・ウォールドロンの「レフト・アローン」だろうけれど、それだと'69年に買って来るレコードだろうかとも思える。私のイメージの中では「キャット・ウォーク」なのだけれど、今ではどうしても思い出せないのだ。ただあまりにもその奥さんへの言葉が鮮明で、猫が歩いているように聞えるだろう？　面白いだろう？　という植草さんの声だけが残ってしまったのである。

その後、この本の企画は実現しなかった。経費がかかりすぎて頓挫したのだった。写真や文章などかなり上って来ていたので残念でならなかった。もっとも、「限定参千部」となっていて、「予価六千円」である。今考えても実現が困難な企画だったと思う。

現在、私の手元には植草さんからのハガキと封書がある。私の宝物だ。

ハガキは、私が一九七二年に初めてエッセイ集を出した時のものだ。手書きの罫線で囲った文章で、罫線の外側は色エンピツで彩色されている。こういう丁寧な遊び心と繊細さが表われている手紙をもらったのは、最初で最後だ。

「『赤い自転車』ほんとうにいい本になりましたね。活字の組みも満点ですし、それと溶けあったように朔美さんの文章がりっぱなので、ぼくはあらためて、感心しているんです。じつはそういった出来ばえを本屋で見ようと思っていたやさきに、ご本がとどいたので、とてもうれしくなりました。もしおひまのときは近距離ですから、おあそびにおいでください。それからお母上の二冊も読んで感心したことも、おついでのとき。」

綺麗なキュートな字で、きちんとしていて、私は何度も何度も読み返してしまった。

もうひとつは、J. UEKUSAと印刷されている原稿用紙で、ヘッドに植草さんのコラージュがある。中に写真が一枚入っていた。裏に「田村隆一のパーティの夜」と書いてある。ヒッピーのように長髪の若い私の写真だ。植草さんが撮ったのだろう。

「この写真をまえから送るつもりでした。

またいい本が出て、ぼくもうれしくなりました。そのうち萩原朔美論といきますか。ヴィレッジを歩きながら考えましょう。」

二冊目の本が出た時だから'74年だ。

その後植草さんは「宝島」という雑誌を出して、私は「ビックリハウス」という雑誌を編集した。その月刊誌に、植草さんに何かたのんで書いてもらったのだけれど、先日バックナンバーを調べたのだけれど、どうしても見当らない。依頼した事すらも、どうしても思い出せないのだ。あの奥さんへの呼びかけがあまりにも印象が深くて、その他のことは全部消去してしまったのだと思う。そうとしか考えられないぐらい、みごとに忘れてしまっているのである。

『雨降りだからミステリーでも勉強しよう』を再読する

恩田陸（小説家）

ものごころついた頃から植草甚一は既に存在していた。彼のセピア色の世界が、古い地図みたいに最初からそこにあったのだ。

植草甚一は、気がつくともうJ・Jおじさんだった。笠智衆がいつも映画の中ではおじいさんだったように。

私にとってのJ・Jおじさんは、『雨降りだからミステリーでも勉強しよう』である。

チョコレート色と紫の混ざった、ペーパーバックの背表紙を地模様にしたあの表紙。あれが私の中のJ・J氏の占めるスペースとほぼイコールなのである。もちろん、ミンガスやヒッチコックやなんやかやも、あとから少しは齧ったけれど、私にとってのおじさんは『雨降り』、これ一冊。

この本、買った時のことを覚えている数少ない本のひとつだ。書店で小学校五年生の私を捉えたタイトルとデザイン。さんざんねだって買ってもらった本。私が持っているのは一九七五年七月二十日発行の第十一刷だが、一二〇〇円という値段は当時私が持っていた本ではかなり高い。でも、これ、字も細かいし、四百ページ以上あるし、原稿用紙換算でゆうに一〇〇〇枚もの分量があるのだ。

して、その実態は、J・J氏がピンと来て買い込んだ新人作家のペーパーバックの内容を紹介してくれるという本。まだクリスティとクイーンしか読んでいなかった小学生が読むにはずいぶんハイブロウな内容だが、繰り返し楽しく読んだ記憶がある。なにより、この本全体に漂う「ミステリ」というジャンルのいかがわしくも妖しく、わくわくする雰囲気が楽しかったのだ。

いったい何度読んだか分からないけれど、ミステリ作家のはしくれとなった今、久し振りに改めて読んでみることにしよう。

中は二部構成。書いた媒体の違いで分けているらしい。「フラグランテデリクト（現行犯）」と「クライム・クラブ」。うーん、カッコいいタイトル。

読みながら「うひゃあ」と叫んでしまったのは、その「新人」作家のそうそうたる顔ぶれである。ジョン・ル・カレの『死者にかかってきた電話』がある。ライオネル・デイヴィッドソンの『モルダウの黒い流れ』がある。マーク・マクシェーンの『雨の午後の交霊会』がある。カトリーヌ・アルレー『わらの女』、ノエル・カレフ『その子を殺すな』、セバスチャン・ジャプリゾ『寝台車の殺人者』、そして、ジョン・ファウルズの『コレクター』まであるのだ。もちろん、どの作家にも駆

け出し時代というものがあるわけだけど、こんな巨匠にもデビュー作があって、初対面の読者に星を付けられていたなんて、いつもながら不思議な気がする。もちろん、私も真似しましたとも。読書ノートに、偉そうに星付けてコメント。星五つを最高にしたっけ。

それにしても、再読して驚いた。新鮮。なにしろ、この本、とてもとても不思議なブックガイドなのである。というのも、J・Jおじさんという人は、一見読者へ語りかけていると錯覚させる文体でありながら、実はすべて自分のために書いているのですね。これ、全編、J・Jおじさんの、ミステリファン部門の自分のための覚書なのだ。だから、読者には不親切極まりない箇所が散見されるのである。

「アウトラインを書いてみよう」とおじさん、あらすじの説明を始める。それがまた、起きる出来事を漫然と並べただけの、実に退屈な説明。本人もそう

フラグランテ・デリクト

現行犯

思ったらしく「こんな筋書を書くのはいやになった」と、突然あらすじ放棄。しかも説明の途中でしばしば「そういえば」とか「ここで思い出すのは」とか、おじさん、話をあっちこっち飛ばすし、下手をすると「説明しなくちゃ」と言い訳しつつ、とうとう別の思い出話にかまけていて説明なしに終わってしまう項まである。

これって、おじさんが子供の頃から英語に親しみ、翻訳に親しんだせいかもしれない。なぜかというに、この本を読み返していたら、かつて高校時代にいっとき英語の家庭教師をお願いしていた時があったのだけど、課題でモームの『アシェンデン』かなんかを訳している時のことをやたらと思い出してしまったのだ。英語には「」の中に『』があって、そのまた中にカッコ閉じ、みたいに、ひとつの単語に掛かる文章がそのあとパラグラフいっぱいえんえんと続く、というシチュエーションがあるのと似ている。

ともかく、おじさんの意識の流れがそのままブックガイドになっている、というなんとも奇妙な本なのだ。しかも、それが楽しいし、退屈と思える説明に徐々にやみつきになっていってしまうのである。ほらね、この文章もなんとなく、おじさんの意識の流れの亜流みたいになってきたぞ。

かといって、おじさん、決してあらすじが下手なわけではない。おじさんが感心して紹介したものは、今も細部までくっきり覚えているのだ。

中でも気味の悪い短編「蜘蛛」。田舎に引っ越してきた夫婦が徐々に精神に異常をきたしていく様子を描いたものだが、日々やつれていく妻に何か心配事でもあるのかと尋ねた夫に「笑わないでね。この家には蜘蛛が一匹いるのよ」と妻が答えるところは一言一句違わず頭に残っていたし、「ビスケットなしで」という話に出てくる、とある男が見知らぬ土地で寄った古い雑貨店で、主人が差し出したビスケットの中がウジ虫だらけなのにカッとして主人を殴り殺して

しまう、という場面もよく覚えていた。

私がこの本を手に取る時、子供の頃よく食べていたマクビティの胚芽入りチョコレート・ビスケットを思い出すのは、表紙の色のみならず、この気持悪い場面のせいかもしれない、とちらっと考えたが、あまり気持よくない連想なので深く考えないようにする。

古本屋を回って、エドマンド・クリスピンやマイケル・イネスのペーパーバックを探すなんて羨ましい。しかも、おじさんはあくまで「散歩と雑学が好き」なのであって、決してコレクターなんかではない。その軽やかさ。私も年に何回かは気合いを入れて丸一日神保町を回るけれど、おじさんの時代の楽しさとは比べ物にならないだろう。私は最近のお洒落系古本屋は苦手だし、ネットで探すのも好きじゃないので、以前から探している本は未だに見つからない。その癖、おじさんのように、どこかの店頭でばったり巡り合うことを信じている。

本当に、おじさんはなんでもひょいひょい集めてスクラップしておく。だから、いろいろなものが分け隔てなく同じレベルで収集され、貼り付けてある。この本でも、どうみてもつまらないペーパーバックのプロットが、馬鹿にせず、傑作の隣に淡々と並べて説明してある。それが、なんとも楽しいのである。初読の時から繰り返し読んできたわけが分かった気がした。私は子供の頃から予告編やカタログが好きで、特に本の目録はタイトルとあらすじだけで何時間でも楽しむことができた。それを更にボリュームアップさせ、読み物を満載したこの本が楽しかったのは当然だ。

いやはや、まさに玉石混交。これでもかというくだらないプロットとタイトルが羅列されているのを読んでいると、日々プロット造りに青息吐息の私にも、まだなんとかなるのではないかと明日への希望が湧いてくるほどである。

しかも、今の私にこそ役に立つ情報も満載。イアン・フレミングやジョルジュ・シムノン、四百冊以上も本を書いたジョン・クリーシーらの小説作法やアドバイスも、決して端折らず淡々と訳してくれている。これって、読書家や小説家がやると意外に難しいのだ。つい、そのまま引き写すのは芸がないのではないかという強迫観念に駆られ、要約したり、分析したりしたくなるものだが、おじさんは一次情報をきちんと伝えてくれるのである。やはりこの本、おじさんのスクラップブックなのだ。

もうひとつ驚かされたのは、おじさんが本格ミステリのかなり真っ当なファンであったことだ。

この中で紹介された本には、実は近年になって初めて翻訳されたり、訳し直されたりしたものもたくさん含まれている。アレックス・アトキンスン『チャーリー退場』、フレッド・カサック『殺人交叉点』、マイケル・ギルバート『捕虜収容所の死』、ジョン・フランクリン・バーディン『悪魔に食われろ青尾蝿』、レオ・ブルース『三人の探偵のための事件』、ウイリアム・モール『ハマースミスのうじ虫』、パーシヴァル・ワイルド『検死審問』、ビル・S・バリンジャー

『煙で描いた肖像画』、などなど。それらのほとんどは、実は本格ミステリと呼ばれるジャンルのものなのである。

　植草甚一は、この本の本文でもあとがきでも「ぼくは本格派の推理小説はあまり夢中になれないほうで、変格派の推理小説のほうが面白かった」とたびたび述べているが、単にクリスティやクイーンやカーやヴァン・ダインに代表される保守的なものを敬遠していただけで、むしろ彼の好みをみると、実に先鋭的な、バリバリの本格ミステリファンであることを発見するのである。

　いやはや、おじさんの地図は広すぎる。大人になっても、小説家になっても、こんなに面白く読めてしまうし、またきっと読み返すだろうと思ってしまうのだから。

ギザギザと変貌

春日武彦
（精神科医）

　十年ばかり前に、『古本とジャズ』という書名の本が出た。文庫サイズでハードカバー、栞紐付きというなかなか魅力的な造本で、ランティエ叢書というエッセイのシリーズのひとつであった（角川春樹事務所刊）。たとえば開高健『冒険者と書斎』、田村隆一『スコッチと銭湯』、池波正太郎『江戸前食物誌』など、一作家一冊のベストエッセイ的な編集がなされ、『古本とジャズ』はタイトルからも容易に想像がつくように、J・J氏に割り当てられた一冊だったという次第である。

　当時は書店からJ・J氏の本はほぼ姿を消し、人々の記憶も薄れかけ、氏にとっては（故人ではあるものの）受難の時期ではなかったかと思う。したがって『古本とジャズ』の登場は懐かしいと同時に新鮮な印象をもたらし、また目次を見ると〈植草甚一自伝〉が収録されているではないか。早速購入して、病院の当直室で読んだことを覚えている。

「ワンダーランド」～「宝島」に掲載された自伝をリアルタイムで読んだ時に、わたしはその自由闊達な散文のありように軽い衝撃を受けたのであった。文章を書きたい、それもピンク・フロイドの「原子心母」の乳牛のレコードジャケットみたいに斬新でアートな文章を書きたいなどと訳の分らぬことを考えていたわたしにとって、「こういった書き方で、しかも自伝といった肩に力がこもりがちなテーマを、ごく自然に書いてしまえるとは……」と、驚きと同時に救いに近いものさえ感じてしまっていたのであった。

　あの当時の気分をもう一度味わってみたくて、自伝を読み始めた。いやはや屈託がないというか天真爛漫というか、執筆時点における身辺雑記――もちろん本とコーヒーとジャズに関する話題が中心である――が綴られていくうちにいつしか回想モードに入り、しかし現在と過去とが混在したまま語られていくその文体はこの上なくポップで魅力的である。いいなあと嬉しくなりつつも、何か忘れ物をしたような違和感がつきまとっていたのもまた事実で、その違和感の正体に気付いたのは、植草甚一スクラップ・ブックが復刊された際に入手

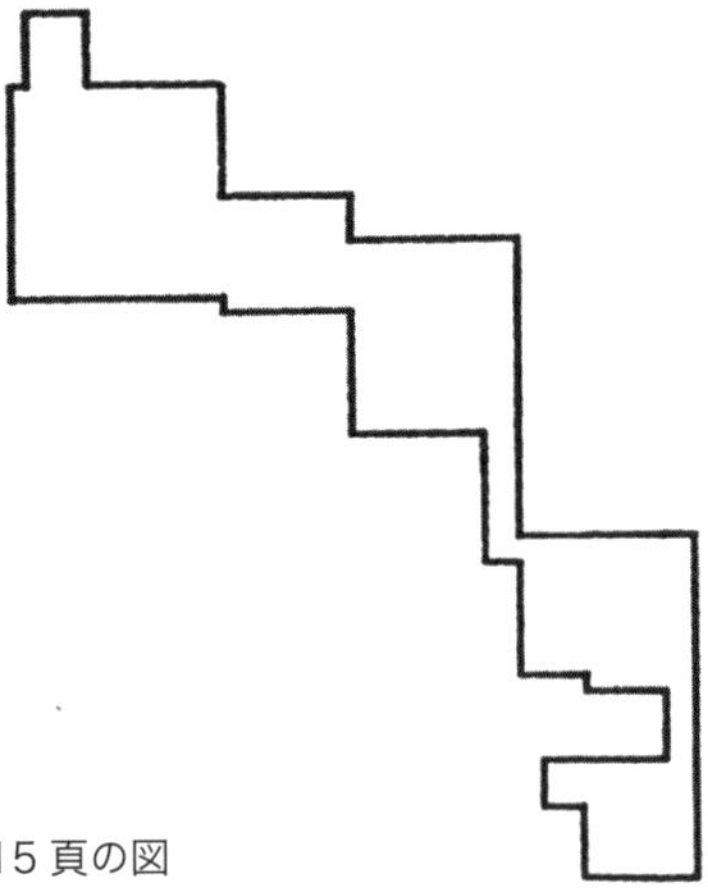

15頁の図

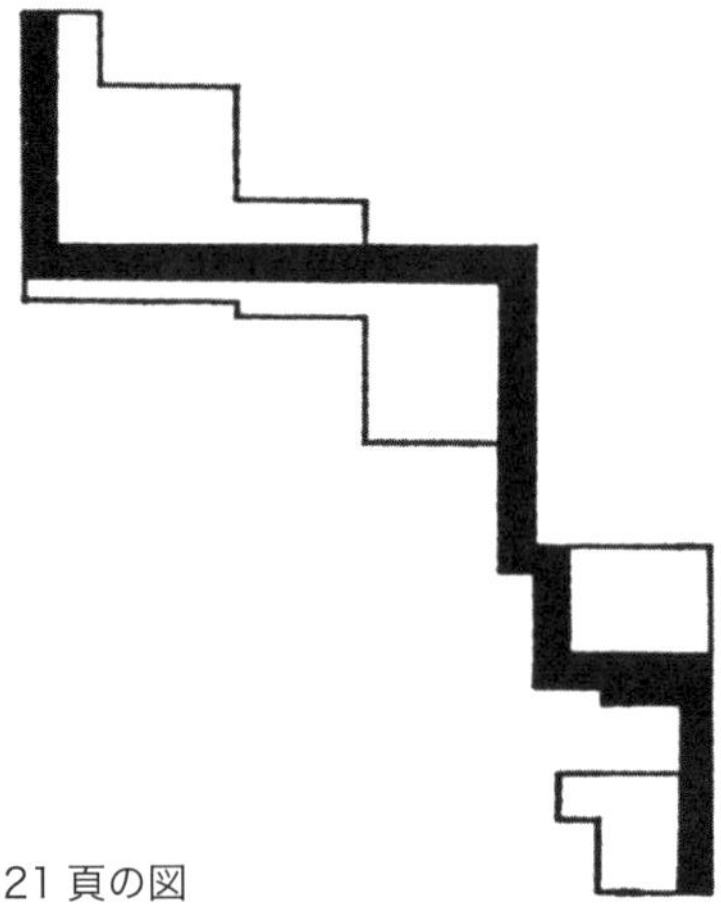

21頁の図

した自伝をまたしても読み返した時であった。

スクラップ・ブックのほうには、15頁と21頁とに奇妙なギザギザの図形が掲載されている（図参照）。これはいったい何なのか。「ぼくは十時にマンションに帰って紅茶を飲みながら本棚のほうを見ると、英語で書いた外人用の厚い京都案内があった。銀閣寺案内でも読もうと思ってめくると二条城案内のページが出てきたが、そのとき軽い興奮を感じたのは二条城の平面図を見た瞬間で、それはつぎのようになっている」といった文章が出てきて、それに対応するのが上のギザギザである。

この図形が、少年時代に親しんでいた人形町の街並みを連想させたからだという。そこで実際に人形町の通りがどうなっていたかを太い線で書き加えたのが下のギザギザである。この図形を契機に、幼いころの記憶が次々に紡ぎ出されてくる。すなわち、プルーストにおけるマドレーヌが、このギザギザに相当する仕掛けとなっている。

それ位に大切な図形であるのに、ランティエ叢書版では図形が載っていない。割愛されてしまっているのである。その欠落が、わたしには違和感として残ったということなのであった。

いったいどのような感覚を持ち合わせていると、平気でギザギザを割愛してしまえるものなのであろうか。雑文書きという立ち位置ゆえに、きっと生前のJ・J氏はこれに類する無神経なことをされて立腹したことも稀ならずあったのではないのか、そんなことまで考えてみずにはいられなかった。まあその話はともかくとして、文章の中にこうしたギザギザ図形が挿入されることで、冒険小説に出てくる財宝の地図とか、ミステリに出てくる奇妙な屋敷の見取り図とか、そういったフィクションにおけるリアルを保証する装置に類似した効果が生まれ、失われた過去がくっきりと浮かび上がってくるように思えたのであった。

ポール・オースターの『シティ・オヴ・グラス』には、探偵がある老人を毎日尾行し、その歩いた跡を略図にしてみるとアルファベットの形が生じ、日を重ねることである言葉のスペルが示されるといったエピソードが出てきた。で、実際にその略図が書物の中に登場し、これまたちょっと胸をときめかせる。ただしこちらの図はかなり確信犯的に効果や意味を計算してのものであった。

ではJ・J氏の場合はどうであったのか。

なるほど、表現上の冒険を平然とやってのけている。自伝などと老人じみたことを言いつつ、明確な意図を以ってアバンギャルド精神を発揮していたのかもしれない。しかし逆に、まったくそんな企みごとなどせずに、力の抜け切った状態で書き綴っていったら、いつしか前衛の精神が入り込んでいただけなのかもしれない。おそらく後者が実際のところなのであろうが、いわば必然性を伴った自然体でポール・オースター的なるものを現出させてしまう営みこそが、文体だとか好奇心のありようをも含めて、J・J氏の大きな魅力であったに違いない。そうした豊饒さにわたしは夢中になっていたのだった。

自伝を通読するとJ・J氏は若い頃からずっと、七〇年代以降の「あの」イメージで一貫していたような印象を受ける。スクラップ・ブックの『植草甚一日記』には一九四五年と一九七〇年の日記が収録されているけれど、世相がとんでもなく異なっているのに内容のトーンはあまり変わらない。空襲の繰り返される戦時下であっても、「また本が欲しくなって神保町へゆき洋書三冊求む」などと書いてあって目を剥かずにはいられない。

ところでわたしの母は、J・J氏と見合いをしたことがある。母は神田小川町の生まれで若いころはかなり羽振りが良く、氏の姉である敏子さんと仲が良かったらしい。自伝に出てくる靴屋の別嬪屋などにも出入りしていたらしい（息子の勝手な想像では、タレントの神田うのみたいに派手で小生意気な娘だったのではないかと思う）。そういった関係からなのか、結婚話が持ち上がったようなのである。わたしの母は服や靴が好きないっぽう翻訳ミステリも好きで、おかげで我が家にはハヤカワ・ポケットミステリはほぼ全部揃っていたしエラリー・クイーンズ・ミステリ・マガジンも創刊号から揃っていたものであるが、そういった彼女ならばJ・J氏には相応しかったかもしれない。

だが、もちろんその見合いは成立しなかった。母によれば、「カッコ良くなかったし、背が低かった」ので問題外だったらしい。身長が低くてずんぐりした体形で、ちょび髭を生やし、全体の印象としては映画評論家の水野晴郎氏（むしろシベリア超特急シリーズの監督としてのほうが有名か？）を陰気にしたみたいだったという。

その話を聞いたのはJ・J氏がモダンでお洒落な老人としてテレビや雑誌に盛んに登場していた頃であった。そのイメージしかわたしは持っていなかったから、母が見合いをした当時の氏はどうやらかなり印象が違ったらしいことに不思議な気持ちを抱かずにはいられなかった。

そのあたりの疑問については、小林信彦の読書エッセイ『〈超〉読書法』（文藝春秋１９９６）に興味深い記述がある。「ぼくの知る限り、一九六〇年前後には植草さんをきらう映画雑誌の編集者が多かった。その頃の植草さんは荒れていた。ミステリの出版社二社と喧嘩して、「スイング・ジャーナル」の連載のみが主な仕事だった」。

母との見合いは六〇年前後よりもずっと遡るが、彼女におけるJ・J氏の印象はこの記述にすんなりつながっているように思われる。しかし一九六〇年代後半から、氏は若者から持て囃されるようになる。そして胃潰瘍の手術をして劇的に痩せてから、まさに「あのJ・J氏」へと変貌を遂げたらしい。小林の本からもう一箇所を引用すれば、「一九七一年に胃の手術をした植草さんは、〈ぎらぎらした肥満した男〉から〈や

植草甚一スクラップ・ブックより「植草甚一自伝」「植草甚一日記」（晶文社）

せた西洋風の老人〉に変貌した。六十三歳。〈植草甚一ブーム〉はこのころから本格的になり、原稿を月に三百枚も書いた」。

胃潰瘍の大手術を経験することですっかり人生観が変わり、容姿が激変したことを契機にあのＪ・Ｊ氏へと変貌を遂げたというのなら、まだ何となく了解が出来る。だが手術に先立つ数年前から、氏は急に人気を獲得するようになっていた。もっともあの〈やせた西洋風の老人〉となりおおせたからこそ若者の教祖的な存在にまで登り詰めたのであろうが。

極端な変貌について、本人はどの程度に意識的であり積極的であったのだろうか。戦略めいたものまで考慮していたのだろうか。それとも、自分でも戸惑っていたのか。そのあたりのことが、わたしには気になって仕方がないのである。今さらそんなことを詮索しても意味がないようにも思えるけれど、その疑問はＪ・Ｊ氏のポップで無国籍的な文体がどれだけ自覚的であったのかとか、自伝の中へギザギザの図形を挿入する行為には表現上の冒険に近い積極性が反映していたのかといった疑問と通底しているのである。だから、知りたくてたまらない。

Ｊ・Ｊ氏の享年は七十一である。意外と早く死んだのだなあといった印象がわたしにはある。あと十年長生きしていたら、もしかすると再度の変貌を遂げて、あるいは認知症へと突入して、パラノイアめいたゴミ屋敷の住人となっていたり、いきなり参議院選挙に立候補していたかもしれない。攻撃的な暴走老人と化していたかもしれない。どんな可能性だってあり得るだろう。なにしろＪ・Ｊ氏がわたしの父親となっていた可能性すらあるのだから。

ロング
インタビュー

植草甚一の秘密

stoned rap with mr.JJ

書籍の森の偉大な狩人

北山耕平（編集者・作家）

そこはまぎれもなく鬱蒼とした木々が生い茂る深い森であった。人がひとり通れるほどの獣道のような通路の両側には、文字通り床から天井まで本や雑誌がうずたかく積み上げられていた。

書籍はほとんどが英語のもので、洋書独特の紙とインクの匂いが鼻腔をくすぐってきた。何冊かまとめて紐で縛られているペーパーバックもあるが、多くはハードカバーだ。無数の本が隙間なく平積みに上へ上へと積み上げられて巨樹を形作り、そうした大きな木がどこまで続いているのかわからない書物の森だった。

植草甚一氏はぼくにとってはその書物の森を守る人であり、名だたる知の狩人で、知を集める人であり、しかも散歩と雑学の大家としてこの世界では知らぬ人のいないエルダーなのだ。ぼくがその森に足を踏み入れたのは、数えるほどの回数しかない。

最初は、植草さんが小田急線の経堂駅から少し離れた一軒家に暮らしていた時代のことで、くたびれかけた平屋建ての古い民家は、ぼくのイメージでは鬱蒼たる書籍の巨木の森に包まれていた。

植草甚一責任編集を謳う雑誌「ワンダーランド」の編集見習いをしていたころで、知の狩人は書籍の森の奥まったところでさまざまな文房具が雑多に置かれた小さな机の前に腰をおろしてにこやかにパイプをくゆらしていた。

二十代前半の若造が偉大な狩人を前にしてできることなどそうあるわけがない。ぼくをその森に連れて行ってくれた片岡義男氏と植草甚一氏というふたりの知の狩人が、６０年代後半に勃興した新しい生き方を伝える英語の本や前衛的なアメリカの雑誌をめくりながら交わす会話に、こちらはひたすら耳を傾けた記憶がある。

まもなく雑誌の編集の仕事が忙しくなり、「ワンダーランド」は「宝島」と名前を変えて、いろいろな経緯を経て編集長も次々と替わり、やがてぼくに４代目編集長のおはちが回ってきた。雑誌の編集方針は大きく変わったけれど、植草氏はぼくが編集長の座に腰掛けていた間もなお「責任編集」の座を退くことなく協力を惜しまないでいてくれたのだった。毎月できあがった号を届けるとコーヒーを飲ませてくれ、小遣いまでいただいたことがある。

植草氏がニューヨークの初の長期滞在を果たして大量の書籍と共に帰還して以後、ぼくが最後に、長いインタヴューを採るためにあの書籍の森を訪れたとき、氏はすでにあの平屋建ての鬱蒼とした雰囲気を漂わせる家を引き払い、経堂駅前に建てられた大きなマンションの中に大量の書籍のためにふたつの部屋を所有してそこに移動していた。

エレベーターで上った部屋の中にはすでにあの書籍の密林が再現していたが、以前のような鬱蒼とした感じはなく、開け放たれたマンションの窓から朝の光が差し込んで、本好きには心地よい空間が作られていた。

本の木に囲まれた人ひとりが通れる迷路のような通路の先で、好きな雑誌や本の山に囲まれて、いつものように植草氏はにこやかにパイプから紫の煙を漂わせ、小さなコーヒーカップで濃いめのコーヒーをすすっていた。偉大な知の狩猟採集人のエルダーは、彼の時間のなかで、とてもおだやかに話をしてくれた。話をさえぎるものはなにもなく、そのゆっくりと流れる時間のなかにひたることで、午前中にはじまったインタヴューは夕方まで続き、ぼくはひたすらに耳を傾け、氏がもう終わりにしようというまで話は続いた。

植草氏とのロングインタヴューを読みかえすと、不思議なことにぼくはいつでもあの書籍の森の空間に帰れる自分を発見する。

植草甚一の秘密

植草甚一さんとのこのような長時間にわたるインタビューは、いつの日にかかわらず「宝島」の誌上で公開しなければならないもののひとつだった。そしてその際のインタビューは、従来の雑誌によくありがちな、なにかテーマを決めてそれについて話し合うというかたちではなく、一緒に陽なたぼっこでもしながら、お互いにすき勝手なことをしゃべり、そこから生きていくことの楽しさ、素晴らしさが読みとれるような、あるいは、かつてぼくたちがまだこの地球に生を受けていなかった時代を実際に生き残ってきた人間としての基本的な知恵、まだ都市というものが現在のそれのように非人間的なリズムを持たなかった時代のゆったりとくつろげるおだやかなヴァイブレーションなどが理屈ではなく身体で理解されるようなインタビューでなければならなかった。

植草甚一さんは、今年、六十九歳になられる。老いた、という形容詞がまったく似あわないほどに、自らの世界を自らの手でゆっくりと変化させ、その変化そのものを全身で楽しまれている。そこに、ぼくたちはひとりのロックンローラーの姿を見たのだ。

もとよりロックンローラー以外には興味がなかったし、生きるということは、変化を止めることではなく、連続しながら変化することであるということを理解してしまったぼくたちは、当然、そのように生きていかざるを得ないし、それにしてはしかしあまりにも実際的な生存法を知らなすぎる。植草甚一さんとのインタヴューは、つねにおだやかなヴァイブレーションを保ちつつ、変化の激しい時代のなかでロックンローラーでありつづけること、そしてほんとうに自分が好きなことをやっていさえすれば、いつかはかならずそのことによって食べていけるようになるのだということを原点として、進められた。

インタヴューには、前後二回、時間にしてのべ八時間ほどの時間をついやしている。それこそあらゆることが話題となっているが、植草さんの持っているおだやかで優しさに満ちたヴァイブレーションが活字からでも読みとれれば、幸いである。

インタヴュアーは北山耕平。なお、前後二回にわけて行なわれたインタヴューをこのようなかたちに構成したのは「宝島」の編集部であり、一切の責任は編集部にある。

さて、いよいよ、お昼すこし前のあたたかな陽がいっぱいに射しこむ、経堂の小田急アパートの十階の植草さんの部屋では、まるでおじいちゃんと孫ほども年齢のはなれたふたりが、ともすればうとうととしてしまうほど気持ちのいい雰囲気のなかで、ゆっくりと世間話を始めた——。

第一章

目玉焼きの話からはじまるアメリカ文学論。アメリカ文学とは、とりあえずユダヤ人の文学であるらしいということ。ニューヨークに行くと、誰でもユダヤ人になれる。

——植草さん、だいたい朝っていうのは、何を召しあがるんですか？

植草　たいてい、たまごの目玉焼き。たべる？

——いえ、ぼくはもう。でもどんなものを食べていらっしゃるのかと思って。パンとかそういうものはいっさい？

植草　えーと、パンをふた切れつけてるけれど、まあ、だいたいひと切れの半分ぐらい食べるくらいです。

——時間も何にも決まってらっしゃらないんですか？

植草　時間は決まってないですね、ほとんど同じようなものをうちのがもってきます。

——じゃあ、だいたい定期的におたべになるわけですね？

植草　だいたい適当にけんとうをつけて、そろそろすいているだろうと。もうテープ・レコーダーは、動いているんですか？

——ええ、さっきからずっと。

植草　そうなの。ときどきあっちの部屋へ食べにきてくれっていうんですが、そういう時は、ビーフシチュー風なものとか、カレーライスみたいなものだと、こっちへ持ってくるとさめるから、というわけですね。だからさめても大じょうぶなようなもの。まあ、ベースはたまごで目玉焼で、そのなかに海老、車海老みたいなものがあると、それが入っていたり。まあ、一種のピザみたいなものかも知れませんねえ。それが直径このぐらいだと、五インチかな？

——一〇センチぐらいですね。

植草　そう？　その一〇センチぐらい。

——かなり大きいですね。

植草　いや、小さいですよ。それで薄いですから。ケチャップなんか、そばに置いてあるのを、くっつけてたべたり。

——アメリカへ行ってらっしゃる時にも全然変りませんでしたか？

植草　ええ、アメリカに行っている時には、二つやり方があったわけです。去年はひとりだから、たいてい表で、ピザが一番食べやすいですね。それとサンドイッチのもとやパンなんかを買ってきて、それをくっつける。それにインスタント・コーヒーなんだけれど。まあ、それがちょいちょいですが。今度は、うちのが一緒にいったわけで、サンドイッチのねたなんかを買ってきたり、たまごは買ってきて、やっぱりそれで、何かを作ったりなんかしていましたね。東京ですけれど、ぼくは表へいった時、何かしら食べていたけれど、どうも一人前があまっちゃうわけです。だからよっぽどおなかがすいた時じゃないと入らない。たいていは、コーヒー屋で、ケーキをうっている店で、それで、ケーキをひとつとコーヒーで、だいたいもつわけですね。ところがちょいとみて、おいしそうなハンバーグとか、フランクフルトみたいなのをとってみたり。今、住友ビルの四八階なんですが、朝日カルチャーセンターでへたくそなアメリカ文学の講義をやっていて、どうも準備不足だし、ああいうのはかなりむずかしいものなので……。

——どういう人たちが聴講にきているんですか？

植草　今度は時間帯があんまり良くなくって、この前去年探偵小説をやっていた時は、四〇人ちかくきたんですが、今度は、一九人ですか。そのうち一三人ぐらいが女の人です。若い人が多くて、おかみさんが、三四、五の人が、三人ぐらいいて、ときどき、生徒の方をみると、まあ、そういう人は一所懸命に聴いているらしいんですが、若い子っていうのは大学生ぐらいの人が多いんです。

——時間帯が悪いっていうのは何時頃ですか？

植草　四時から六時までなんです。

——かわいい人がいるでしょ、そういうところは？

植草　ええ。「あそこは、だいたい女の人が多い所だよ」と南博さんが、控室で、あった時に、おしえてくれたんですけど、南博さんは、あすこの柱ですね、先生として。ほとんど、しょっちゅうやっていて、南さんのは、二〇〇人ぐらい入る部屋だそうです。それで、この話はどうかな、というのは、ああいう所で、二時間ということは、たいへんです。まあ三〇分の講演が、どこかであるとしますね、そうしたら、三〇分ぐらいたてつづけにうまく話さないと、なんで、途中でとまったんだいっていう顔をされるわけですね。そうすると硬くなるものですよ。ますます駄目になる。だから何かしら、べらべら、べらべら喋って、間をおかない手ですね。それが、段々できるようになったのは、例の口調で話すわけで、それで、今度も二時間どうにかもたせているんですが。第一回のアメリカ文学の時は、本筋からやっていこうとして、あるねた本を使って、それには、こういう人が出てくるから、まず、名前だけでも憶えましょうと言って、黒板にどんどん書いて、それでノートブックを見ながら、話したら、あとでぼくのを去年も聴いた人が、村上さんていうんですが、「硬かったですねえ」って、いうんだよ。ようするに、ねた本があって、これはおもしろいから話そうと、ノートに取れば安心しちゃうでしょう、講演するのに。それが、先生ぐらいの経験をつんだ人じゃないと、そのノートを見て、すぐ話し言葉というか、そういうものにならない可能性が、ずいぶんあると思うんです。つい、そのノートにしたのを見て、それを読み上げちゃうような感じになっちゃうわけですね。そうすると駄目なんです。だから講演する時のノートの取り方は、話し言葉で書いておけばいいわけです。それに気が付いたのが、去年の探偵小説の時で、それをやったところが、大変なんですよ、ノートがね。

——原稿を書くのと同じくらいかかりますからね？

植草　そうなんです。それで、途中でやめちゃったけれど、そうやっていると、だいたいいいんです。でも……。

——こつがわかれば、ノートはなくってもいいんじゃないですか。

植草　そうです。その教室の雰囲気が、どうなって、どういうことが、あっちでいいのかということが、わかってきますね。だから、今度は、いっとう最初やや本格的にやってみようとしたら、二時間やって、ほっとして、下の喫茶店でコーヒーを飲んだら、三〇分ぐらい動けないほど、へばりましたねえ。

——緊張したんですね、やはり。

植草　ええ、だって黒板書いたり、坐ってたり。それで、実物幻灯機というか投影機っていいますか、プロジェクター、それがあるんで、ニューヨークで買ったものとか写真とかっていうのをうつして、それで説明をする。とすると、結局ニューヨークをぶらついた時の話になっちゃうんだけれど、そういう方がおもしろいんで、まあ、一〇回でアメリカ文学の新しい所だけをやるのも、大変だし、たとえば、現在はソール・ベローがいちばんアメリカの作家では大家だけれど、つまりアメリカ文学をしょってたっている人間になってますね。それは、バーナード・マラーマッドとか、そういった人よりも上ですね。それで今度も、「フンボルトの贈り物」——。

——翻訳は出たんですか？

植草　まだ当分さきでしょう。「オーギー・マーチの冒険」につぐ厚いもので、今度のは今までとちょっと違う書き方で、おもしろいですよ。

——あの人は、誰にものすごく影響を受けてきた人なんでしょう？

植草　ええ、まあ、あの「宙ぶらりんな男」あれはもうずいぶん前、昔、原文で読んで途中でちょいと、読んでいる方のテンポが、にぶくなった。そういった中だるみがすると思うんだけれど、「ヴィクティム」、「犠牲者」あたりが、初期のものではいいわけで、誰の影響を受けているかっていうと、非常にあの人のは、オーソドックスな生き方をしながら、個人が孤立した立場じゃなくって、一種のブラザースとコミューン、そういった方に向かって、ようするにアメリカ社会を良くしようとしている、その作家自身の気持ちだけれど、実は出て来る登場人物が、全部反対なわけです。それと。そこで切って作品が深味が出てきたり——。

——屈折させるんですか？　一回、プリズムを通して？

植草　ええ、そういったいき方なわけで、そろそろ、いろいろな人のベロー論が出てきているわけですね。

——ベローって若いんですか

植草　どっかに写真はないかな？　もうかなり年をとってきていますがね。

——ノーマン・メイラーぐらい

植草　そうね、いくつだっけな。五〇歳ぐらいになりますか、上です。ただかなり、いいつらした、おしゃれなスタイルの男だよ、っていうのは、雑誌なんかでもあるわけですが、ユダヤ人でしょ。それで、バシェビス・シンガー「馬鹿のギンペル」、あれをいっとう最初に紹介した男です。そういったわけで、あっちで暮らしていると、段々わかってくるんですが、まあ、四、五年前からユダヤ人の文学っていうのが、興味を持たれるようになってきたでしょう。そうすると、アメリカ文学の中のユダヤ人文学っていうような気持ちでね。あっちにいると、ニューヨークですが、ユダヤ人じゃなくちゃ、人間じゃないっていうことですよ。ですから、「ニューヨーカー」も特集を組んだり、大きな本で、ユダヤ人の歴史を書いたものがあって、それは、「もっとも大きなユダヤ人の都市」っていう題です。それは、ニューヨークの代名詞ですね。だから、ニューヨークにいると、純アメリカ人も、ユダヤ人になっちゃってるよって。ところが、小都会ですね、たとえば、この、ハーヴェー・ワッサーマンのコミューンがあったりする、あすこのグリーンフィールド一帯ですね、そこへいってなるほどなあと思ったのは、あっちの方へいくと白人ばっかしだ。アメリカ人。そうするとユダヤ人でもそこへいくと、白人になっちゃうよ、って、いうわけです。

——去年はそこに行かれたんですか?

植草　ええ。

——ドライヴで?

植草　ドライヴで四時間半かかって、青野さんというカメラマンの人が、連れていってくれました。それで、今度はまた「今年来た時は、うちへとまれ、うちは広いから、うちへ一週間ぐらいとまると、おもしろいよ」って言われましたけれど、まったく、今いったように、ニューヨークだとみんなユダヤ人になっちゃう。他の小さい小都会へいくと、みんなアメリカ人に、ユダヤ人でもそうなっちゃうっていうのが、よくわかりますね。だから、ユダヤ人文学っていっているけれど、むしろどこもユダヤ人文学ばっかりで、その中にアメリカ生粋のものがまじっているっていう方が、本当ですよ。

——植草さんは、やっぱりいわゆる純文学っていわれているものに対する興味っていうか、それを調べている時が、いちばん最高《ハイ》な時ですか?

植草　そうなってきますねえ。

——もう、普通の娯楽小説ってありますね、ああいうのは、もう、ほとんど読まれないのですか?

植草　娯楽小説の場合は、ストーリー・テリングのうまいへたになってくるでしょう。だから、丁度、散歩しているような感じね。で、やっぱりシュールリアリズムで、かなり、変った人間になっちゃったわけですよ、ぼくは。要するに、左翼からグレて、シュールリアリズムが好きになっていったわけです。

——誰でもみんな左翼からいくんですよ。今の子だって、みんなそうですから。ある人に言わせると、頭のいい子は一度みんな左翼になるって言うんですね。

植草　そういうこと。だからぼくがね、昭和四、五年が、左翼の弾圧時代でしょ、そこを通った人間が、ぼくは早稲田だったけれど、昭和四、五年ぐらいですね、そのなかに、左翼かぶれしないのが、どのくらいかな、かぶれたのと、かぶれないのと、七、三の割ですかね。あとになって頭が良かったなあ、と思うのは、その三割の方ですよ。だからぼくは、あの時代に高見（順）とかあんな時代でしょ、左翼を通ってない人間は駄目だなって、ことですよ。

植草流文章の書き方の秘密からはじまって「赤」く染まってしまった頃のことなど。それからあやうく芝居の世界につかまりそうになって……。

——植草さんの文章って、植草さんの考える速度と、文章の速度がすごく合っているでしょう。だから、読んでいると、こう妙なうねりがあるんですよね。ヴァイブレーションっていうか、不思議なものが。それが、おもしろいんですよね。

植草　まあ、段々そういうふうになったということが一口でいうと、かなりずるいんですよ。

——ずるいっていうと、どういうことですか? 自分で、それをわかっていながらやってるっていうことでしょうか?

植草　そういうふうになるのは、材料が頭にあって、それがこなれていないと駄目なわけです。それで昔は、何か注文されると、あっ、あれを使えばいい、これを使えばいい、これを使えばいいって、頭で作りあげて、いい気持ちになっちゃうわけです。ね。そうすると、締切までにその材料が読めない場合が非常に多いわけです。と同時に、あれはいいなあと思ったのが、どこへしまったのか出てこなかったりね。いらいらとして。注文された時、あの本が必要だ、そうして考えるとそれが友だちに貸してある。なくちゃ書けないよっていうわけで友だちから返してもらったりなんかして、書いた。そういうことが頭にあるわけですね。それで、長い間やっていたわけなんだけど、そうすると、結局、原稿を書くっていうのが、非常に苦痛になってきますね。だから、最近は読んだものは、そばにあるけれど、見ないで書くようになったわけです。要するに、あいつの、植草のは、話し言葉になっているって、まあ、そのきっかけは、水増しをして、原稿料を倍にしてやろうっていう考えから始まったわけですね。それはジャズのことで始まったわけです。それを長い間やっているうちに、ああいうふうになっちゃったわけですが、二〇枚の原稿っていうのは、そういうふうにでも書かなくちゃ、書くのもつらいし、読む方も途中までぐらいしか読まないと、思うんですよ。だから、そういった話し言葉で書いているってみんなに言われる。それで、ぼくがあんまりイージー・ゴーイングになると、いけないなあと思って、いつでも気をつけているわけですね。それには内容がなくちゃいけない。そうすると、すぐもう「週刊朝日」の書評にも書かれましたが、事件がなにも起こらないし、思想もなにもない。その通りなんです。でも、あんまり、うるさいことを言うのは嫌なんですよ。

——真ん中にいたほうがいいんですよね。

植草　真ん中ってわけですかねえ。

——センターというか。

植草　それはぼくのねえ、東京の下町育ちのね、いちばんいけないとこだと思うんです。

——いや、いいこと、かも知れませんよ。やっぱり左翼をへてきているから、左翼よりはいいんじゃないかっていう気はしますけれど……。

植草　うん。だから、学生運動、学園運動があったとき、ぼくには、あの気持ちがわかったですねえ。ほぼくは一高へ入りたくて駄目で、早稲田に入ったとき、すぐ学校の校則っていうのがあるでしょう？　それをマルクス主義の立場から、すみからすみまで、うちでほじくり出しましたよ。

——どういうことを、やるんですか？　例えば校則っていうのは、髪の毛を伸ばしちゃいかんとか、煙草とか、そういうのも入ってくるんですか？

植草　ええ、それに似たようなことですね。

——マルクス主義から批判するわけですか、それをずうっと。

植草　ええ、それと同時に、割り合いに早くて、中学五年で浪人の時に、赤くなったわけですよ。

——やっぱり、魅力的だったんですか？　左翼思想っていうのは。だいたいだれもが通るんですよね。

植草　いや、あのころは、やんなくてはなんないなあっていう、気持が、どっかから、出てくるわけですね。不思議なものです。

——それは、やっぱり一〇代の後半？

植草　一八ぐらいでした。丁度。

——今でも、みんな、そうなんじゃないですか。

植草　そうですか。

——若い人っていうのは、一〇代の後半は、それが左翼かどうかっていうのは、疑問においたとしてもね、一種の権力というか、抑えつけるものに対して、自分なりの今までのたくわえてきた感覚にそって素直にやろうとすると、必ず、そこでぶつかるんですよ。で、それを押し通すっていうことが、ずっと時代的には出来なかったんです。アメリカなんかでは、それを左翼だ、マルクス主義だって思っちゃったんですけれども、一時期ね。でもマルクス主義よりも、もっと大きな領域でとらえるもんだと思うんです。もっとシュールなものであったし、もっとより純粋に肉体の快楽だったんじゃあないですか、精神的な。いわばトリップですよ、一種の。ハイな状態に入れたし。そのときに。

植草　うーん。ぼくは、そのころは芝居に向かいはじめたんですよ。

——それはいつごろですか？　早稲田に入ってからのことですね。

植草　早稲田の二年のころだと思うけど……。

——二〇代初期ですね。芝居って、やる方ですか、演出の方ですか？

植草　ぼくは、装置をやっていました。それと同時にデンタンっていう、小さなポスター。電信柱にはるポスターね。

——デンタンっていうんですか？

植草　デンタンっていうんですよ。それを夜中にはりにいくんだ。おもしろいもんですよ、それは。うっかりすると追跡だ。

——おまわりさん？

植草　うん。

——なんていうんですか？　官憲っていうんですか、そのいう時。ポリ公なんて言わなかったでしょ、その時代はやはり。

植草　なんていいましたかねえ、まあ、それを、ちゃんと頭に入れて、電信柱にはりにいったり、壁にはりにいったり。

——どういう芝居をやっていたんですか？

植草　まあ、自分では、マルセール・アシャールの芝居とか、ジャン・ジロドゥなんかの芝居を翻訳して、やっていた。だから、早稲田の学生芝居をやるとき、お前、何か訳してくれって言われるわけ。そうすると、あっちの新しい作家のものを三日で訳しましたね。それとか、セットはかなり作っているんです。そんなのはみんな、写真があったわけです。写真の方は、紫田麗子っていったかな？　ドビッシーの交響曲なんかを自分で振り付けたりしていた、かなりおもしろいダンサーで、その人が、芝居なんかにも顔がひろくて、売り込んでやるよって。それで写真を貸せ、っていうんです。それで渡してそのままになったり。

——柴田麗子さん？

植草　そうでしたね。もう今だと、七〇歳になっているでしょう。姉の友だちだったんです。

——売り込んではくれなかったわけですね。

植草　ええ。それと、ポスターなんかかなり描いたんです。

——すると、そっちへいっていた可能性もありますね。

植草　ええ。芝居っていうのは、いっぺん、足を突っ込むとぬけなくなるもんなんです。ぼくの場合は、戦争が始まって、東宝へ入った。そういったわけで、徐々に足がぬけちゃいましたね。芝居をやっていた方がいいかも知れないけれど、やっぱり駄目だったでしょう。よく言われましたよ、銀座あたりで。「おまえ、三枚目になるといいよ」って。「いけるよ」って、言われたことがある。

——やっぱり、そういう芝居やると、うるさかったですか？　おまわりさんなんかが？

植草　特にぼくの場合は、その真ん中で、絶対にひっかかる、トルラーの「どっこい生きている」っていうやつ、それをやろうっていうわけね。そのころの練習場っていうのはおもしろいですよ。

——どこでやったんですか？

植草　そば屋の二階を借りてやったり、あの辺なんか空家っていうのが、いっぱいあったわけです。

——早稲田の周辺に？

植草　新大久保とか、東中野、あの一帯ですね。そういった生活が、その時代の若い者たちの、いちばん新しいとこだったんでしょう。そういうとこも、ぼくは通っているから。芝居の人とも話が合うし、まあシュールリアリズムが、そのころ、ダリから始まっていて、ジャン・コクトーがそれにぶつかってきたりなんかするんですけれど。だから、瀧口修造さんあたりが、

「おまえと話せば、現実にそのころの雰囲気があるから、話があうけれど、戦後、勉強しているのは、そういうところで、どっかくいちがう」っていうわけですね。

シュールリアリズムにはじめて触れたときの気持ちが、わかるでしょう? それと、甚一の名のとおりG−Nで酔っぱらい、ターン・オンしてしまったときの話など。

——シュールリアリズムっていうことばが、ぼくたちの世代になると、かつて、そういうものがあったっていうことは知っているんですけれども、その、シュールリアリズム的なものっていうのが、すごくいっぱいありますね、今でも。それが、そういうものだっていうことまでは、わかるんですけれども、あの、マルクス主義しかなかった時代がありましたねえ、その時に、シュールリアリズムっていうものが、入ってきた。当時の若い人にとって、シュールリアリズムとは、どういう世界だったんでしょう? やっぱり憧れだったんですか?

植草 非常に小部分でしたね。このところがとても、おもしろいとこなんです。

——ドラッグとも別なんですよねえ、シュールリアリズムっていうのは。微妙に、くっついていたことは、くっついていたらしいけれど。あの、感覚の問題なんですか? 精神的な。

植草 まあ、根本的に、そのころ、ぼくの頭へ入りこんだのは、やっぱり、ロートレアモンの言葉で、手術台の上のこうもり傘。ようするに異質なものの衝突から生じてくる、不思議なもの。それが根本にありましたねえ。

——そうすると、ストーンドというか、ストーンしたっていう言葉がありますね。その世界とすごく似ている部分がありますね。

植草 そうなんです。だから、まあ、ブルトンの「ナジャ」にしろ、かなり、そういったストーンした感覚じゃないと、わかんないとこが、でてくるんでしょうねえ。

——それはやっぱり、一種の快感ですよね、読んでいて、この結びつけかたっていうのは。作るほうもそうだし。

植草 ええ、それと、要するに、自動速記法とか、夢の……。

——アンリ・ミショーですね。

植草 ね、それがアンリ・ミショーの前の、夢の時代があるんですよ。

——あるんですか。ぼくたちは、アンリ・ミショー以降しか知らないですね。

植草 あのころ、「シュールリアリズム革命」っていう雑誌なんかが、あった。

——日本でですか?

植草 いや、フランスで。その後に、ジャック・リモーだったかな、よく夢の文章を書いていました。とにかく、シュールリアリズムの文章を読んでいると、わかんないところがあるんだけれど、わかるところもある。それと、もうひとつは、ダダイズムと、シュールリアリズムのくっつき合い。そこも、おもしろいんですよ。ぼくは、ジョゼフ・デルティーユっていう、ダダとシュールリアリズムの中途ところの存在。「裁かれるジャンヌ」のシナリオを書いたりなんかしてました。それが、芸術とは俺のことだって、言ってね。「コロナ」っていう本があるんです。それを開くと、芸術は、俺だっていうような言い方ね。まいっちゃうんですよ、そういうのに初めて、ぶつかった時は。

——ジョン・レノンが、私は神であるって、言ってますけれども、それも、すごくわかるし……。

植草 そういうふうになってくるわけですね。

——時代っていうのは、やっぱり、そういうふうに動いていますね。完全に。だから、ものすごく早い時期に、植草さんは、ストーンしちゃったんです。うらやましいことに。

植草 とにかく、ぼくは甚一だから、ジンが好きで、二〇歳のあの酔っぱらい方っていう奴ねえ、全然世界の見え方がきれいになっちゃうんですよ。表を歩いていても、なにしていても。

——トリップですね。

植草 それが、年をとったら、なんでもなくなってきちゃった。酒飲んでも、がっかりしちゃう。だから、もうお酒も飲まないし。

——お酒で、完全に、トリップできる人っていうのが、いるらしいです。

第二章

ほんとうはミステリーなんか好きじゃなかったなんて、あなたは信じることができますか? ミステリー、SF、ジャズ、ロック、不思議な不思議な世界への招待状。

植草 探偵小説の早川ミステリーと、その後で、創元社の仕事なんか、やってるうちに、探偵小説の世界で起ってくることが、あんまりにも人間的っていうか、人為的なのと同時に、ある次元までしかいっていない。それで、サイエンス・フィクションの初期を、やりだしたんです。それで、SFの方が好きになって、どうしても、探偵小説を除くようになっちゃいましたから。

——リアリティーがちがいますものね、全然。

植草 ところが、ぼくは、探偵小説で仕事をしているから、両立しないわけですよ。

——じゃ、本当は探偵小説は、あんまり好きじゃないということですか? SFの方がおもしろいということで。

植草 だから、おっこっちゃったんです。初期のSFの歴史は、全部買ってノートしたのが、どこかにありますよ。

——一度も、書かれたことがないですねえ、SFについて。あっ、今度「宝島」で、そのSFのことを、やりませんか。

植草 最近買ったレスリ・フィールダーっていうのがある。あの、例の有名な、「アメリカ文学におけるライフ・アンド・デス」ね。マーク・トウェインの「同性愛の要素」ね。それが、このレスリー・フィールダーの「イン・ドリーム・アウェイク」っていうアンソロジーにうまく出てるんです。

——これは、SFの初期のころを集めたものなんですか？

植草　それはねえ、この三つに分けて、初期と、中期と現代。こういうアンソロジーが、今までなかったんですね。

——ハーラン・エリスンまで入っているわけですね、H・G・ウェルズからはじまって。

植草　うむ。どうせ、くだらないものと思ったら、その選択は、すばらしいものですよ。それと同時にねえ、その序文。おもしろいよ。

——翻訳しましょうか、序文だけでも。

植草　うん。それは、今読んでいて、紀伊国屋でみつけたんです。

——まだ、売ってますねえ、じゃあ。

植草　一週間ぐらい前です。

——今度いって買ってこよう。

植草　それで、また、やりなおそうかなあと、思うくらい、いいもんですよ。

——SFのことを書いてください。植草さんもやっぱり興味をもっていたんですね。すごく、シュールリアリスティックで。やっぱり、ストーンした人間って、必ずここへ入ってきますね、SFに。

植草　要するに、赤くなったとき、浪人時代でしょ。その時、書いた作文が、全部マルクス主義だった。それがほめられて、いちばんになっちゃいました。

——きわめたわけですね。

植草　非常に。だから、その勢いで、強いことを言っているわけですよ、ね。それで、今週の作文は植草がいいから、それを読もうっていうようなことが、よくありました。

——今度は、「ほんとうはミステリーなんて好きじゃなかった」っていう、タイトルにしましょうか？　そうすると、怒る人いるでしょうね。

植草　乱歩が、やっぱりそうでしたよ、長い間つきあってたけど。やってるのは夢中でやっていて、それで、大御所だけど、違ってるなって、しょっちゅう思われていましたよ。「要するに、お前が言っていることは、部分だけを、読んでるんだ」って、ね。乱歩が知りたいのは、それがこうなってああなってという、つまり、プロットなんだ。こっちはテクニックの細かい部分なんだ。映画でも、同じことなんです。

——あっ、そうですねえ。あんまり好きじゃないっていうことで、すごく冷静に見れるんじゃないですか。そういうプロットやなんかは、細かい所を見た方が、おもしろいということで。

植草　うん。そういうわけなんです。

——ああ、いいことを聞いた。本当はミステリーなんて好きじゃなかったっていうのは。

植草　なんか、最近、それをくり返して言っています。

——雨ふりだからっていうよりは、もうすごいカウンター・パンチですね。これは。

植草　だから、今度の「ミステリー・マガジン」も、タイトルを「当分の間でたらめにミステリーを読んでみよう」って、そう決めて書いていると、かえっておもしろい。

——ぼくもね。あの、SFにこったんですね。それが、もう、SFっていうのは、スペース・オペラっていうのとね、完全に、また最近わかれてきちゃったんです。ハーラン・エリスンとか、シルバーバーグまできちゃうと。まあ、完全にストーンした世界を書こうということを心に決めた人が出てきて。あの、シルバーバーグって御存知ですか？

植草　ええ。

——あの人、すごいですねえ、最近は、ものすごいですね。

植草　そう、ふうん。

——LSDトリップなんでしょうね、あの人は。それで、考古学の先生で、資料をものすごくいっぱい、集めたんだって。ピラミッドとか。「埋もれた古代文明」っていう本が出ているんですけれども。その世界が好きだったわけです。古代人とか、ピラミッドの研究とか。それで、そのために集めた資料を、ある日、火事で全部焼いちゃったんです。で、金を作らなきゃいけないっていうんで、SF書き始めたっていう人で、人を、ターン・オンさせていくプロセスとかそういうのが、とても細かく書いてあるSFもあるんです。すごい、シュールリアリスティックなんです、ものすごい。

植草　「イン・ドリームス・アウェイク」のイントロダクションでも、いっとう最初に、「アメージング・ストーリー」、あの編集者、あれは馬鹿な男だったっていうことから、始まっている。

——「アメージング・ストーリー」っていうのは、ヒューゴー賞でおなじみのあのヒューゴーさん。

植草　ええ。

——科学技術を重視した人ですね。

植草　そう。

――現実的に、起こりうることがらでなければ、いけないという……。

植草　あれが、SFのいき方をまちがって、教えちゃったよっていうことから始まっている。

――えらいですね。

植草　それで、ジュール・ベルヌとウェルズ。ウェルズだったかな、ベルヌだったかな？　こいつは、駄目だよって書いてある。そこのところをパラパラっとみると、これは、おもしろいことを言いやがんな、さすがは、この男だなと思いましたね。だいたい、この男は、大学教授のときにドラッグであげられているんですよ。そのドラッグであげられた本が、一冊あるわけです。生徒たちと家でやっていた。そういった噂が、とんだわけですね。そういうことを全部、書いてある本がありますよ。

――この本、絶対買おう。

植草　ほとんど全部、いいこと。知らないことが、いっぱいありますよ。短編なんか。それで、一六編ぐらいでしょ。みんないいな。この序文もすごく、いいですよ。

――やっぱり、ヒューゴーっていう人は、SFのバッド・トリップを始めちゃったんですよね。自分の信じられる、要するに、科学技術として信じられるものしか、小説にしちゃいけないっていうことを、つきつめていったんでしょう。ヘッドの世界っていうのは、それじゃ、解決つかないですからねえ。植草さんが、SF好きでよかった。ミステリーしか読まないのかと思った。

植草　ぼくはねえ。あのレイ・ブラッドベリーの短編でね、ある子供の話で、雨ばっかり、ふっている世界がある。「イット・レインズ・フォーエバー」ねえ。小学校の教室。外ではずうっと、雨がふっている。それが、あるとき、からっと御天道様が出るところ……。生徒はひとりも御天道様見たことがないわけ。そのうち、そこへ転校した女の子だけが知っている。それが、迷子になっちゃうわけですよ。いなくなっちゃうの。それで、探してもいなくって、あすこだろう、戸棚の中にって、その戸棚を開けようとするところで、小説が終っている。御天道様が出てきて、みんな外へ出ていくところのうまさといったら、なかったですね。それと、最後のドア開けるところ、いるかどうかって。それで、ブラッドベリーに夢中になった時代もあったけど……。

――やっぱり、SFのことも書いてくださいよ。ミステリーばかりじゃなくって。

植草　シュールレアリズムになりだしたころ、同人雑誌をやっていて、たいてい、うまくいかなかったけれど、書いてました。ぼくは、水泳が好きで、夜中に、この、泳いでいる夢ばっかりみるの。プールの中を。そんなのを書いていましたよ。なんとかして、シュールの世界が書きたいなあと思って。そしたら、「お前の書いているのわからないよ」って、言われました。

――そうすると、シュールに入ってきて、もうそれだけになっていったわけですね。だいたい、ストーンした世界っていうのが、わかった時から、もう、そこで始めちゃったわけですね。

植草　だから、ほとんど、ひとりだけですね。話したって通じないから。

――だから、ひとりぼっちっていうことばが、植草さんの本のなかに、意外と多いんですね。ひとりぼっちが好きだとかね。かつて、自分のやりたいように生きようとした人間っていうのは、孤独だったんですよ。今はいっぱいいますからね。

植草　やっぱり、表をぶらついている時も、ふたりで歩いていて、おもしろい時もあるけれど、だいたいにおいて、うるさくなっちゃう。ひとりの方が自由だしね。

――じゃあ、ロックなんて聞いた時、うれしかったでしょう。

植草　ロックじゃあ、ドアーズあたりのものが、いちばんねえ。

――そうすると、ロックを聴いてしまった時にね、ジャズっていうのを、どうお考えになりましたか？

植草　まだ、ぼくがずうっとやっていたころは、ジャズが主体だったけれど、そのころ、ロックの本を一所懸命読んだ。同時に、ドアーズあたりから、ロックの連中が、文学青年になってきたんじゃないかなあと思った。そこいら辺が、いちばんおもしろかった。

――ドアーズの、ジム・モリスンのインタヴューなんていうのは、すごいですものねえ。言っていることが。

植草　いいなあと思った。それで、要するに、言っていることが、おもしろくなくちゃ、ロックは駄目だなあ、と思った。文学青年だったのが、そこを通って、現代アメリカのクリティックとして音楽をやっている。若い人がね。そこが、そうじゃないのと、ごちゃごちゃになっているから、選ぶのが、むずかしいわけですね。

――そうすると、ジャズについて、最近、あんまりお書きにならなくなりましたねえ。やっぱり、ロックを知っちゃったから、というか、ロックの方が、植草さん本来の感性っていうか、シュールレアリズムをへてくると、ロックの方が、ぴったりくるんじゃないかっていう気がするんですが……。

植草　だから、「エリノア・リグビー」なんか、ぼくは好きなんですよねえ。

――ビートルズ。

植草　うん。だけど、やっぱり、あんまりそれを、聴き込んではいないわけですから。

――ジャズって、だけど、直接、頭にきますでしょう？

植草　そうです。

――で、ロックっていうのは、からだ全体にくるから、いわゆる、マッサージみたいなんです。気持ちがいいって。

植草　ジャズの世界でも、しびれるっていうことがある。しびれるっていうのは、まあ、要するに、ぼくの場合は皮膚にあって、皮膚芸術だよっていうようなことをいったことがあるんですがね。そういったのが、現代ではなくなってきちゃったわけですねえ。むしろそれが、ロックの方にあるわけだけれど。

――ジャズを聴き始めたころって

いうのは、やっぱり、新鮮でしたでしょう？

植草　一口にいうと、白紙の世界だったわけですよ。そうすると、それまでやっていた探偵小説とか、小説にしろ絵にしろ、全部既成知識があったわけです。それが、モダン・ジャズへ急に入りこんで、スイングの時代も通らないで、モダン・ジャズへとびこんじゃった。まあ、クールの世界ですね。初期のマイルスとか。それは、全然、もう未知の世界だった。だから、よくこうやって聴いていると、海の中へひとりでボートをこいで、それでもう、これで落っこったら、人間おしまいであると思ったわけです。

——正直いって、ロックとジャズと、どちら好きですか、今は？　むずかしいところですか？

植草　ロックも好きだけれど、つまんないのが、いっぱいあるっていうことねえ。

——そうですね。いいやつは、ものすごくいいんですよねえ。

植草　そうなんです。

——ほんとにSFについては、いつかちかいうちに書いて欲しいですねえ。ミステリーに対する批判でもいいです。たてつづけにやったらどうですか？　もうジャズも好きじゃなくなってしまったとかそういうものばかりみんな。全部消していっちゃったらどうですか？　新しいものを作っていっちゃった方がいいのではありませんか。

植草　いやあ、今度もそういった、頭に浮かんだところを、どんどんどんどん書いていこうと思ったんだけれども、書いてくれって言ってくるほうははじめから書いて欲しいことをきめてきているわけで、それが重圧で、どうも、やるよって言えないわけですねえ。

——じゃ、突破口を「宝島」で作りましょう。

SFが好きだったという言葉を、他ならない植草さんの口から聞けるとは、思ってもみなかったことだけれど、よくよく考えてみるとそれも不思議ではない。普通の小説のわくのなかではどうしても書けないような分野のことが、現代ではいくらでも存在しているし、そのようなとき、SFは唯一の「旅《トリップ》」のための手引きとなるのだ。

（北山耕平）

SFに夢中になって、ミステリーが嫌いになってしまったけれど、やっぱりそれでは食っていけないらしい。ちかごろのミステリーの傾向について、一言。

——SFを読み始めるようになったきっかけはどんなところだったんですか？

植草　戦後一年くらいたったころと思いますけど、ウィリアム・アイリッシュやカーター・ディクソンなんかの探偵小説を探してると、ちょいちょいSFが出てくる。そのころ評判になったものじゃないけれど、なんていいましたっけね、南北戦争の勝敗が逆になってしまう話、それなんかがきっかけになると同時に、ブラッドベリーなんかでいいなあと思ったものがありました。そんなものを買ってるうち、アンソロジーのあついのが出てくる。その序文を読みたくなってくるわけです。例えば「ベスト・オブ・サイエンス・フィクション」これの序文と編纂がグロフ・コンクリン、もうひとりジョン・キャンベル・ジュニアっていうのも序文を書いている。そういうのをさかんにノートしました。これは一九四六年のものです。一九四九年の「ベスト・サイエンス・フィクション・ストーリー」これは、エバレット・ブレイラーが編集で、メルビン・コーチャクってのが序文を書いている。それからもうひとつグロフ・コンクリンの一九五〇年のアンソロジーもあって、これが当時いちばん新しかった。こういうのに何だかいっぱいボーダーがひっぱってあります。表にして勉強しようと思った時期ですからね。もうすでに、レイ・ブラッドベリー、フリッツ・リーバー、コーンブルースとか、探偵小説もやってたフレデリック・ブラウンなんていう作家がでていました。このころドナルド・リチイがSFに夢中になっていて、この表を見せたら「おまえよくやってるね」というわけですよ。「俺よりかよく知っていそうだ」なんてね。こっちは読んでいないけれど、名前をズラリと表にして持ってたわけです。

そんな時期があって、SFの表紙がとても良くなってきた時期がありましたね。それで雑誌なんかもみつかるようになって買っていました。ところが半分商売でミステリーをやっていた。SFに夢中になるとミステリーが嫌いになってくるわけですよ

——そのころ、SFを読んでる人というのは少なかったんじゃないですか。

植草　ええ、ほとんど、なかった、と言っていいでしょう。その当時買ったペーパーバックなんか、みんな倉庫にしまってあります。今でもやっぱりSFを読みたいなあと思うし、イギリスあたりの新人で良いのがでると買っていますけど、どうもなかなかはいれないんです。どうしてかっていうと、少し読みだすと忙しくなって、読み終わっていない傾向があるんです。だけど良いものにぶつかるとまた読みたくなる。探偵小説なんかもそうですね。そういった探偵小説の魅力っていうのは、今のにはないんです。乱歩がディクスン・カーに夢中になっちゃったのは、最初に読んだのがうまくできてたからでしょう。都筑道夫が書いてたんですけど、ズバリといって、乱歩はひっかかったというんです。例えばイーデン・フィルポッツの「赤毛のレッドメイン」、あれは実は二流の作品だということが最近読みなおしてわかったけれど、乱歩がやたらほめたので日本でだけよく読まれていて、いろんな人が探偵小説のベスト・テンのトップにした時期があった。そういったことを、その時代に言いたかったけれど言えなかったんでしょう。それを最近になって思い

出して言ってるんですけど、そのとおりですよ。乱歩は非常に良い影響も与えたけれど、間違った道へ踏み込ませたという事実もあるわけです。

要するに、人間性を無視しちゃって、トリック、トリックって分けていったわけです。だから自分も書けなくなっちゃった。今でも尾をひいていて、それが、日本の探偵小説がもってる性格でしょう。外国の作家はもう日本の作家がやってるようなトリック主義、あるいは歴史ものの謎ときなんかとは手をきっちゃってますよ。フランスがそういう点で良いんですけど、SFとは別の見方で、これから起こりそうなハイジャックのような事件を予言したかたちのものが生まれているんです。まあ一応スリラーになってくるかな。これもスパイ小説が流行した影響でしょうね。

要するに、探偵小説の黄金時代というのは、ふたつの戦争の間だったわけです。それはもう、とっくに過ぎちゃったわけです。そこがわかっていない。

――確かにそうですね。殺人事件にからむ謎があって、それを解いていってはい終りでは、何となくピンとこない。

植草　去年とおととし、あっちで五百冊、ハードカバーの探偵小説を買った。そのうち半分知らないんですよ。それを片づけるには見当がつかない作家だから、デタラメに読んでみるしかないわけです。それで早川ミステリのこんどの連載を、「当分デタラメにミステリーを読んでみよう」としたんです。からかってるわけじゃなくて、まじめにつけたんですよ。それに、今の日本の探偵小説界は傾向としてデタラメだってこともいえるわけです。

――デタラメというのか、一定のベクトルを持っちゃってるからおもしろくない。

植草　言いにくいことだけど、生活がからんできちゃって、そうなっちゃったわけでしょう。

読書遍歴というよりは、トリップとしての本の世界を遊んでいるうちに、いつのまにか足がぬけなくなって、ほんもののドロップ・アウトになっていく。

――植草さんはどんな本を読んでこられたんですか。読書遍歴を、小さな時から順をおって話していただけますか。

植草　小学校の時「赤い鳥」が好きで読んでいましたね。それで中学校一年の時、カバンをぶらさげていって、その中のものを机の上に出して授業が始まるんです。ぼくは小さいもんで、教室のいちばん前にいるんですけど、カバンの中から「赤い鳥」を出したら、「なんだおまえ、その年になって、まだ『赤い鳥』かい」って言うんで、あくる日、中央公論をもってきましたよ。

姉が読んでた本で、今でもよく覚えてるのに、久米正雄の「螢草」っていう、つつが虫の研究の本があります。そのころ、久米正雄は人気がありましてね。夢二が表紙を描いているんですけど、それが店のところにおっぽりだしてある。ぼくは、その表紙が大好きだったんですよ。本は半分ほどおもしろかったです。

それから商人が景気の良い時代で、千葉っていうところの物価が安いんで、千葉にちっぽけな別荘みたいのを作ったんです。そこにいて、千葉の県庁の図書館によく通いました。そこで、黒岩涙香の「巌窟王」なんか読んだりしました。「宝島」とか「ガリバー旅行記」とかいうのも、富山房かどっかから、大型の、かなりあついのがでていました。そんなのを読むと同時に、ウエブスターの「あしながおじさん」を原本で読んだ。それは夏休みのことでした。九十九里にも親戚の漁師の家を借りていまして、そこで読んでいました。けれどそのころは学校の勉強ばっかりしてたんで、あんまり小説なんか、読んでいませんでしたね。当時、姉が読んでいたんですけど、今でも古本屋に時々ころがってる春陽堂の、オレンジ色の表紙、ウエルテル叢書というのがありました。その中に「若きウエルテルの悩み」とか「ラウラの絵姿」なんていうのがあって、売れてたものですね。

大正十二年の震災の始まる前の時、千葉に多田屋っていう本屋があるんですが、そこで稲垣足穂の「一千一秒物語」と、漱石の「我が輩は猫である」と鴎外の「即興詩人」を買いました。あとふたつは読めなかったけど、足穂さんのは気に入っちゃって、半分暗記したものです。

話は違うけれど、高橋睦郎が京都へ行った帰りに、ふっと足穂さんのところへ行きたくなった。それで寄ったら、「おまえ、もう知ってるのかい」と言われた。それですぐあと娘さんが出てきて、「母はきのう亡くなりました」と言ったそうなんです。それで話してるうちに、死んで早々だっていうのに、「この結婚は失敗だったよ」と言ったそうですよ。ともかく足穂さんは、もう歩けないそうで、つかまって歩くということなんです。酒も、もう飲まなくなったそうです。だけど夜中にひょいと目を覚ます。すると、すぐそばに奥さんが寝てて、パッと起きて「おしっこかい?」って言ってたっていうんだ。それが失敗だったなんて、たいへんですよ。どうするんだろうね。あとは弟子が大勢いるから、何とかやってくれるだろうって、足穂さんは言ってたけど、「あれじゃ、あたしの家にいらしてくださいってわけにいきませんよ」って言ってましたよ。この結婚は失敗だったっていうのは、独り暮しの方が良かったってことでしょう。でも、もし独りだったら、とっくに死んでいますよ。医者に、もう飲んだらあたし診ませんよって言われて、やっと飲まなくなったらしいですからね。

――以前、足穂さんと、金子さんと植草さんと「老人御三家」っていう座談会やってらっしゃいますね。

植草　座談会でなくサカナにされた。ひとり死んじゃったわけで、今度穴うめをしなくちゃならない。南博さんはどうだいって言ったら、あれは少し若すぎるって。

――足穂を読み始めたのは、小学生のころから、ずーっと今まで続いてるわけですか。

植草　続いてないんです。紀伊国屋で三年くらい前、足穂展ていうのやったんです。それで見に行ったら、どこにもないわけ。どこだいって訊いたら、ウィンドウの中ですよっていうんです。だから、これじゃだめだよって言ったのが足穂さんの耳にはいったらしくて、喜んじゃったらしいですね。今東光が坊主になっちゃったりしたこともはっきり覚えてますね。あのころは、新感覚派時代だったんです。川端康成、横光利一、吉行エイスケとか。ポール・モーランの「夜ひらく」が影響しちゃったんですね。まあ、一種のニセ者文学だったんですよ。そのころ、早稲田の一年生くらいになっていまして、フランス文学なんか、かじりだしたりした時期になります。

——「資本論」をお読みになったのは中学生のころですか。

植草　一高をおこった時「資本論」を読みだしました。それから早稲田へはいる二年間ぐらいは、ソビエト映画とかソビエト文学以外は全部はねつけちゃった。中学の時注文してた英文学叢書なんか、全部売っちゃあ、左翼の本とかえていました。大学にはいって飲みだして、煙草をすうようになってから、グレだすようになりました。やっぱり麻雀に夢中になったころが一番悪かったでしょうね。それから、芝居、新劇にかぶれだした。セットの図面ひきを、毎晩、毎晩、朝までやってるのがおもしろかった。だから学校行くのは四時でしたよ。行かなくっちゃならないって、あれもあるんですね。で、行くとみんなが帰ってくるのに会うわけ。すると麻雀屋にはいっちゃう。そこでチャーハンとってくれってすぐいうんです。そのころの麻雀屋には畳がひいてあって、そこでチャーハン食べながらやる。負けだすと、麻雀のテーブルけっとばしちゃった。

——自分でもグレだしたっていう感覚あるんですか？　ドロップ・アウトですね。やっぱり後めたさみたいなものはありましたか？

植草　三回目に落第した時、新宿歩いていたら駅でパッタリ友だちに会って「おい、今度落第したの、おまえひとりだけだよ」って、言われたの。まだ間に合うから、今日中に誰か先生に頼みに行けっていうわけ、ぼくが好きなのは河沼一郎さんだけなんです。だから行きましたよ。そしたら、おまえは文科にはいった方がいいよって、言われましたね。ところが、そのころ、早稲田の文科の連中なんて、見る気もしませんでしたよ。その中に永井龍男なんかがいるわけですけど、誰かに惚れてるとか何とか、つつぬけの時代でしたよ。その当時井伏鱒二の「夜更けと梅の花」って、初期のを読んで感心したことがあったけれど、あれも酔っぱらってる話ですね。それともうひとつ岩野泡鳴。あれにちょいと、うなったことがありましたね。当時は左翼の空気とデカダンの空気が対立したり、くっついたりなんかしてた。だから、ズーッと後になって、デカダンの世界はつまんなかった、だけど左翼も経験しないのはダメだなと思った。左翼を経験しないのは、いわゆるムッツリ助平というタイプの男に多いんですね。だから、六〇年代後半の学生運動の時、自分で比べてみたりしたことがありました。ただそのころはわりあいに少人数でした。それが大きいグループになったでしょう。その力のあり方に異和感みたいのを感じました。ぼくたちの時代は、ごく少数でやった時代だったから。

——ドロップ・アウトのはしりなんですね。

植草　そういう条件がそろっていたんですよ。第一に喫茶店の勃興時代ですし、新劇も勃興時代ですからね。美術の方でも村山知義なんかの、ダダからシュールリアリズムに変わる時期ですしね。そのうち、前衛映画の集いっていうのを日比谷の公会堂でやった。それを警官がとりまいちゃった。前衛っていうんで。あれは、日比谷公会堂のできた年で昭和五年かもしれませんね。日比谷公会堂ができて、最初に芝居をやったのがぼくたちなんだ。何をやったかっていうと、左翼の芝居で、エルンスト・トラーの「どっこい生きている」。だからどこから入るとただで入れるかなんてのを知ってるんです。それでその前衛映画も友だちを連れて、裏のただではいれる入り口からはいって、ただで見ていましたね。

やっぱり、良い映画を誉める会というのもありまして、それは有名なんです。「嘆きのピエロ」とか「救いを求める人々」とか「恋の凱歌」とか「キーン」とかやっていた。森洋さんとか東健二さんとかってのがやっていた。何回目かの時に、明治神宮の青年会館でやるので行きました。そのころは入場料が一円か九十九銭かでしたね。ところが、その主催者が入場料をもって逃げだしちゃった。フィルムが来なくて、つけ変えで何かやったことがありました。そういうことが平ちゃらな時代だったんですよ。

芝居でも日比谷公会堂を一日借りて八十円だった。八十円というのはもろに高かった。というのも、田村町の飛行館なんて素人芝居の小屋で二十円だった。しかもその二十円が払えないんです。次の公演の時に、前のが払ってないので、何とか工面してもってったりした。だいたい、そのころは一日興業、よくって二日興業でした。お客さんというのが、親戚とか友だちばっかりだった。ぼくは、後に白い幕をはって幻燈をうつした。長い芝居をやって、十一時過ぎにやっと終って、見たら親戚の者だけ十人くらいしかいなかった。そんな話がいっぱいありましたよ。築地小劇場でも、素人芝居よりちょいと上の、心座なんかがかかった。あれは、ソビエトものの「赤い星」かなんかだったと思います。川添利元っていう映画評論なんかも書いていた男が主役でした。その主役が舞台の上を右へ行ったり、左へ行ったりしている。それを「おやっ、何をやってんだい？」ってのがセリフの中へはいっちゃって、みんな笑って、笑ってね。それから、花柳はるみって、初期の新劇女優がいて、それをよく見に行きました。築地小劇場にも出てたので、はいろうとしたら、誰かに、この芝居は後で見た方がいいよって、いわれたの。要するにいっとう前じゃ、とっても見られないけれど、後ならセットもきれいに見えてくる。そういうことを覚えたりしました。

ともかく飛行館のセットやって、三日徹夜したことがあるんだ。でもいちばん嬉しかったのは、素人芝居でも注文した切符のできたころ。それに、いよいよあさってなんて時、ナンバーリングを押すんですよ。それでやっと終わるでしょ、へとへとになってもいやだなと思うでしょ。ところがあくる日になると、こんどは何やろう? なんて思って、足がぬけなくなっちゃう。だいたいそのころは、東中野が芸術家のコミューンみたいでした。もうひとつハイブロウの地帯は、銀ブラをするあたりと、築地本願寺のそばにある築地小劇場の一帯ですね。ともかく、そんなことに夢中になってて、気がつかないでいる間に、本もののドロップ・アウトになってて、俺はどうしたらいいんだろうなんて思うこともありました。そういう時は飲んでごまかしちゃった。

――そのころはまだ自分をこれで良かったって肯定できないわけですか。

植草　できませんでしたね。まあ、早稲田の英語劇のセットのアルバイトをやったり「ヴォーグ」とか「ジャルダン・デ・モード」のキャプションの翻訳をやったりしました。そうそう、家庭教師をやってた。ふた組やってて小学校の四年生と五年生。乙がひとつなのを全甲にしてくれって言われた。体操が乙なのがやっと甲になったけれど、修身がこんだ、乙になっちゃった。もうひとりは四中から慶応にはいりたい子だった。それは、新川って酒問屋の街の親戚すじにあたるわけです。ところが四年の時に落第しちゃった。ですから、定額の給料をもらったのは、銀映座の主任アシスタントになった時で、その時は正直な話が、ホッとしましたね。ともかく、実用にならないことばっかり、やってたようですねえ。銀映座のころ、仕事でストラビンスキーに夢中になって、かなり現代音楽に夢中になりだした。名曲堂というのがありまして、そこへ行ってては良く買っていました。それで、銀映座が東宝の直営館になって、東宝へ移ったわけです。もう大部前のことだけれど、よく銀映座のことを思い出して、電車に乗って見に行ったことがあるんです。そしたら何もなくなっちゃって、自動車のモーター・プールになっちゃってる。駐車場がもうかりだしたころの話ですね。その時は何ともいえずセンチな気持ちになっちゃったものです。

銀映座のそばにお菓子屋があって、そこの息子は神保町の与太者の親方でした。そういうのとつきあってた。そりゃちょいとした男でしてね。雪の降る日はわざわざ交番の隣りで小便する。なんだいなんだいって中へ来いっていわれる。すると交番の中の電話をひきちぎったりしちゃう。そんなことが平気だったりした時代ですよ。

――すると、好き嫌いでこれをする、あれをすると批判していかれたわけですか?

植草　いや銀映座時代でも、いやだなってこともかなりやったこともありますよ。

――でも植草さんたちの時代では非常に珍しかったんじゃないですか。他の人たちは、もっと違った成長のしかたをしてたのに。やっぱり好奇心が旺盛だったんですね。

植草　今の時代と違って、好奇心をそそるようなものが、十分の一もなかったでしょうね。今がやはりいちばん良いんじゃないですかねえ。

植草さんのような文章を書きたいひとに。やすりの先で爪をこすっているようなやり方で、頭にうかんだことを話したり、書いたりするのが、植草流表現術だ。

――植草さんは、話し相手とか友だちになるひとたちに対する独自の鑑定法みたいなものをもってらっしゃるわけですか。

植草　ぼくは五人兄弟で、男がひとりで、ちっぽけでしょ。だから兄貴みたいな、大きな男が好きになった。早稲田のころでも、また大きいのと小さいのが歩いてるよ、なんてよく言われた。とても仲良く話しながら歩いてたりするから、「おまえ、あれの稚児さんかい」っていわれたりしたこともあります。最近では講演頼まれたりしますと、若い子が多いとホッとしますね。年よりだと、もういけません。それと同時に、この子は頭が良さそうで、良く知ってるなっていうのがいいですね。京都あたりへ行って、通じない科白《せりふ》なんてのがあるんです。この間神戸へ行って話したら、「今何を話したんですか?」なんて言われて、まいっちゃった。誰もわかりませんね。そう言われたから、やめちゃいましょうとも言えませんし、ゲッソリしたもんです。最近は、図々しくなったので、相手の反応をみて話をするようになったけれど、そうかといって、ひとりかふたりなら目にできるけれど、全体はみられないでしょう。講演なんかで三〇分も話す時、間をおいたら先がダメになっちゃうなんてことがありますね。そうなると、まごまごしちゃって、ますますダメになっちゃう。だから、大事な講演がある、なんていう時は、前の日に話すことの要点を箇条書きにしていきます。ところが、それで安心してると箇条書きと箇条書きにした間のことを忘れちゃってるんです。おっ何を話すんだっけなと思って、話がとまっちゃうわけです。だからもう、頭に出てくることを間をおかないでベラベラしゃべるほか、間をもたせる手はないなと思った。だから、あんまり考えないでしゃべることにしました。何がでてくるかメチャクチャな話し方です。だから、それがうまくいった時には、終った時に手をたたいてくれるけど、うまくいかないと手をたたいてくれないわけね。そんなことも感じてます。

――文章の書き方というのも、同じように頭にうかんだことをそのまますぐ書いていってしまうのですか。

植草　書いていると、あいだにちょっと別のことを思いうかべたりすることがありますね。この間、ジョン・クリージーが来た時、「ほうぼう旅行してるけど、メモはとらないよ」って言ってました。いつか何かの時、「あっ東京でおまえにあった」と思い出して、それを書くといってました。まあ人間の性質によるんでしょうね。この間も、日比谷でべ平連の会があって、小田実ともうひとりが頼むっていうんで、行ってオーネット・コールマンの話ばっかりしちゃった。終りごろになったら、何を話してるんですか？　なんて言われちゃった。時間ですよってことになっちゃったけど、その時言おうと思ったのは、ケストラーがいつだったか、なにかの序文で、イギリス人に何か話す時は、やすりの先で爪をこすってるような調子で話さなくちゃならないんだけど、アメリカ人の場合はハンマーでなぐるように話さないとだめだ、と書いてる。そういうように、今のはイギリス人に向かってるような調子でやったんだよ、と言おうと思ったんだ。そしたら、次に、いいだももが出て、シーンとしてた会場がとたんにワーッときましたね。

マルクスにかぶれてた学生時代には、講演でもズラリと警官がならんで、ふたことめには、すぐ「弁士中止！　弁士中止！」って叫んでましたよ。それは、はっきり覚えてますね。ぼくは学生服着て、いっとう前にいって聞いてましたから。かえりしなに、「おまえいいね、がんばれよ」なんて言われましたよ。要するにそういった雰囲気が良かったんですよ。だから、三回くらいのメーデーまでですよ、しまいまで並んで一緒に歩いてたのは。あとは途中でプラーッて遊びに行っちゃった。それでよくわかります。

なぜか「うんこ」の話からはじまって、さらに深くつっこんだ本のトリップの世界へ。ヘンリー・ミラー、フランク・ハリスなどのエロ本なら、ぼくにも書けそうだ。なんて——。

——植草さんの本を読んでいると、うんこについて書かれた部分が、非常に多いですねえ。「宝島」の扉の言葉にも、二度ぐらい出てきています。やはり興味ありますか？　健康のバロメーターなんですか？　植草さんにとっては。

植草　だから、三日ぐらい原稿を書いていると、出がわるくなる。ニューヨークでは肉食をして、毎日歩いていた。そしたら、ずーっと太いのが出るんで、びっくりしましたねえ。

——植草さんがものを書きはじめたのは、いくつぐらいの時からなんですか？　作文の話は、さっき聞いたんですけれども、現実に、それがお金になりはじめたのは、いつぐらいなんですか？

植草　お金になりはじめたのは、清水千代太に、東宝のころ、「キネマ旬報」に、一ページだけ書けって言われて、それがはじめてじゃないかなあと思うんです。その前に、人形芝居に夢中になっている並川なんとかっていう、わりに金持ちが、人形の本を訳してくれ、十五円で訳してくれって言ってきたので、訳したら、半分だけくれて、あとは、ごまかされたっていう記憶もあります。その前に、早稲田にいたころ、大隈講堂でやった、学生の舞台装置なんかをやって、五円もらったことが、あったなあ。帝劇で、その芝居をサハロフかなんかが来たとき、それのセットを一緒につくって見にいったりなんかした。そのころ、家庭教師をして稼いでいますね。「ヴォーグ」や「ハーパース・バザー」や「ジャルダン・デ・モード」のスタイル・ブックのキャプションの翻訳をして、翻訳料をもらったようなこともありました。まあ、そういったアルバイトを、はじめたのが、大学の二年ごろからでしょう。二〇歳ごろから。

——書くことは、好きだったんですね。

植草　どうも、そう好きでもありませんでしたけれど、なんとかして書きたいなあっていう気持はありましたね。それで、いちばん初めは、やはり翻訳が主体になるわけです。それと「パイプ」って雑誌の表紙を、五、六回、描いたことがあるんです。その時は、ジャン・コクトーに惚れちゃって、ジャン・コクトーのまねの表紙だけれど、題は、カットの上にフランス語で書いて、水の上の投影、逆かさまの影としたんです。ドビッシーの曲にそういうのがあるんです。その題で、男の子が立っていて、そのズボンが、ちんぼこになって、ふくれている絵を描いた。そしたら、友人がそのちんぼこを、削っちゃって商品にしたことがありますねえ。

——でも、学生のころから、原稿みたいなものを書いた時に、家の人は、なんにも言いませんでした

か？

植草　姉と一緒になる前に、これがまたグレだした理由だけれども、ひとりで下宿生活がしたくって、それが銀映座時代と、かちあうんです。それで東中野か高円寺の裏か、そのあたりのしろうと下宿にいたことも、ありますね。そこいら辺の記憶が、あいまいなんですが……。朝、銀映座へ行く。主任だから金庫の鍵を持ってね。金庫の中に切符がみんなしまってあった。目がさめるともう、開場の時間をすぎている。そうすると、雑役の川村っていうのがいて、ちゃんと予備の鍵を持っていましたけれどね。

――今までで、ほんとうにものを書いていてよかったと思った瞬間って、ありますか？

植草　正確には、思い出せませんねえ。とにかく、いっとう自分が人間的になった瞬間っていうのは、「資本論」読んだ時だ。どうせ英語だから、読まなきゃならない。あの割註がある。磁石はどうして発明されたかっていうような註がついている。それでしたねえ。要するに、マルクス的な見地から、磁石の発明について書いてあって、びっくりしたことがありますよ。それを、暗記しましたね。そうしたら、親戚のが経済学の明治大学生で、千葉県の御服屋の息子で、グレてた。「そりゃあ、なんだよ、お前、マルクスなんて。アダム・スミスの国富論読まなくっちゃわからねえよ」って、喧嘩ですよ。柔らかいものは全部売っぱらって、ソビエトもんの翻訳にかえましたね。

そうすると、本郷の福本書院っていうのが、その専門の本屋だ。それが、赤門のそばにある。そこに「共産主義の例の怪物が歩いてる」ってわけ。

――共産主義宣言ですね？

植草　気に入っちゃってねえ。そういうのを売っているわけです。そのころはもうひとつ、アプトン・シンクレア。それの「ジャングル」「石油」「未開の男」という芝居がある。それがおもしろかった。それともうひとつ、マヤコフスキー、ね。ぼくは、そのころドイツ語をやっていた、マヤコフスキーはドイツ語版だと、よく、わかりましたね。それと、ソビエト文学のドイツ語訳ねえ。医者の話とか、そんなのなんかもドイツ語で読んでましたね。だいたい見当はつきましたよ。それが早稲田へ入って、フランス語になって、ドイツ語が出きなくなっちゃったていうわけです。リー・トレイドンなんかも最初、ドイツ語で買って読んだ。わりにドイツ語は、やさしいなあって思ったけれど、それと同時に、そのころ学校でロシア語を教わっているわけ。ところが、ロシア語の教科書とか、ロシア語の活字にしたものが、どこにもなかった。全部、黒板で教わったわけですね。それを自分のノートブックへ写して、大事にしまってましたよ。焼いちゃったですがね。で、あの長岡義夫っていう、まあ、有名なロシア文学者、それが教室へくると、夕べの二日酔いのままですよ。それと小泉っていう、国監のがやっぱり飲んべえで……。

――国監っていうのは、なんですか？

植草　国語の教師ですね。それが、昨日は、飲み友だちとふたりで飲みっこをして、俺が買ったよとか、そんな話ばっかりしてたもんですね。それが、ピストルの打ち方を教えてくれました。いや、難しいもんだよ。家の部屋の前のかきねの上を猫が歩いている、それをピストルで打ってやろうとすると、あたらねえってわけ。そのうち、銀座のバーで飲んで、ピストルでもって、天井にバン・バーン?!　ってやっちゃった。それは、かなりスキャンダルになりましたね。学校はそれでも、馘首にはならなかった時代です。友だちが、プラウダをもってきたら、長岡義夫が喜んじゃって「誰れが手に入れた？」って。「実は私の兄きが持ってきた」。「くれよ」。そんなこともあった。もっとも、何を教えるかというと、まあ、ロシア語の変化なんか、スター、スタロン、スターね。それで調子がよくなると、「どん底」の歌を原語ではじめるわけ。そうかと思うと、トルストイの「復活」の原題はこうなんだよ、などと話す。トルストイの話になると、トルストイがあるいなかの道を歩いていたら、あざみをふんづけた。それで、ちょいっと見たら、あざみがもちあがった。そのバイタリティーに、びっくりして、そこから、話がはじまる。そんな話しばっかりしてましたよ。それで、こっちもそういったのが、やや下地になってましたね。だから、そのころのソビエト文学の翻訳は、全部読みました。それが戦後一冊もないわけですがね。

――アメリカ文学に入っていったのは、いつごろです？

植草　アメリカ文学は、そのころフィリップ・スーコーの「ハリーの最後の夜」が出たころ、ベン・ヘクトの「シカゴ千一夜」とか、アーネス・ハイマーの「夜会服」とか、そういったもんが、ぼちぼち出ましたね。それから、前田河広一郎。それがアプトン・シンクレアの「本町通り」。まあ、前田河にしては、ちょいと「本町通り」は主意がはなれると思う。もっと共産主義派の文学の方へ向いていましたから。そうすると、佐々木孝丸という役者が、フランス語ができて、マルセル・マルチネの「夜」とかの前衛文学的なものを新評社とか新映社とかで、だしているわけ。ですから、アメリカ文学が、まだかなり少なかったんですね。そのうち、英文学を読むようになった。ある時、ケインの「郵便夫は二度ベルを鳴らす」を原文で読んで、おもしろいもんだなあと思ったのが、アメリカ文学へ行くきっかけでした。丸善へいくとフォクナーがやたらに売れないから、一円で「アブサロム・アブサロム」や「死の床に横たわりて」や「響きと怒り」なんかを売っててね。それと、知らない本屋へいくと、スコット・フィッツジェラルドの「デス・サイド・オブ・パラダイス」。いい題だなあと思って買ったり。そうかと思うと、丸善のフランスもの中に、「グレイト・ギャツビィ」のフランス訳がでている。ハリー・クロスビーの有名な叢書があって、その中にヘミングウェイの「春の奔流」なんかがある。その見返しなんか見ると、ツルゲーネフのパロディーだとか、あれはそのまま読んだけれど、何を言っているんだかわかんなかった。それと、シャーウッド・アンダーソンなんかのものが、かなりありましたね。溜池へ移った時代には、六本木の古本屋がアメリカ大使館があったりするせいで、不思議が原書がいっぱい出たわけです。そういうのは安くて買ったりなんかしているうちに、戦争になったけれど、その間にかなり、英語の本を読む時期があったわけですね。その時すでに、永田町の部屋には、三千冊ぐらいは、フランス語と英語と、ドイツ語の本が、戸棚いっぱいに入っていました。

――永田町にいらしたんですか?

植草　ええ、永田町の首相館邸の裏でした。そこは姉の家で。それは、いい家でした。ぼくの姉の娘になるのが、割り合いに可愛らしい顔をしていて、なんか深川の村木屋の息子が惚れちゃったりしてね。そしたら、ぼくがよく書いている、姉の友だちの不良少年やら、不良少女が、「お前のとこ使って家を建てるんだ。もちろん金はだすから、村木たのむよ」。そんな具合でいちばんいい材木持ってきたんです。まあ、せまいけれど。それで、そのうちの娘がお能を習っていたので、この部屋くらいを、全部ステージにしちゃいました。

――ヘンリー・ミラーなんかを知ったのは?

植草　ああ、そのころ六本木を歩いていたら、いちばん最初、「ダーク・スプリング」、「暗い春」があって、何だろうと思った。表紙が黄色のソフトカバーで、労働者が機械の前で手をふりあげているので、労働者のなにかかなあと思っていた。それで買ってきて読みだしたら、おやっと思った。それは全然手つかずで、八〇銭でしたね。次は「トロピック・オヴ・キャプリコーン」が、ひょこっと出ている。「南回帰線」ね。そうしたらどうしても、「トロピック・オヴ・キャンサー」はないわけ。それで、姉がよく行く虎の門晩翠軒の洋食部が、筆、文房具、書画などを扱っていて、そこはシャンハイに支店がある。そこにたのんで、海賊版を探してもらったら、やっときたねえ。そうしたら表紙に「ついにこういう印刷できない本が本になった」って、エズラ・パウンドとかなんかの言葉が書いてある。読んだら、じっとしていられなくなっちゃった。それを持って表を歩きながら読みましたよ。それで、あっちと連絡して、海賊版のそのリストを送ってもらった。そしたら、フランク・ハリスなんかが、並んでいるわけ。

――はい。「わが生と愛」

植草　あれは、まだなかった。オベリスク・プレス、ね。そのころのフランク・ハリスが、かなりあった。それを注文した。そしたら、あっちからきましたよ。だけど、あっちで買う方で「困ったよお」っていうわけ。こっちは晩翠軒だから顔がきくけれど……。

――それは文房具のお店とか。

植草　いや、晩翠軒という一流の中華料理屋。それで、虎の門のところに、大きな日本画や日本の書道の人の専門のすずりとか、筆を売っていました。それが、支那のものを輸入するために、上海に支店がおいてあった。そこの番頭かなんかが、買いにいってくれた。ところが、その本はこっちの部屋へきてくれって、奥の秘密の部屋みたいなのに入れられて、買ってきましたよって、手紙がきましたね。

――そのての本を読むのは、やっぱりショックだったでしょう?

植草　戦争になって、神田を歩いてたら、一誠堂で、「あんた、フランク・ハリス持っているそうですね。なんとかして売ってくれませんか?」進駐軍の兵隊が、欲しがってしょうがないんだって。「よし、それじゃあ、二千円で売ってやろう」って、二千円で売ったことありますよ。それであと、また買ったけれどね。そのころは、フランク・ハリスを読んで、これならまちがいなく俺にもエロ本は書けると思った。

――ポルノグラフィを集めはじめたのはその頃?

植草　それ以前に、東宝で六時ごろ会社がひけると、すぐコップ酒を飲んだ。それもひとりで本を読みながら、飲んでいると、まあ、二本ぐらい飲めば、いい気持ちになった。そうすると、それから本郷の古本屋にいこうかな、霞ケ町の古本屋にいこうかな、神保町はもう見ちゃったなあ、と思うと、横浜に知っているのがあった。それで横浜へいくと、九時ごろから一一時ごろまで、ちゃんと本屋がまだやっている。横浜の古本屋には、洋書が多い。それをたんねんに探していると、表紙がない本が、一と月に一冊はみつかる。それがワイ本だ。それが長い間にたくさんたまった。そのなかで、一冊、まえからほしいってのが、ダダのエロ本。

ようするに汽車の中で、二〇人ぐらいやるところ。汽車が動きだすと、はまっちゃう。全部が。いいなあっと思った。

今じゃあ、何ともありませんがね。そういうのを一冊買うと、すぐに、アメリカ大使館の前の洋書を少しと文房具を売っている、古川書店の高橋っていう男と話をするんです。それでよく話したのは「不夜城」、「ナイト・キャッスル」という英語の本ね。それに、見開きの、ひろげられる地図で、吉原の色つきの地図がでている。この間も、神保町の一誠堂に寄ったら、一冊置いてあったけれども、たぶん今は一〇万円は、するでしょう。それが、最初五百円、千円、二千円になった。何年何年、何年。そういうのをみんな、高橋さんが、教えてくれましたよ。そういった、エロ本のコレクションの、いちばんおもしろかった時代があって、その時、いちばん集めたかったのが、オベリスク・プレス。それが、息子の時代になって、オリンピア・プレスになっているわけですよね。

ある日のこと、六本木のいきつけの本屋の帳場にたくさん積んである。みたら全部ワイ本で、「悪の華」、それがまじっていて、それに似たやつは持っていたから、「それいらないからあといくら?」「値段わかんないから、あなた決めくれ」、「じゃ五円で」。それは永井荷風から出たものでした。それで二、三日たった。実はあれから客がきて、その残した二冊を見て、もっと高く買ってもいいって言ったよって言いましたね。

ビート文学は、プレイボーイ誌ではなく、キャバリアによって知りました。サルトルを日本でいっとう最初に読んだひとりが、植草さんだとは！

――ビート文学っていうんですか、ビート・ゼネレーションを知ったっていうのは、いつごろなんですか？

植草　そうねえ。いつになるだろう。

――もう、J・P・ドンレビーとかを読んでいたころでしたか？「赤毛の男《ジンジャー・マン》」とか？

植草　あれは、少しあとですね。やっぱし、ビートだろうな、ケラワックなんか。

――「オン・ザ・ロード」

植草　やっぱし「オン・ザ・ロード」だけれど、それのきっかけですねえ。最初に買った「オン・ザ・ロード」っていうのがいつごろ買ったのだったか、っていうと、わからないんです。いくつも版を買ったんで。

――ビート文学を読んだ時はどうでした？

植草　よくわかんなかった。ケラワックを読んだときは。わかりはじめたのは、ジャズですよね、最初は。「キャバリア」（アメリカの雑誌）であいうのを読んでいましたから。「プレイボーイ」は駄目でした。「キャバリア」が、いちばんおもしろかった。それにビートの記事が出たんです。クレロン・ホームズなんかの。それでそのころ、やたらに知らない本が読みたくなった。そうすると神保町の巌松堂の角の、二階が、進駐軍のゴミためからひろった本だらけでした。それが値段がめちゃくちゃに高いんです。それでぼくはだまって、二冊買っては五冊外套のポケットにねじこみましたよ。そんな盗みの時代があった。高いからかまわないだろうって、ね。相手もちゃんと知ってましたよ、こんなに服がふくれてるんだから。だけどこの他に買っているんだから、ね。そこであっちも、困っちゃう。そのなかにあったのかもしれませんねえ、「オン・ザ・ロード」が。アームド・フォーセイズ（GI用廉価本）の本には、「ワー・ビター」なんかは入っていましたが、ケラワックはないでしょう。

――最終的に、アメリカの若い作家が出てきましたねえ。それに興味をもたれた、きっかけっていうのは？

植草　やっぱり、イギリス文学の反動でしょう。それと同時に、イギリスの書評家は、だいたいアメリカ文学をけなす傾向がある。それに、アメリカ文学は隷属的な文学だって、思っていた時代があった。それは一九四〇年ぐらいまでいいでしょう。その後で、あらためてアメリカ文学はアメリカ文学だって、イギリスで言いだしましたが、それはもっぱら表現のことでしたね。イギリス文学には、伝統的な良さがある。同時に、スペイン、アルゼンチン、イタリーのものなんかを見ると、強烈さの点でまったく違うわけです。あんまり強烈すぎるし、それほど本が手に入らない。それで、アメリカ文学へ入った。最初がジェームス・M・ケインですね。そのころはまだ、アメリカ文学っていっても微温的なんですが、リチャード・ライトなんかね。あの「アメリカの息子」がかなり強いんです。そのころ、一緒に読んだのがチローネの「ブレッド・アンド・ワイン」。ようするに、アンダーグラウンドの話。自分の顔を硫酸で焼いて変装する話、出だしが。それと、アーサー・ケストラーですね。「真昼の暗黒」。そういったことで、アメリカ文学を読むことが、他のと同じレベルになる。読んでる強さが同じくらいだなあって思いだした。その最初のひとつが、ポール・ボールズの短編集の「デリケート・プレイ」ですね。それともうひとつは、そんなかにサルトルの「嘔吐」、「壁」がくっついちゃってくるわけですよ。

――実存主義ですね。サルトルはいっぱい読みました？

植草　実は、ぼくは、戦争直後にコールネットから始め、進駐軍の古雑誌、「ニューヨーカー」なんか読んでた。だからぼくがサルトルをいっとう最初に読んだひとりだった。それで、戦争中に飯島正さんが「嘔吐」を手に入れた。「それじゃああげるよ、ぼくはどうもあんまり」といって、くれましたが、ぼくのほうは感心しちゃったんだ。それだから、実存主義の影響をうけて、会社へいってわざわざ机の上にライターを置いたりした。それを見ていて、なんかを話すんですよ。こんなもの話したって、なんでもないじゃないかって言われたもんですねえ。

――インクつぼがそのまま哲学になるっていう、かの有名なやつですね。

植草　だから昔、お前サルトルのことを書いてくれよって言われたもんですよ。昭和二一年。だけど書けなかった。

――現在は、サルトルについてどう思ってらっしゃいますか？　彼がつくりあげたのは、西欧の最後の哲学だと思うんですが。実存主義というものは、自分を、ぎりぎりの限界までもっていってしまうような気がするんですね。あれをやっていくと、それこそ袋小路みたいになっていて、ぬけられないんじゃないかという気がするんです。

植草　最近サルトルもよく読んでいないから……。やっぱり、そういうとき困るのは、翻訳が出ているのに、それの原書が、ほうぼうにころがっている。それで、それを読めばいいんだというような気でいて、駄目になっちゃう。しかし、あの最初の「自由への道」が出たときは夢中で第一部を読んで、いいなあと思いましたよ。

翻訳という大問題について。語学をマスターしたいという欲求は、快楽だそうです。六〇年代のアメリカ、アンダーグラウンド・ムーヴメントにおける、意識革命は、J・J氏にとっても、文字どおり革命だったのだ。

植草 翻訳といえば、このあいだ講談社から出た本で新書版の「翻訳上違法」、あの出だしは、とてもおもしろいですよ。

――「翻訳上違法」っていう本があるんですか?

植草 ええ。書いたのは、あの河野一郎。講談社、現代新書、三五〇円。あれ一読してごらんなさい。ついきのうまでぼくは、ああ今度もまたいわゆる翻訳論と一緒だなあと思って、読む気がしなかった。そしたら、朝日新聞の大波小波に、朝顔なのを朝の栄光って訳してるよ、モーニング・グローリーを。それが、だれだか書いていない。朝、それを読んで、その日はアメリカ文学の朝日カルチャー・センターの講義があるんで、こんな本だよって紹介するために、行く途中でまた買ったわけです。それとグロータースの「誤訳」ね。あれを読んだときに、びっくりしたのは、後書きが、まちがっていたわけです。探偵小説を読むのがいちばんいいよって、四人ぐらいが全部、固有名詞が違っているんです。そんなことがあって、しかし段々、日本の英文学者の若いのが、書いているのは、おもしろくなっているけれど、やっぱし常識論なんです。そこへいくと、フランスのフィリップ・スーポーのユリシーズの一部を訳したところの翻訳論とか、スペンダーとか、なんとかが、たとえば、ゾラの「居酒屋」、あれが英訳で、二冊でた。今度の翻訳はいいよっていう批評がある。そういうほうが、はるかにいいんです。

――翻訳論としてですね。

植草 うん。そういうのは、まだ読み方が少ないから、なんとも言えないけれど、今度の河野一郎のは読んだ中でいっとういい。以前に、福田恆存の弟子の中村保男のが、中公から出た。あれも悪くはないけれど、ちょっとシェークスピアにかたよりすぎてるね。

――植草さんは、やっぱり、本質的に言葉の問題が好きなんですね?

植草 知らないんだけれど。それで最近になってアメリカへ行ってみて、言葉の使い方の特色が、わかったんで、英語の構造とかの本を、少し買うようになりました、専門的なものを。

――英語、ドイツ語、フランス語、ロシア語といろいろやってらっしゃるわけですね。

植草 オランダ文学にいい人がいてオランダ語がやりたくって、それでオランダ語とスウェーデン語を三年前にやった。みんな駄目でしたね。イタリー語も、あれはフランス語に似ているから。

――新しい言葉を憶えていくのは、やはり、ひとつの喜びなんでしょうか?

植草 それは、そうとうなもので、仮にフランス語と英語の読み方の力っていうと、フランス語の読破力っていうのは、三分の一ぐらいですね。英語の場合は、まあ、それだけ、読める力がある。そういった時に新しい言葉がでてくると、辞引きには出ていないのが、もう、わかりますね。そういった時のおもしろさね、新しい言葉のおもしろさって。

――それに、六〇年代にね、アメリカでいわゆるヒッピー・ムーヴメントが起こって、今までとちょっと毛色が違ったというか、まったく価値観の違う世代がでてきましたねえ。

植草 それがまあ、一九六七年から六九年でいいかな、ヒッピーの出現は? ですから六五年といっていいでしょう、変化が生じたのは。あれほどおもしろかったことはないよ。あらゆるものを読みたくなった。その根本になってくるのは、ドラッグの魅力ですね。それが、まあ、最初は「ライフ」が始めたんだけれど、ヘロインの害毒からはじまりだした、写真入りの――。

――ああ、ヘロインをやると駄目だっていう、一種の、キャンペーンですね。

植草 ええ。それがLSDになりだした。そうすると、がらりと態度が変わってくるわけですねえ。「ライフ」の。それで、いろんな人に訊く。それがほとんどいいことを言っている。たとえば、数学者がどうしても方程式がとけなかった。それが、LSDをやると、とたんにとけた。牧師が演説がどうもうまく説教できないのに、あの日はうまくいった。そういった例が、いくつもあがっている。ただ、自動車に乗って、帰りにLSDがきいてきた男の話は、こわかったあ。ニューヨークのどこを走っているのかわからない。それがちゃんと目的地に着いていました。と思うと、若いのが、絨毯のなんでもないやつを一時間ぐらいみている話。なんでもないのがきれいになっちゃう話とか。やたらに出てきたと同時に、夢中になっちゃうわけですねえ。そうすると、フランスのボードレール時代、あのハッシシの時代、そこが読みたくなる。やっぱり、うーん、ゴーチエ。ゴーチエがいちばんおもしろいですね。ボードレールはちょいと、ややひるみがちな受け入れ方です。それで、ハッシシの幻影の、トリップの話、あんなおもしろいのはないなあと思って、できるだけ手に入ったのを読みましたよ。こわいのもあるし、とにかくはしごだんから降りようとすると、どこまでも、はしごだんが続いているっていうようなのね。やっぱり、その中でいちばん何度も読んでみたのが、ハックスレーでしたね。

――「ドアズ・オヴ・パーセプション」(知恵の扉)。

植草 ええ。実はあれは、出たときに買っていたんだけれど……。ハックスレーは他のは読んでいたわけねえ、ハックスレーの流行時代に。それで「ガザに盲《めし》いて」の翻訳がやっと厨川文男の訳で出て、ハックスレーの「すばらしい新世界」とかハックスレーの人気のあった時代に、ぼくは集めていた。

読んでみても、なんだか全然わからなかった。そしたら、ヒッピーの時代になったら、誰もかれも、みんな探しているわけね。まわし読みしたりね。それをぼくは、持っていたわけ。ああ、あれかいって思って、ゆっくり読んだら、メスカリンの話ね……よくわかりましたよ。そしてハイト・アシュベリイの時代になってきたでしょう。それなりに、やっぱりヴィジュアルになってきましたね。それに、ロックの最初のＬＳＤ式のやつがでたした。それとぶつかったりして、それに、ヒッピーの家出の捜索、それと殺人事件、それからお葬式、全部追っかけましたよ。それと同時に、もっと読みたくなったのは文学者のヒッピーの小説、それを集めたんだけれど、それと並行して、ドラッグの研究も、ずうっと専門的になった。フランス、ドイツからも、いい本が出ているわけです。そこいら辺は、体験談としてね。アンリ・ミショーがそうですが、もっと上のが、あるわけです。そういうのを集めて、頼もうとしているうちに、中間小説の時評で忙しくなったわけです。だから、それを全部一緒にしようと思うのが、少しありすぎるわけです。それで、全部少しあつめて縄でいわくと、あっちこっちばらばらになっているわけですけれどね。それと同時に、もう生きるのがいやになってしまったことがあって、あれは、最初の単行本が出る直前でしたっけ。

——最初の単行本っていうのが、「ジャズの前衛と黒人たち」。

植草　ええ。それで、ああ若い人が読んでくれるなって元気がでる前に、もうくたくたになっていて、原稿を書いている。やめたら食えなくなっちゃうような時代でしたね。それでもうそろそろ、あと四、五年で、もう寿命だなあって思った時、一年前にそれをなんとかしてわかって、一年間そういった本を全部もってきて、メスカリンなんかの実験をやって、ノートして死んでいこうと思った。それが、ニューヨークへ行ったのとぶつかって、グレちゃったわけねえ。

——グレたっていうか、生のドラッグ・シーンですから、ニューヨークは。

植草　ですから初歩のドラッグ資料は、割り合いに目を通しているんだけれど、本格になってきた、だいじなところを読んでいないから、それを今度、逆に読んでいくのが利口だなあって思った。

——でも「ナチュラル・マインド」なんて、お読みになっているし……。

植草　まあ、カスタネダが……。

——カスタネダについて、ちょっとまた、話してくれませんか?

植草　ちょいと少し、うーん、まあ……。いちばんおもしろいのは、ぼくはカスタネダは三冊読んで、ニューヨークへいって、四冊目が出て、すぐ読んだ。

——「テイルス・オヴ・パワー」ですね。

植草　はい。その三冊を読んだのが、去年ですね、去年の四月から以後、そしたらヴィレッジに、それ専門の本屋でちっちゃいのがあるわけ。それを話したわけね、三冊カスタネダを読んでいて、「これ三冊のうち、みんな読んだけれど、どれがいちばんいい?」とかなんとか話したら「あたしはＬＳＤの専門だ。カスタネダの専門だ。それにはね、グルジャエフ、ウスペンスキー、それを読まなきゃだめだよ」講義になりましたよ。

——グルジャエフっていうのは翻訳がでていないでしょう。ウスペンスキーも?

植草　でてない。はい。でも、アメリカ人はだいたいそれを読んでいます。厚い本で、こんども、ウスペンスキーのこんなのがありましたよ、三冊の講義。

——なにについての講義なんでしょう、それは?

植草　そういったものの、めずらしいやつなんだ。

——ドラッグについての?

植草　うむ。ドラッグとはいえないんだけれども、むしろ、ＥＳＰの方です。そういうのがあるわけでして、ぼくの、まあ、いわば、いちばん楽しいことのひとつですね。

——日本でいちばん最初にカスタネダを紹介したのは、植草さんじゃないかと思うんですけれども?

植草　まあ、そうでしょう。

——あの「話の特集」に、お書きになりましたよねえ、あれは第一巻のことを。

植草　一巻からはじまって、それで「エスカイヤー」の表紙の滝の絵。なんだろう?　と思ったねえ。あの表紙のあれから、わかんなかった。ね、買った時は。

——あれはものすごく売れたらしいですねえ。

植草　そうしたら、それでおもしろいのが、ヴィレッジに、やっぱりローヤリティって本屋があって、おとしいった時はあったのに、去年また買うんで九八ドルの小切手を作らしていったら、つぶれていた。ふたりでやっていた。そのこりのパートナーが、ぼくが好きな八丁目ブックショップのとなりで店をやっていて、バーゲン本屋なんだけれど、そこが、しまったり、あいたりなんかしてるの。しまっている時は、違う仕事をやっている。そのひとつに本屋の倉庫から、盗みだす仕事があるんです。

——仕事がですか?

植草　カスタネダの版元のハーパー&ロウ、あすこの倉庫から、あれがなくなっちゃったっていう、四冊目が。そうしたところが、ほうぼうの本屋で、ダンピングで売りだしているわけ。ね？

——そうだ。いい本っていうのは、やっぱりそういうふうにして安く売ってもらわないといけませんよ。

植草　それが、多分あいつだろうっていうことなんだけれども、証拠がないわけ。うまいんですねえ。

——でもね。あの本をきちんと読んでいくと、やっぱりそういうふうにやっても、みんなに安く読んでもらいたいと、思うようになるでしょう？

植草　そうねえ。トラックで運んじゃうんだから。

——いい人がいるんですねえ。四冊目はお読みになりました、アメリカで？

植草　ええ。読みました。

——あれ読んでみると、あのカスタネダっていう人は、全部わかっていて書いていますね。四冊書くつもりで、はじめっから構想をたてている。

植草　最初から予定書が、ありますからね。ただ、それがどういうふうに変っていくかっていうのは、自分じゃあわかんなくって、動機があって、何回もフィールド・ワークにいっている。ニューヨークへきたりなんかしている。

こいらへんが、少し嘘があるんで、「ヴィレッジ・ヴォイス」に、全部そこをつっこんだ記事がでましたよ。読みました？　カスタネダの野郎って、調子です。

語学をマスターしたいという欲求は誰にでもある。文法、構文、学ばなければならないことは多いけれど、なによりも必要なのは、自分がなにを知りたいか、というのっぴきならない欲求だ。植草さんの語学マスター法は、すべてそこから出発している。つまり、このインタヴューでぼくが学んだことがもしあるとしたら、こと語学の問題だけではなく、人間が生きていくときに、ほんとうにその生を楽しまない限り、なにの役にも立たないということだった。これは、とても大切なことで、そこから新しい自分が生まれるのではないだろうか？　ただ、自分がほんとうに知りたい、やりたいことをやるときの恐怖はたしかにあるし、そこを通り抜けることがなかなかできないのが、一定のベクトルを持った価値観のなかで暮らしているシティ・ボーイであり、シティ・ガールである。しかし、植草翁は、自分がほんとうにやりたいことをやっていれば、いつかはそれで食べていけるようになるということを、身をもって証明してくれている。これは、とても素敵だ。（北山耕平）

マリワナとヘロインとを、混同させようとするメディア側の陰謀について、やはり知っていたほうがいい。J・J氏はここで、そのことを話してくれている。

——マリワナとヘロインを混同しているのか、自分にとっては革命的だけれど、もともと良くないものと決めつけてる人もいるんですけれど、どうでしょうか。

植草　つまり、ヘロインとごちゃごちゃにしているわけですね。戦後はヘロインで影響を受けた人を見ているかもしれないけれど、マリワナはそうじゃないです。戦後は覚醒剤がいろいろあったわけで、そのころの先入観をもってるわけです。自信がないわけでしょう。ぼくは東宝にいたから、まわりで芸能人とか、原稿におわれてヘロインをやった人も直接には二、三度見ているわけです。ぼくがジャズに夢中になっていたころは、ヘロインの横流し時代でしたね。その中で、全てうまくいってるのと、身上つぶして家中からっぽになっちゃった者といいますよ。金目になるものがみんななくなっちゃったっていう連中も、治って、やせてたのが逆に太りだしちゃったりしてますよ。ヘロインにそういった害があるのは、「ライフ」で写真入りで、ヒッピーの出る四、五年前によくやってましたね。マリワナはどっちかというとルートの問題ですね。暗黒街との結びつきでしょう。それからLSDができて、「ライフ」あたりでも、興味のもたれ方が全然違うふうになった。その間、日本がどうしていたかっていうと、マリワナ反対論者なんでしょうね、ドヤ街の雰囲気なんかを撮った写真を良くだしてたりしてたけれど、一番悪いケースをつかんでみんなに見せたというのは、メディアを利用した嘘というか、虚構というのか……、ブーアスティンの「幻影の時代」というのにも書いてありますね。そういったものになってくるというふうに見るのが間違いなんでしょうね。

——アンダーグラウンド・ペイパーっていうのは、よくお読みになっていたでしょう？

植草　それが非常にへりました。それで、今年、サンフランシスコへ行ってみたいわけなんです。サンフランシスコの新聞は、六十八丁目ブックストアー、そこいらへんぐらいしか入ってこないんです。

——はじめて読まれた、アンダーグラウンド・ペイパーっていうのはどういった種類の？

植草　それは清水俊彦が、はやくから「ヴィレッジ・ヴォイス」をとっていて、一部くれた。ジュールス・ファイファーがはじめた初期で、まだ、一五ページぐらいのころでしたね。それが最初でしょう。だから清水俊彦さんが教えてくれたことになるけれども。清水俊彦さんは、そういったアバンギャルド的なもののほりだし方がうまい人ですよ。詩人のいちばんいいところですね。

——アメリカのあの時代っていうのはすごい、もう画期的な時代でしたね。歴史の中においても、六五年以降の。

植草　ただ、ウッドストックのあった時は、ぼくは、スモール・スケールが好きだから、ああいうふうに大きなスケールになると、すこし大衆的な感じがしちゃうわけね。

——でも、すごいパワーをもっていたですねえ、あの時代はちゃんと。ものを書くっていうこと自体がね、確実にひとつのパワーをもっていた時代だった。読むっていうことが、あれはもう完全にメッセージを送った雑誌ですよね。それこそ植草さんの好きな言葉がいっぱい出ているっていう。

植草　なぜか、アンダーグラウンド・ペイパーがなくなったっていうのは、もちろんヒッピーがああいうふうになっていくことと同時に、ベトナム戦争が終った、それで全部駄目になっちゃったわけねえ。

――最終的にウォーター・ゲートで全てが終っちゃいましたね。終ったっていうか、それで革命の時期は終ったんだという意見が圧倒的でね。で、あのときにもう、種はまかれてあるから、七〇年代はそれをあとは育てるだけでいいっていうふうに、変ってきたようですねえ。

植草　それが、去年と今年の表面的な印象で、おや、つまんないなあ、ヴィレッジがちぢんだ。ただ漠然と、つまんないなあ、帰りに、ワシントン・スクエアーのフリーのミュージックが質的に落ちてるなあ、ヴィレッジを歩いていても、下の方からジャズの音がしてこなくなったなあ。歩いているのがどうもおのぼりさんみたいのでうまってるようだなあ？　そんなことを思ってきました。

――植草さんにはぜひウエスト・コーストに行ってもらいたいですねえ。今、いちばん覇気があるんじゃないですか、ウエストコーストとあと南部の方に若い人が集まってきたし。

植草　どうも、黒人あたりが、ニュージャージーにうつってるような感じねえ。とにかく物価が高くって、ね。もう暮らせない。今年はそこんとこが、ちょいとおもしろいんじゃないかなって、思って。どのくらい表で、強盗が横行しているか、っていうようなことにも興味がありますね。サンフランシスコは今は安全状態だ。ね、まあ、この年齢だからやられてもいいけれどもさ。

いま一番おもしろい、若いアメリカの小説家について、さらに、映画の世界へと踏み入っていく、シネマディクト・J・J氏。ついには、書くことは即興演奏であるとの結論へ。

――そんなことを言わないで、日本できたえたけんかのわざがありますから。

植草　まあ、空手も柔道もできないんだからねえ。はやく、やっぱり中学のころに、柔道をやろうと思ってやったところが、あんまり柔道着っていうのが、汗くさくって、首しめられた時やんなっちゃってねえ。と思うと、剣道の方は、お胴ばっかりしか、ぼくはちっちゃいから入らない。そうすると、頭、おめーん!!　ってやられるわけですよね。だから機械体操ぐらいになったり、ラグビイ、アソシエイション・サッカーをやりました。そのときでも、ボールを受けるのが、相手に投げられると、まん中にいって飛び上がって、ボールを頭ではねかえすことはできましたからねえ。機械体操の方は、大車輪ができなかった。ぐるぐるってまわるやつ。考えたところ、鉄棒に対して、手のはばがせまいから、ね？　こういうふうになっちゃう。

――しっかりつかめない。

植草　つかめない恐怖でしょうね。

――すごく通俗的なこと、きいていいですか？

植草　うむ。

――あの、今いちばん好きな本ていうのは、なんですか？　これはいちばんおもしろいっていうの？
　なんでもいいです。

植草　そうねえ。

――アメリカの若い人で「ひとり」っていったら、誰になりますか？

植草　ジョン・フォークス、というのがいる。アメリカのシュール・リアリストです。それと、リチャード・バーセルマン。それも、シュールの、「カリガリ博士よ帰っておいで」っていうのが短編小説です。それはもう、ニューヨークの、ジョン・アップダイク式の、おかかえ作家になってしまいましたけれども。

――やはり、アメリカがいちばんおもしろいですか、国としては？

植草　他の国を知らないんだけれども、やっぱり好きになったんだし、この年も年だけれど、ロンドンはいいよおっていわれるし、実際アメリカ人でも、ニューヨークがかなり好きだと思って話していると、「私は、ロンドンびいきなんだよ」って言われる。そういうことがありますねえ。

――そういえば、植草さんに関して、シネマディクトっていう呼び名、形容詞がありますが、それに関して、自分では、本当にシネマディクトだとお思いになっていらっしゃいます？

植草　やっぱし戦後の「海の牙」（ルネ・クレマン）あたりがでたとき、ねえ。ジャン・コクトーの「美女と野獣」「オルフェ」まあ、マルセル・カルネの「天井桟敷の人々」あれなんか、ちょいと別格になるんだけれど、カルネのものやクレマンのもの、あのころの二、三年っていうのは、他のものが、全部つまんなくなってますからね。それで、シネマディクトっていうのは、アメリカの雑誌読んでたら、出てきたわけです。自分のことをこの通りだなあ、と思ったのを使ったわけで、そのうち映画の同人雑誌で、シネマディクトっていうのができて、最初にぼくの本からとったって註がついていましたけれど。

――植草さんの場合、本を読むとき、映画を見るときやはりトリップなんですね、ひとつの？

植草　そうです。ええ。ですから最近はかなり買った本が多いんで、それをどういうふうに処分しようかなあって、かたずけようかなあって思うのは、ねっころがって、ぱってめくった所をあっちこっち読んでいて、すうっと入れるところを、一〇ケ所ぐらい拾い読みして、その拾いよみで出てきたもので、ある程度のレベルは、つかめますよね。それで、もどった方が、その作者が知らない作者の場合だと、入りいいし、最初から、まじめに教科書式に読んで、ひっかかってつまんないなあって思うと、それが頭のなかからおちる危険があるから。

――英語の本を読むときは、そうやって読んだ方がいいですねえ。

みんなそうしたらいいんですよ。

植草　それで、あんまりアメリカ人やなんかの読み方がはやいんで、それを研究したところが、一種のそういうテクニックで、一ページをサッと読んで、わかるようにいくらかなりだしましたよ。

——今、もし時間がぽっかりあいた時、いちばん何をなさりたいですか？

植草　ああ、この間も、あれがやりたいなあって思ったのは、何んだったけなあ。忘れちゃったあ、ちょいとこの間……。

——やっぱり、今やっていることがすべてで、やりたいことばっかりなわけですから。

植草　ね。これが終わって、ああ一週間ぼかんとあきそうだなあ、じゃああれがしたいなって思って、いざその時になると、なぜかそのことを忘れてますねえ。

——やっぱり、現実の方が、すごい楽しいんですよ、それは。だから、すごく健康的なんですよ。

植草　だから、何んにも言ってないじゃないかって、「週刊朝日」の批評の通りですよ。

——でも、あれはやっぱり読んでいる方もトリップだし、それを完全にわかるように書けるっていうひとは、あまりいないんですよね。

植草　要するに、ジャズをやった。それのきっかけでしょう。感じたことを書く以外、ジャズの場合はないなあ、と思ったんです。それはどうしてかっていうと、自分で、演《ゃ》れないから、専門的な単語を知らないわけですね。それをごまかそうとしていることも、ありますよ。

——ごまかしっていうよりは、あらゆることに関して自分が感じたことしか書けなくなってしまうっていうのは、本当のことだと思うんです。

植草　それだから、そうじゃないと、書いていて、気持ちが悪くなってくる。

——そうですよねえ。

植草　それと同時に先へ進まなくなっちゃう。むかしは、よくやって、それで書けないなあっと思うと、トランプのひとり占いやったり、ねんどこねたりなんかしていて、そうすると、くたびれて、ねちゃう。起きると、ぼおっとしている。そのくり返しでしたね。だから、この節は、締切りがせまってても、ぶらっと遊びに行って、それで最近はまた、原稿用紙をもっていって、歩きながら、ちょいちょいって書けるようになりましたね。やっぱり歩いていたり、なんかしているところが、いちばんいい考えが、出るんだけれど、それも、だいたいはちょいとした思いつきだけで、ちゃんとしたものになっていないわけですね。しかし、ちょいと書いておくと、あとで一時間ぐらいたったみると、駄目だなあ、と思う。しかし、それが使えますからね。それがいいと思うんですよ。

——そういう書き方をしない限り、文章ってなかなか書けないと思うんです。それで、いわゆる文章作法ってありますけれど、あれにのっとって書こうと思うと、どうしても頭を使わなくてはならなくなる。理屈こねはじめるわけですよね。そうすると、あまりおもしろくはないんです。だから何んにもいっていないっていうより、言っていることがあまりに多すぎて、ある人にはわからないってことかも知れませんしね。

植草　要するにあまり知ってるふりして、つめこんじゃう、ね？

——感覚の問題になってきますからねえ。植草さんの本を読んで、あまり言っていることがないっていうのは、感覚がにぶっているっていうことですよ。ファンの人って若い子が多いでしょう、それに女の子が多いと思うんだけれども、女の子や若い人っていうのは、感覚がすごく進んでますから、わかるんじゃないですか、それが。

植草　いやあ、最初AからB、そのくらい頭にある。Aを書いているとBにたどりつく間に、何か思い出しちゃう。それが、うまく続いている時、全然考えなかったことが出てきて、あっ、うまくなるなって思うとき、そこが、書いていて、いちばんおもしろい時です。

——おもしろいっていうか、はりあいが出てくるっていうか、ひとりになって、自然な気持ちになっているっていうか。

——ロックですねえ。即興演奏というか。

植草　だから、芝居なんかをみていても、年期が入ったのは、「おや、おもしろいなあ」って思ってみていると、そういうとこですねえ。

第二章

学校時代の話を訊いたとたんに過去がフラッシュ・バックしはじめて、全甲わとったときに買ってもらったカメラの話から、関東大震災へと時間の旅行がはじまる。

——植草さんの勉強のしかたを、ぜひきかせてください。いちばんだったそうですから。

植草　ともかく夜寝る時、いちばんにさしてくださいって寝る。そして教科書はもう暗記をすましちゃって、参考書をいろいろ枕もとで読んでると、つまんないから寝ちゃう。そういった毎日の繰り返しでした。英語の辞引きは「斎藤熟語辞典」ていうのが好きで、名詞がでると、全部ノートにうつしました。動詞になると、ずいぶんたくさんになるわけですね。それでもうつしたもんです。

——なぜ、いちばんになりたかったんですか。負けん気ですか。

植草　なぜでしょうね。それで思い出したけれど、谷崎潤一郎がよくできた。坂本小学校でいちばんだった。ぼくは東華小学校のいちばんだった。坂本小学校ってのは、確か他の学校より生徒のレベルが落ちてるんです。そこのいちばんなんだから、実際に同時代のぼくがいうんだから、潤一郎が神童だっていうのはあてにならないんです。ぼくは、寝る時に「いちばんにしてください、神さま」ってやったね。恥ずかしそうなかんじでね、それでも。そうしたらいちばんになっちゃったからおもしろかったわけでしょう。中学の時は甲・乙・丙の三段階でしたね。全甲だねえってみんながいうでしょう。全甲というのはやっぱり少ないんです。そうするとやっぱり良いキモチでしたね。親父なんかも全甲だったら何か買ってあげようかとおだてるわけだ、うまくねえ。

——買ってもらいましたか、何か。

植草　小学校の時は忘れちゃったけれど、中学校の時は百円のカメラでしたね。それを持って逃げようと思ったけれど、蔵の中へしまっといた方が安全だと思ったので、いっぺん外へ持って出たのを、また蔵へしまいにいった。バカだねえ。焼けちゃった。

宝島と植草さんとの関係!! いま、ここに事実を述べるJ・J氏。時間旅行はさらに続き、もしも大震災がなかったら、はたして、どんなことになっていたのか?

植草　時々、君、しょっちゅう「宝島」の編集部へ行ってるの？　って訊かれますね。ほとんど行ってないけど、みんなちゃんとうまくやっている。横から口を出すっていうのは非常に古いことで、横っちょから口やり出されたために、やる気がしなくなったら、雑誌の意味がないじゃないか。ところが大雑誌なんかは、よく横っちょから口をいれる。これが雑誌としていちばんいけないわけでしょう。「宝島」は今のところみんな仲良くやってるから、ただそばで見てれば良いだけなんですよって言ってるんですよ。それが本当の雑誌だと思うんですよ。

——天皇陛下みたいなもんです。象徴なんです。

植草　ぼくの時代では天皇陛下っていうのは下町では誰も言わなかったですね。天ちゃん天ちゃんて言ってました。

——そうすると、おっかない人が来て、何ごとか!!　って言いませんでしたか。

植草　言いませんね。これは愛称ですよ。

——植草さんの家には神棚なんてちゃんとありましたか。

植草　神棚はありましたけど、天ちゃんの写真なんかは、どこの家にもありませんでしたね。だいたいどこの家にもおじいさんという存在があるわけです。そのおじいさんの代までですね。二代目になると神棚には関心がなくなっちゃう。ぼくは三代目なんです。

——植草さんは三代目ですか。一代目はお金を稼ぎますね、二代目が使いますね、三代目は天才というか、人生を楽しむ人間が生まれてくるんですって。

植草　大震災がなかったら、ぼくは木綿問屋の三代目で、甚一が甚介ってなってる。襲名するわけです。それが震災でそうならなくなったわけです。

——木綿問屋はやっぱりつぎたかったですか?

植草　つぎたいとも、つぎたくないとも何ともそのころは思ってませんでした。

——おじいさんていうのは覚えていらっしゃいますか。

植草　ほとんどうろ覚えです。俺がこれだけの身上を作ったっていう自負があるでしょう。だからちょいと無駄使いなんかしたりするといやな顔をしたのは覚えています。だから嫌いでしたね。ほかをいじめるのが好きだったタイプですね。親父はそういったのにしょっちゅうこごとを言われてたなあっていう気持ちがいちばんありますね。おじいさんの影響でお金を使えなかったので、使いたくなっても使い道を知らなかった親父ですね。だから横っちょから、それだけ金ができたんだ、どっかへ投資をしろといわれましたね。それでそのころ、どっかの土地を買ったり、宿屋の貸席みたいのを買ったりしてました。そういうのが万単位だったから、お金を使っちゃったんですねえ。

——じゃあ植草さんは、若だんなだったわけですね。

植草　ああ、若だんなって女中に言われたことがありますね。番頭なんかも、若だんなと。そう言われたのを思い出しましたよ。かしこまった時ですがね。

——そうすると植草さんは三代目らしく、自分の人生を楽しみ始めたということですね。落第なんかなさった時に、おとうさんは何も言いませんでしたか。

植草　そのころは親父といっしょに暮していなかったころかな。下宿生活がしたくてしょうがなかったころと思います。銀映座へはいって、最初の給料をもらったころ下北沢の素人下宿へはいりました。二二、三の時と思います。そこらへんはかなり飲んべえになってから、飲んべえ時代はわりあいに忘れてるでしょ、毎日のことを。

——そういう時代のことを、ある日突然思い出したらすごいことがあるかもしれませんよ。

植草　あんまり思い出したくないことが、かなりおこってるわけでしょう。

——記憶っていうのは全体の風景として思いだしますものね。思い出したくないものって風景じたいがうかんでこないから連想がつかなくなってきちゃう。下町の方の思い出の風景は?

植草　お琴や三味線とかそんなのばっかりきこえてきました。夕方は豆腐屋の声とか、何か売って歩く声がね。

——東京の下町って、良いですね。自動車なんて、ほとんど走ってないころですね。

植草　そうですね。電車なんかちょいとかけて行くと、あっちで待っていてくれました。車掌の方からおっかけてくると、チンチンって鳴らしてスピードおとしてくれたりした。運転手の方から走ってくると、スピードはおとさなくても入口のところへ手をかけてとび乗るってのを、みんな練習したわけです。あっちがスピードだすと、つかまえそこなって地面にペチャーンて。自動車が通りだしたころでも、本読みながら歩いてても、自動車の方がとまってくれた時代でしたから。

いよいよ、植草さんのヰタ・セクスアリスが聞けるぞ! マスターベーションの話から、女郎買いの話、それから、そう、ペニスを大きくする機械を通信販売で買った話まで。

——あと、もうひとつ、ぜひ訊きたかったんですけれども、植草さんのヰタ・セクスアリスっていうのは、どうなっていたんだろうかって、みんな不思議がっているんですが……。

植草　全然ねえ、あのマスターベーションっていうのを知らなかったんです。

——いつごろのことですか？

植草　それはですねえ、ぼくは水泳が好きだった。だから、褌《ふんどし》ばっかりしめていた時代があった。それが、褌締めて、水泳が好きだと、しばらくなくては、気がすまなくなる。ね、それと、背がちっちゃいから、大きくなりたい。それで、畳の上でそういった一種の美容体操みたいな格好をして、下向いて足をもっていると、身体が湾曲しますね。あれをやっているうちに、急に、いい気持ちになっちゃったんですよ。ねえ。不思議なもんだなあっと思っちゃった。

——いくつぐらいの時ですか？

植草　あれはねえ、中学の四年のときだ。その前にやっぱり、中学でもグレたのがいて、「おい、おい、おい。いいもの見せてやるよ」ってね。校舎からはずれたばかりのなかで、ね。

——本ですか、写真ですか？

植草　あの、絵です。

——ああ、浮き世絵ですね、例の。

植草　そんなことがあった。それで早稲田へはいると、もっぱら友だちで、器用なのが、建築科の中にいた。一所懸命に机の上にそういう絵をおいて、下からライトをあてて、半紙をのせてなぞってやがんの。ねえ。そんなことがある。それと同時に、フランス映画「プロテア」っていうのがあった。それが、この「女探偵プロテア」で、とてもいい格好をしているんだけれども、今でも忘れられないのは、彼女がセーラー服を着てる。それが変装をして、海岸のほら穴へ入っていく。ね、出てくると、タイツですね、絹の。ピッタリしてる。そうすると、沖に、船航艇がいるわけ。そこに悪漢がいるわけです。そこへ泳いでいきますよ。それで船の中で格闘するわけですが、その場面は、憶えていないけれど、また、戻ってきて岸へ着いたところ。立つと水でビッショリになって、ねえ……。

——ピターッと身体にくっついているわけですねえ。

植草　そういったあれで、夜、寝ていると、でてきましたよ、彼女が。

——夢の中に。惚れたんですねえ。

植草　うん。要するに変態性欲になっているわけ、ね。そういったもうひとつの映画で、ジャック・フェーデーの有名な「女郎蜘蛛」っていうの。それに出てきた、女郎蜘蛛っていうのは、ピエール・ブノアーのアトランティードっていう例の、女王の国で、砂漠の中の桃源郷ですね。そこの話だけれども、アンチネア女王、それが、もうれつな肉体美でしたね。小さいからそういった、大きいタイプの女が好きでした。だから、そのうち、この、早稲田へ入って、二年ごろでしょう、友だちが、吉原へ連れてってくれた。その時、全然知らないで、入れ方も知らなかったわけ。そういうのを女郎っていうのは好きになっちゃうわけね。そして、翌朝起きたら、そのころの吉原は、朝、豆を売ってあるくやつがいる……。

——豆ですか？

植草　あの、おかずの。黒豆とか煮豆。それを買ってくれて、食べろって言うわけ。友だちが、「お前、もてたよう」っていう。そんなことも知らないわけですね。

——それが初めてなんですか？

植草　そう。それが三年の時、かなり、はっきり憶えていないんですがね。もうすこし、よくおぼえているといいんだけれど、あんまり思いだすのいやだから。

——マスターベーションを知ってから、はやいんですねえ。

植草　だから、ね、そういった体操をやってるときにあれでしょう。そのために、手でのやり方が、まだ知らなかったわけですよ。だから、そういった気持ちになりたくて、褌を締めて、金玉まで緊密にして、体操をやってましたね。だから、あとで褌をほどいてみると、精液のいやなにおいっていうか、それがして、なんだろうって思ってたような時代が、ありましたね。

——でも、不思議だったでしょう、あの感覚は。

植草　実に、不思議だったですよ。

——誰れも知らないことですものねえ。その人間の人生において、はじめて知るっていうことだから……。

植草　それだから、いちばんびっくりしたのは、兵役検査。それでみんながずらりと並んでいる。「みんなすっ裸になれ！」すると計りがおいてあるそばの試験官が、ちんぽこの先をめくりましたよ。そしたら、まっ白になってましたね。それで、そのまんま、パスしたわけだけれども。なんにも訊かなかった。まだ包茎だったわけですね。だから、そんなこともあっても、そういったいい気持ちになったあとで、新聞みていると、ペニスを大きくする機械があるわけ。あれ、親父に内緒で、金を送って、通信販売で買いましたよ。そうしたら、どうゆうもんだと思ったら、この、ガラス容器になっている。それで、反対側にすじがついていて、ゴムになってて、そのゴムをおすと、内部が真空になるわけね。そおっと見てると、段々大きくなるわけですねえ。そう大きくはなりませんでしたけれど。ねえ。だから、ジーン・ハーローの伝記を読むと、亭主が、インポテンツで、それを同じような機械を使って大きくしたりなんかして、読みながら吹きだしたもんですよ、おもいだして。で、吉原とか、そういう所へいくでしょう。そのころは、表へ並んでいたわけ。だからわかるわけ。

——お女郎さんがですか？

植草　ええ、からだの大きいのばっかり探して歩きました。そうすると、さすがに足を広げて入れても、ゆるゆるだったですねえ。

——好きになっちゃったこととか、そういうのは無いんですか？

植草　ほんとうに好きになったっていう経験は、ないですねえ。

——惚れられたってことは？

植草　あんまりないんじゃないですかねえ。要するに小さいから、あんまりそういった魅力が、ないわけですよ。

——可愛いがられたんですね。

植草　まあ、そういったあれは、あるかも知れないけれど、しかし、やっぱり、東宝にはいったころ、要するに酒の味がつまんなくなったのは、前にきれいな女がいないから、酒がまずいわけ。そのころのバーには、かなりいい顔のがいたわけ。そうすると、そこへよくいくわけです。でも、ぼくより前に、その女の子が好きだった客がいるわけ。それと並ぶわけです。そうしていると、相手のそんな馴れあい言葉が、むかっとくるわけです。それで、けんかをはじめるんです。

——じゃあもう、だいたいさんざん、遊ばれたわけですね？　お酒も飲んだし、女にしても、いっぱい遊んだし。本もいっぱい読んだし、映画もいっぱいみたし。

植草　かっぱらいもやりましたよ。

——えぇ？　いつですか？

植草　それが、おもしろいんだ。やっぱり東宝時代。いっぱい酔っぱらって、飲む。新橋あたりを歩いている。そうすると、一山いくらのみかんが、いっぱい並んでいる。そのいっとう上のを主人がみてないところで、かっぱらうのがうまかった、ぼくは。

——でも、一種のあれは、恍惚状態でしょう、取る瞬間っていうのは。

植草　そう。そうしたら、一緒に飲んだ友だちが、見てて、「俺もやってみる」って。すぐ、みつかっちゃった。「悪い、悪い」ってあやまってました。そうしたら店の主人が「お前ねえ、お前はしょっちゅうやっているのを知っているよ」って。「うまいから、黙っててやったんだよ」って言われた。だーっとなりましたね、その時は。それと、酔っぱらうと、看板けっとばして歩くのが、おもしろいの、また。で、やっぱり一時ごろ、新橋の裏を歩いてたら、「靴なおします」って看板がでている。それっとけっとばした。そうしたら、「このやろう!!」。ガラス割りやがって、はだしで、飛び出してきた。そのときは、逃げだしましたよ。数寄屋橋公園まで追っかけてきた。

——走ったんですか？

植草　走ったあ。

——タフだったんですね。

植草　それと、二度ぐらい死にかかったのが、飲んべいのころだ。東宝の忘年会があって、みんなで飲んでいるわけ。そうすると、ウイスキーなもので、「お前もうこれでやめろ」って、もうあといっぱいってところで、意識がなくなっちゃったり。そうじゃないときは、いい気持ちになって、丸太の橋のうえを酔っぱらって、そこを通りましたよ。

——落ちずに？　渡ったあとびっくりしたでしょう？

植草　ねえ。酔っぱらった話なんていうと、そういうことばっかりです。

——意識がなくなっちゃうまで、飲まれたわけですか？

植草　まだ、大丈夫。とたんにね、紙ひとえのところで、ウイスキーの飲みすぎをやるわけです。日本酒にはそれがないですね。

——やっぱり気持ちいいものなんですか、お酒飲んでいて、その辺までくると？　すうーっといけるんですか？

植草　日本酒の場合は、飲みすぎて、たいてい友だちがいて、往来のまん中ですわっちゃったり。いちばんいいのは、いつだったか、毎晩のように銀座へ行ってたことがある。銀座へ出ると車が止まってる。ね？　そしたら友だちのひとりが、からかって、「おいお前、あの上へ乗れるかい？」「乗れるよ」というわけで、表のあれから屋根に登っちゃいましたよ。屋根からあたりをながめまわし、運ちゃんは乗ってるわけですよ。しょうがないから、それで、銀座通りましたよ。みいんな見てた。そんなの平気だったこともあるし。そう、それからねえ、それと同時に、やっぱり暮れなんか忘年会やって、そのころ銀映座にいたころで……。

——どこですか、それは？

植草　神田の。

——神田の銀映座、ですね。

植草　それで、どっかの料理屋へいく。みんな、ぶっこわしちゃう。いちばん今でも、ちょいと、冷や汗がでるのは、やっぱし、かなりいい料理屋でのことだった。正月から、襖を変えるので、隣の部屋で障子屋が、きれいな紙をはりかえて、襖にはめこんだところを、こっちから飛びこんでいって、やぶいちゃった。翌日全部、それが、会社へつけでまわってきたりしました。

——やりたいことやっていたんですね。

植草　ええ。とにかく、二階へあがると、そのころよく、丸い窓で、中に竹で十字のはいった窓、ね、あれを飛びこんで、ぶっこわしちゃった。なにしろ、いちばんおもしろかったのが、乱歩のとき。乱歩が新年会を池袋の大きな料理屋でやった。そのときに、ねえ、誰かが「このとっくり、持っていかれるかい？」っていいやがる。「こんなのへいちゃらだよお」って、三〇本ぐらい、オーバーの中へ入れちゃった。それで廊下をひっぱって、下足まで歩いた。そしたら、下足が気がついたか、全部だしちゃった。時間も遅いし、もう家へ帰れないので、そのまま池袋の宿屋へとまった。朝起きたら、乱歩からだと言って、その三〇本のとっくりがおいてありましたよ。

——でも、植草さん、友だちって多いですねえ、すごく。

植草　多いかなあ。

——いい人ばっかりみたいですねえ。

植草　だから、やっぱり、いちばん、この女の子に惚れたっていうのは、中学の四年から五年まで、神保町で「考え方研究社」っていう、まあ、浪人中ですねえ、そのころ、神保町の裏が、東京でいちばんいっぱい喫茶店があった。その角に、丸いつくりで、リリアン・パーラーっていうのがありました。

——喫茶店ですか。

植草　ええ。そこの女の子が、可愛い顔をしていて、神保町にいくたびにそこへいって、コーヒーを頼んで、その子の顔ばっかり、見ていましたよ。えへへ……。なんにも言わないで。そうして、あっちがもし、にこりっとしたりする……。そうすると、いい気持ちになっちゃうんだけれども、それで、今度は早稲田へ入ると、グレだして、渋谷の百軒店が、できた。そのころの百軒店のバーっていうのは、良くって、それでショーボートが、そのころはやりだしていた。その場合は「バレンシア」とか、「モナリザは何故微笑う?」そのひとつの曲が、二〇ぐらい種類があって、そのひとつを思いだすたんびに、それをやっていたバーが記憶に出てきて、そこで、好きになった女給のつらが、浮かんだものですね。それが、ずいぶん長い間続いたんだけれど、もう、そのイメージも出てこなくなりました。

——考え方研究社っていうのは、なんですか?

植草　考え方講習会っていって、そこへ、水曜日かな、行くわけです。きったない校舎だけれど、そこへいかなくては、一高へ入れないよっていう、ジンクスがあった。

——予備校みたいなものですね。

植草　予備校ですね。それが錦町にありました。そうすると、すじ向かいの講堂で、左翼の演説ですよ。ぼくはそこへいっちゃうわけです。

誰にでも青春はあるという。しかしこれは嘘だ。ほんとうにいきいきと生きてきた人間だけしか、青春を持つことはできない。そのようなひとにとっては、青春とはたかだか一四、五歳の年齢のときに一瞬かいま見ることのできる輝きではなく、生きているということ自体が青春なのだ。ぼくはこのインタビューをおこなっている間、これまでとても嫌いだった言葉、『青年』を思い出していた。植草さんは、いつの時代においても、生きていた。そして、今もなお、いきいきと生き続けている。青年とは、年齢に対して与えられる称号では断じてなく、あるときは迷い、あるときは全力で走り、あるときはゆっくりと歩く、決して立ちどまることのない人間に対してのみ、与えられるべきものである。植草さんは、この意味で、ほんもののロックンローラーであり、青年であると思う。誰もが青年になれる。ほんのすこし、考え方を変えさえすれば。(北山耕平)

時は春。その昔、まだ東京に江戸の雰囲気が残っていたころへと、タイム・マシーンは飛んでいく。下町のお正月には、みんなひとつ年齢をとるのが嬉しいといったムードがあふれていたらしいのだが。はたして——。

——下町のお正月というのは、どういったふうなんですか?

植草　五〇年前になるんで記憶がボヤけていますが、師走になりますと、中産階級ではすご六とか、大きな紙に碁盤目を書いて、そこへお菓子をのっけて、さいころをふってとるとかいう遊びがいくつかあったから、まずそのためのお菓子を買い集めます。それがおもしろいわけです。そのころは人形町が、ぼくの歩く方の遊び場所でした。縁日を中心にぶらつきますと、まず羽左衛門とか切られの与三とか似顔絵のついた羽子板のかなり良いのが、表のところへずーっとならんでる景色が目につきます。それと松飾りの競争になるんです。あすこの松飾りはでっかいねえっていう。特に子供には、大きい小さいで、えばれたりするわけです。それと今の子供の遊戯にでてこない昔の遊びだけれど、松の葉をとって、両方から綱引きして遊ぶのを、みんなして楽しんだりしました。女の子は、ほおづきとお手玉。「さいりょうだんは霧深し」っていうような、ね。男の子は魚河岸の方に、何軒かいい凧屋があるんです。そこへ買いに行きます。いちばんやさしいのは、とんびの恰好したとんび凧っていうの。これは誰にでもあげられるんです。それがダルマなんかで、目が金色になってて、とぶと目がグルグル回るようになってたりしました。その凧をあげるのもおもしろかった。それと、二五日ぐらいになると、表でみんな羽をつきだす。店の小僧なんかも一緒になってつく。そんな時、羽子板の良い悪いなんかが、ずいぶん言いあいになったりしました。ぼくの家は木綿問屋なんです。家はそのへんに住んでいるもののとおりことばでいうところの裏町《うらちょう》から、川ぶちの方へつきぬけているわけです。そいで川ぶちに蔵がある。たいていの家が、そんなふうにワンブロックのスペースがあるわけです。そういった家の表玄関が通じてる裏町で、ゲームをして遊ぶわけです。

お正月になると、おそなえとかおかちんなんかがならびます。家でお餅はつきませんでしたが、懇意のお菓子屋が届けてくれます。元日のおぞうに、三日のおぞうにと七草っていうのがあって、それまでにいろいろ変わっていくわけです。そのうちあずきをつかったおぞうになんかがあって、七日目には「なんなん七草、せり、なずな」っていうんで、いよいよしめ飾りやなんかをかたづける時になりますね。そいで、七日が過ぎてしまうわけだけど、女の子は、百人一首の、かるたのとりっこです。これがいちばんのイヴェントでしょう。どのくらいうまいかって、競争ですよ。上の句を詠んだとたんに、前にならんでるのを親指なんかでとばす。女学生の三年くらいになると、ボーイフレンドができてるのが普通だ。それが不思議にそういうかるた会で、女どうしのやきもちも混じった喧嘩になる。いい調子になってきて二時間くらいたつと廊下でそれが始ったりしたもんですよ。ぼくは、どうしても上の句から続かないで、とられちゃったりして、そばで見てるだけでした。だからもっぱら屋根に上って、凧を上げていましたよ。屋根に物干しがあるんです。そこであげるんです。凧を上げる場所は屋根の上か日比谷公園。だけど、日比谷公園でのは凧より飛行機なんです。プロペラの。だいたい下町の子は凧は物干しの上であげます。隣りはそう接近してませんが、五〇メートルくらい先で、だいたい一〇くらい上がってることが多い。そうすると、あっちの凧へこっちのをひっかけて、あっちのをおっことしちゃう。ぼくは凧をあげるのはうまかった。あがるとブーンブン音のする、細い、にかわみたいな何とか言うひげをつけたりね。それとうまくなると凧を大きくする。尾っぽがながくなる。だからうまくやらないと、電信柱に尾っぽがひっかかったりするわけですよ。とにかく大きいのを、糸をまいたのを両手でひっぱってグルグルーッとやるわけです。風の少し強い日は物干しから下へ降りて、めしを食べてまた上がってくる。するとたいていフワリ、フワリっとおっこちかけてる。それを一所懸命糸でひっぱるわけです。間に合わない時は遠くの方の屋根の上に凧が横になって寝ていたりする。またはひっかかっちゃって、どうにもならなかったりする。すると、おりて歩いていって、凧がひっかかっているからといって、とってもらったもんですね。親指のつけねが、ひもがとんで行く時にすれちゃいましたよ。赤ぎれみたいに。

——屋根の上から凧あげるなんていうのを聞いて想像すると、その時代だと自分たちの屋根より高いのはないわけですよね。そうするといちばん高いところにたってるわけでしょ。どんなふうに見えるんですか？

植草　屋根ばっかしですね。

——遠くまで見えました？

植草　かなり遠くまで見えました。深川あたりまではだいたい見えるでしょう。両国の花火は、全部屋根から見えたものです。ほとんど、目の前くらいの上空でパアッってわかれましたね。

——日本橋からだと海は見えないんですか？

植草　それほど屋根が高くないので見えませんね。

——空はきれいだったですか？

植草　富士山なんかしょっちゅう見えました。

——日比谷公園で飛行機あげてるなんてのはすごい不思議な話なんですけど。

植草　今の音楽堂のあたりが広い原っぱで、そこへ日曜あたりになると二百人くらい来て飛行機を飛ばしてんです。それがうまいのになると距離がいいんですよ。かなり、それくらいの模型飛行機をとばすのは難しいんです。途中でまっすぐにおっこったりしちゃって。だいたいゴムを買って、普通手で巻くとこぶができるんです。だから鉛筆けずりみたいな、ゴムを巻く機械があったりしましたね。近所にずーっと年上の人がいて、そこへ行くと一緒に作ってくれました。

——初めから、作るわけですか？

植草　そう。細いやつね、竹ひご、あれから作るんです。

——それに紙をはるんですか？　昔なつかしい、本当の模型飛行機ってやつですね。

植草　そうなんです。プロペラなんかは、今の機関車の部品を売っているような、ああいう店にあったわけです。

——日本橋で作って、日比谷公園まで持って走って行くんですか。

植草　やっぱり模型飛行機には日比谷公園くらいのスペースがなくちゃだめなわけですね。

——飛行機といっても五〇センチぐらいあるわけですよね、それを持っていくわけですか。

植草　そう、友だちとね。

——行き方としては、銀座をぬけて行くわけですよね。時代としては、そんな銀座が賑やかじゃないころですか。

植草　そうですね、銀座はねえ。まっすぐに日比谷へ行っちゃってますねえ。あすこはどうどうなんだろうなあ。だいたい茅場町へ行って、ずっと行って、銀座へ出て日比谷でしょうねえ。

——歩いていかれるんですか？　地下鉄でも駅でいうと四つくらいありますね。

植草　歩いていきます。浅草ぐらいまで歩いて行くの平ちゃらでしたから。

——いくつぐらいの時ですか。

植草　その飛行機をあげたのは、小学校の三年、四年、五年ごろですね。

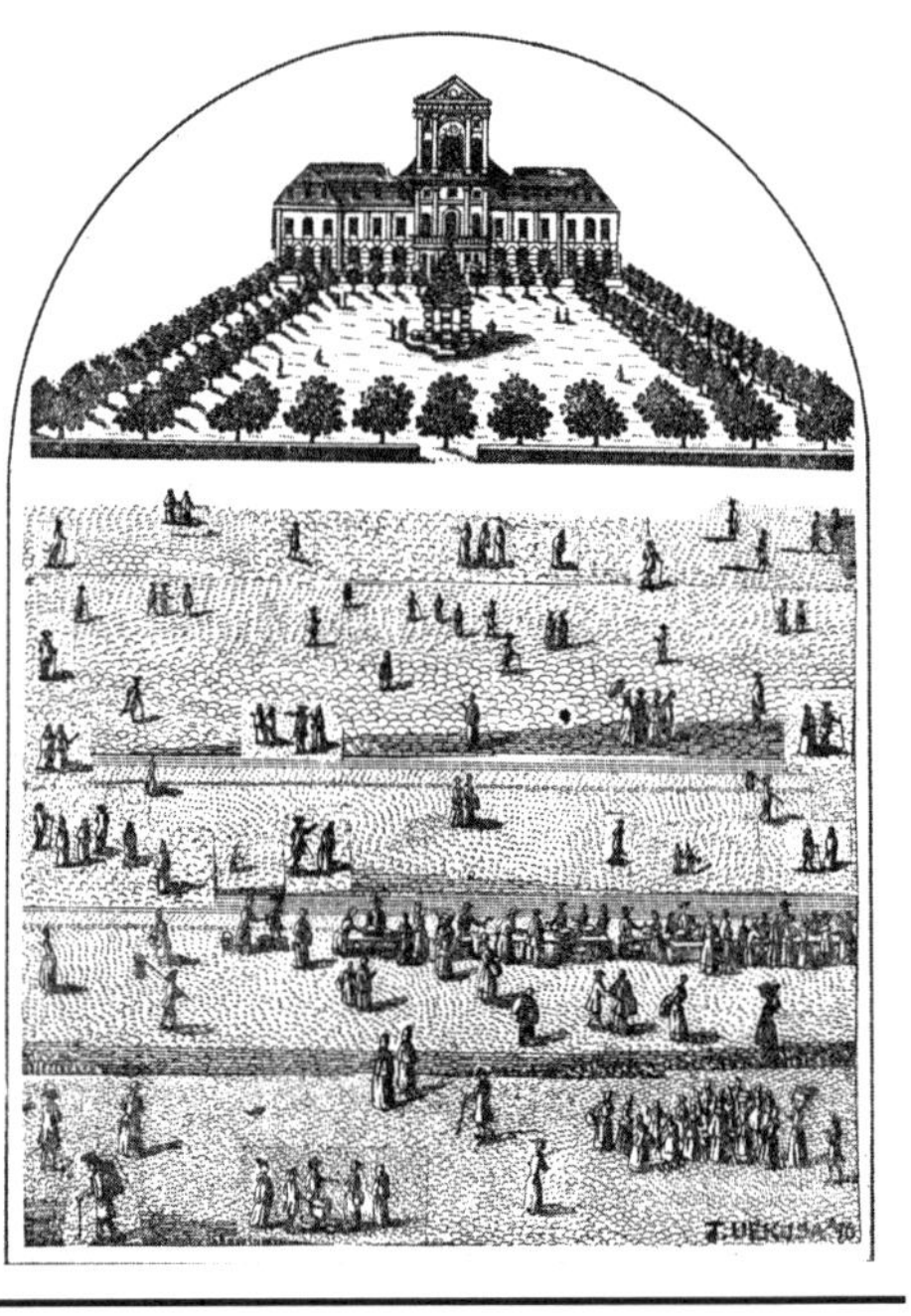

——想像できないって感じがするんだけどな。やっぱり、寒い日は帽子なんかかぶって行くわけですか。

植草　学校の帽子かなんかかぶっていましたね。一生懸命、徽章を磨いたもんですよ。

——だいたい小学校って、同じことをやっているんですね。

植草　そうでしょ。まあ子供のゲームでいちばんおもしろかったのはベーゴマね。自分ではかなりうまいと思ってたんだけれど、やはり上はいましたよ。ベーゴマの写真なんか見ても、もうすでに新しいタイプのベーゴマね。当時は古い良いベーゴマっていうのがあったんです。作り方がいいっていうのか。それと、どうやってそれを強くするかっていう技術があるんですね。

——こすりつけたり、ろうをぬったり……

植草　ええ、けつを低くしたり、鉛をとかして、それをろうでとめたり。たいていベーゴマっていうと舞台は四角いゴザでしょう。それがうすべりっていうんで細長いのを使うんです。畳のゴザ、あれを細長くたたんで、水で真ん中をへっこまして、両方の山のはじっこからおっことしてって、かちあわせる。普通まーるいのだと、真ん中へおっことすでしょ。そこがちょいと違うんで、その日によって、その両方をやりましたね。

お巡りさんが時々やって来ると逃げるわけです。それを女の子が見張りをしているわけです。

——いけないことだったんでしょう、公然とやることは?

植草 そうなんです。笑っちゃうんですよ。

——下町のその時代というのは、男の子も女の子も仲良く遊んでたんでしょうね。

植草 そうです。いっしょに遊んでます。

——見張りしたりして。女の子はそれがまた楽しいんでしょうね。何人くらいといつもいっしょに遊びましたか。

植草 だいたい五~六人でしょうね。女の子がいつもふたりくらい混じってますね。それとうつし絵とか、屋台の飴売りなんですけど、それが来てた。紙芝居のいちばん最初のやつですね。

——影絵みたいのをうつすんですか。

植草 いや影絵じゃなくて、おでんの棒みたいのに紙がさしてあって、それをくるっとひっくりかえすんです。

——あっ知ってます。顔みたいのが描いてあるんじゃないですか。

植草 そう。そこに歩いていく科白がかいてあったりする。それが時間が決まっててやって来る。するとみんなが集まってくる。何かしらひとが集まると、しんこ細工がでてきたり、寒天屋が寒天で軍艦の形を作ったりするわけです。そうかと思うと朝鮮人がこよりをやって当てる。これは子供には無理で大人が当てたりしていました。そういったひとつの裏町というとおりに、一日中何かしらそういう店がまちまちの時間に出るから、そこへみんなが集まる。

——カウンター・カルチャーですね。そちらでできあがってきた文化って大きいですものね。それだけ芸人さんとか職人さんが来てくれるってのは、いい所でしたね。すごく、いい東京で育ってらしたんですね。

植草 売り出しのドンチャン、ドンチャンていうチンドン屋はなかったですよね。それとお正月にはお獅子が来ました。

——そういう、良い東京があったっていうのを、いろんな人にしゃべっておいて欲しいんですよね。

植草 そうですね。一月が終ると、こんどは節分の豆まきですよ。おもしろかったですよ。入口が広いでしょ。あっちでもこっちでも小僧や番頭が、「福はうち、鬼は外」って、豆をまく。あのおもしろさはちょいとなかったですね。まいて、そこの戸をガチャンと閉めるわけですよ。鬼がはいってこないように。とんで夏になると両国に、菊人形なんてのができるわけです。両国の国技館に。そこでお化け大会があったり、ほら穴大会なんかあったりするわけです。菊人形っていうのは有名でした。侍さんの鎧に菊がいっぱいついてたりするあれです。

——やっぱり小さいころっていうのは、歌舞伎とかおすもうなんてのに連れていかれたんですか。

植草 ええ時々行ったのを思い出しますね。すもうは新聞社が裏《うら》町《ちょう》にあって、今でいうと新聞社の前で碁の解説をやってるでしょう。ああいったかんじで、東方、西方の番付がズラリとならぶわけ。その前でノートブックに一〇日間の番付を書いといて、自分でまるをつけていく。それをみんなやってましたね。その前で子供たちが、あれが勝つ、これが勝つと言ってる。そこへどんどん焼き屋の車が出てきたりするような雰囲気です。

——いいですね。本当に下町って感じですね。やっぱり番頭さんや、そういう人たちは植草さんのことを、坊ちゃんと呼ぶんですか?

植草 坊ちゃんとは言いませんでしたね。坊ちゃんてのは、むしろ山の手のことばでしょ。やっぱし、甚公とか甚ちゃんとか、よくミジンコってあだなをつけられた。

——友だちの名前って、まだ覚えてらっしゃいますか、呼び名で。

植草 覚えてないねえ。徳ちゃんてのはいるし、風間のまんちゃんてのは変わった子でねえ。それもほかのに書いたけど、すぐ隣りがお風呂で、お風呂行く時塩せんべいを持ってく。「なんだい?」って訊いたら、お風呂につけてやわらかくなったら食べるんだなんて。そういうのでもっとおもしろいのがあったのを忘れているわけでしょう。LSDなんかやるとそれを思い出すわけですね。

——東京っていうのにそういう時代があったのを誰かが言ってくれないと、どんどんそういうのがなくなってったほうが良いんだと思っている人もいるから。やっぱり、そういうところがないと、文化って育たないと思うんです。いわゆる裏町の文化って、本当のカウンター・カルチャーですしね。

植草 一一月、一二月に銭湯へ行って、帰りにぬれた手ぬぐいをふってると、そのまま凍っちゃったころですからね。ともかくお正月になると、みんながひとつずつ年をとるのが嬉しいってかんじがでてましたね。

どう考えてみても、植草さんが経験してきたようなお正月をぼくたちは持っていないから悲しいとか、淋しいなどと言うつもりもない。かつての東京は、ただ正月に関係なく、非常に人間的な町であったということが、とてもよく理解できた。そして、この人間なるものを、ひとつひとつ壊していくところから、現在の東京は生まれてきている。そして、それはまた誰の罪でもなく、人間が辿らなくてはいけなかった歴史でもある。失ったものも多かったが、反面手に入れてきたものもまた多い。言えることは、当時の下町の人間が持っていた、日常生活を自分自身の目で眺める見方を、ぼくたちはぼくたちが育ってきた歴史のなかで、どこかに置きわすれてきてしまったみたいだ。ぼくは、ぼく自身を捜しに行こうと思う。君も乗ってみないか、このタイム・マシーンに。(北山耕平)

五、六〇年前の風景を見てみたくて。それはしかし、絵とは異なって、どんよりとしていたそうだ。現在の東京はニューヨークとくらべて、ほとんどが落第だし、どうしよう?

——もしタイム・マシーンがあって、自分の過去の時代で、ひとつだけもういっぺんよく見てみたいってとこへ行かせてくれるっていわれた場合、そこらへんの子供の時代へ行かれますか?

植草　今、江戸とかああいった時代がブームになっているけれど、みんなのイメージほどいいところじゃないわけです。ひとくちにいうと、明るいかんじはしないわけです。どっちかっていうと、ぼくの東京っていうイメージはどんより曇った街の中ってのが圧倒的ですね。

——見事にパカーッと晴れてる感じがないんですね。

植草　往来ってのも、コンクリートとかそういうのもないわけですからね。銀座の煉瓦通りというけど、ぼくは知ってるけど、別におもしろくも何ともない。あすこに柳がはえてた。それなんかでも、別におもしろくない。だから、五〇年前、六〇年前の東京ってのを美化しちゃったのがみんなの頭の中にある。ああいった古い錦絵みたいなものを見て。だから実際を見てないもののイメージの方が、ずーっときれいになっちゃってるわけですよ。

——錦絵のカラーってのはクリアーですからね。じゃ、ニューヨークなんかいらっしゃるとすごいクリアーな明るさですか。

植草　そのころのニューヨークの街の写真ってのは、かなりあるわけですよ。東京はほとんどない。良いのは外人が撮ったものにあるんですよ。

——そうですね。バートン・ホームズなんか。

植草　どっかの写真屋にたまたま昔のがあると、近藤勇らしいのがチョンマゲで映ってたりする。かんじんの街の特色をだした遠景の写真がない。まあ震災くらいになるとカメラがそうとう出回ってるから、今まで見てない写真なんかで、おやっと思うのがあるけれど、そういうのは一種の残酷写真ですからねえ。遠景のいいと思うのがないわけです。

——そういう街の風景なんかを良く覚えていらっしゃいますよね。大切なものですね。

植草　だから、そのへんを長い間かかってスケッチした人もあるでしょう。でもそのスケッチをした人が、司馬江漢ぐらいの、洋画の遠近法の技術をもっていれば良かったんだけれども、やや素人的なものですね。だから江戸、明治、大正の日本人は近いものばっかり見ていたって気もしますね。

——植草さんは、ほかの地区をほとんど知らず東京で育ってこられたわけですね。それから、ニューヨークに行かれたり、日本でも札幌に行かれたり、体験もそれだけ増えてきて、過去の東京をふりかえってみたりすると、あらの方がめだちますか?

植草　現在の東京においては、昔の東京っていうのは、ほとんど問題外でしょうね。現在の東京では、原宿の青山通りの一部、新宿副都心以外のところを歩いてると、ニューヨークと比べたくなって、全部落第ですね。

——ニューヨークの街の作り方っていうのはそんなにうまくできてますか。

植草　一八一一年、一四丁目まではヴィレッジになって、道がななめだらけなのを、まっすぐにしようっていうことになった。それまでは、岡と沼地と川だけだったのが、一四丁目から下は全部たいらになっていた。そこへ都市計画委員会みたいなのを開いて、どうしようかっていっても、いくらやっても意見がまちまちだった。そしたら、その時癇癪をおこしたひとりの委員が、煉瓦を作る網、おそらく上からおすと同じ恰好の煉瓦ができるのを大きな地図の上において、このとおりにすれば良いだろうって言った。それで基盤わりができちゃった。京都も基盤わりになってるけど、歩いていて、基盤わりになってる気がしないでしょ。そこが、ニューヨークの基盤わりと違うわけです。

——やっぱりそうなってくると、ニューヨークの方が東京より好きですか。

植草　そうなりますね。

浅草へは小僧さんに連れられて、ニコニコ大会を見に行ったもんですと言いながら、エノケンの話を経て、ジャズとの出逢いまで。小旅行はまだまだ続く。

——植草さんのころから山の手というものはあったんですね?

植草　ありました。市ヶ谷あたりからだいたい山の手って言っていいでしょう。下町と山の手の違いは日本住宅と洋館の違いだって言ったって良いような気がします。

——植草さんは下町の真ん中にいらしたわけですね。浅草とかそういうところへは、よくいかれたんですか。

植草　浅草は日曜なんかによく行ったけど、あんまり大ぴらに行けなかったですね。人形町から、三〇分くらいで行けちゃう近道もありました。お正月とかやぶ入りっていった時に小僧が連れていってくれました。小僧は、〝ニコニコ大会〟を見るのが好きなんです。チャップリンやキートンの映画です。だから、その大昔のを見てるんです。今でもいちばん見たいと思ってるのは、キートンの「即席百人芸」。すじは忘れちゃったけど多勢人がでてくるんです。ある場面では客席に四〇人ぐらいならんでいる。それがみんなキートンの顔なんです。ずいぶん手のこんだ二重焼きですよ。キートンが発明したやり方なんですね、そのテクニックが分かんないらしい。それほどうまいもんでした。見たのは小学校の四年ごろですね。笑いころげるより、ポカンとしちゃいましたね。やっぱしあれもキートンじゃないかと思うけれど、ガラスの前で頭を上げたり下げたりしてるの。何だと思うと、ドーナツをあげてるの。そうすると、ひとつころがるの。道の真ん中をコロコロ、ころがってくのをキートンがおっかけるの。先の方に池がある、そこには白鳥がういてる。ポコーンてその首にはまっちゃったりする。それがギャグのひとつのおもしろいタイプでしょう。

——小僧さんて、やっぱり映画見に行かれるわけですか。

植草 映画を見て、浅草の仲見世に天ぷらとか安いものがいっぱいならんでるんです。そういうのを食べたくなるんでしょう。

——植草さんは、浅草のどういう所へ行きたかったわけですか。

植草 やっぱし、映画の通りですね。ひとつ終わると、あっちでもこっちでもリーンリン、リーンリン鳴っているんです。うまくこっちが終わると、あっちが始まるように、何軒かあるわけです。だから浅草に行くと一館ではすまなかったわけです。

——寄席とかそういうのはどうですか。

植草 寄席は人形町に良いのが二〜三軒あったわけです。姉が寄席が好きなんで、時々行ってました。こま回しなんてね、雨傘をひろげて、その中でこまを回すんですね。どうもあれは、こまにひもがつけてあって、うまく真ん中へくっついちゃうらしいですね。それから、浅草の玉乗り。大きな玉の上に白いタイツを着た女の子が乗って、ゴロゴロまわしていたりしました。それから有名な女の手品師の松旭斎天勝、あれも見ています。裃を着てね、きれいでした。アメリカでうけたのは、ワン・トゥ・スリー・フォー・ファイブ・セックスとやった。シックスていうのをセックスとやってうけた、というような。伝説でしょうけどねえ。その後、早稲田へ行くころになると、カジノ・フォーリーのエノケンなんてのがでてきたわけです。エノケンのファンでした。おもしろいことに、エノケンが舞台でおならをしたんだ。みんなが臭いぞ、臭いぞって言って、いっしょに笑うわけですよ。

——ストリップなんかごらんになったほうなんですか?

植草 見てないんです。全然。

——そうすると、あい間に喜劇をやってきたコメディアンの渥美清みたいのは、もう知らないわけですか。

植草 そうなんです。飲んべえになって、ジャズが好きになって、ナイトクラブなんかへ行くようになってました。"コスモポリタン"なんかへ行くと、ハナ肇がほとんど無名で出てきて挨拶したもんです。ひとつもおもしろくなかった。それがあれだけになっちゃうんだから。うまく波に乗ってますね。

旅はいよいよ終りにきて、下町の不思議な世界から現実の世界へとゆっくり舞い戻り、植草甚一さんから、読者のみなさんへの、メッセージ。あなたはこれで救われる!

——下町っていう雰囲気は憧れですね。

植草 まあ両国の川っぷちでしょうね。「第一」って書く、一流の料理屋がありました。ぼくの一時代前の江戸っ子は両国橋の近辺が遊び場だったわけです。うちの親父なんかはお寿司が好きで、ぶらぶら川っぷちの屋台の寿司屋なんか行って食べていますよ。親父がひとりで行きましたね、ぼくはお寿司っていうのはのり巻きだけしか食べられなかった。魚河岸に「梅むら」ってしるこやがあってそこがおいしかった。そうじゃなければうなぎやですね。だいたい近所から出前でとってたものです。

——冬は暖房はこたつですか。

植草 そうです。しかし勉強するのはこたつじゃだめで、机に向ってすわって、そばに火ばちをおいて、手をあぶりながらやったもんです。こたつでは寝ちゃうんです。

——家で何か動物をお飼いになりましたか。

植草 飼わなかったです。そのころの女の子は猫くらいですね。要するに独身女、中年増がだいたい猫を飼ってた。隣りの路地にお勝っあんという、お琴のお師匠さんがいて、しょっちゅう猫を膝にのせていた。ぼくは遊びにいくと、こたつの上へお菓子をのせて、猫がとびあがると中へおっこちるようにしましたよ。

——いいですね、横丁にお琴のお師匠さんがいるなんて。いろっぽい街ですね。芸者さんなんかもいるわけですか。

植草 ぼくの小学校の女の友だちは、たいてい芸者さんになってるわけですね。

——早熟だったでしょう。

植草 全然興味がなかったですねえ。しょっちゅうまわりに女姉妹が、四人いるでしょう。だから逆に興味がなくなっちゃう。姉がひとり妹が三人、いましたからね。霞町を六本木に歩いていくと、右側に善光寺の流れを組む、小ちゃなお寺があるんです。それはうちのおじいさんが、自分の失恋した妹のために建ててやったものだっていうことです。

——川端康成さんなんかの年代と近いわけですか。

植草 近いけれど、別世界ですね。東京の人間じゃないから、違った世界を作っちゃってるわけですね。

——「伊豆の踊り子」に出てくる学生がいますね、はかまはいて、下駄はいて、帽子をぴっとかぶってるような。そういう学生だったんですか。

植草 本郷の通り歩いてると、一高の学生がほうぼうで歩いてましたけど、早稲田の理工科は靴です。あれは一高独特のもので、一高落っこち時はうらやましく思ったものです。ぼくは親戚の者がくれた背広か、赤くなっていたから職工服です。そのころ築地小劇場から始まって、ルパシカが流行《はや》っていました。着たかったですねえ。それに似たビロードかべっちんの支那服があって、それを着ていました。制服を作りたくても、そんなお金は他の方にまわしちゃいましたから。やっぱり飲むほうにですね。夕方になるとそいに来るんですよ。「一円五〇銭しかないよ」って言っても「おんの字だ」っていうものです。どこへ行くかっていうと、浅草の龍泉寺っていう樋口一葉の巣だった、要するにスラム街です。いちばん貧乏人の商店街です。そこいらへんに友だちがいて、その友だちの顔のバーがあるんです。そこの女の子をみんなはっているんです。

――はるっていうのはとりっこですね。植草さんもそのひとりですか。

植草　ぼくはお金を出すほうでした。むしろこっちは飲み方と、飲む量を多くするのを教わったようなものです。

――植草さんは同世代の人と比べるとアバンギャルドな生き方にはいりますよね。

植草　その当時のアバンギャルドなものにはみんな興味を持った。「死刑宣言」の萩原恭次郎とか村山知義とか。そうすると、今度は築地小劇場。近頃、千田是也の自伝なんていうのが出てて、昔をよく思い出しますよ。しかし、そういうのを思い出してもあんまり嬉しくないですね。

――じゃ、今いちばん嬉しいことって何ですか。

植草　やっぱりニューヨーク歩いてる時のこと思い出すのがいちばんおもしろいです。雨が降った日はがっかりしました。たいていやんじゃうんですが、そのまま降り続く週があるんです。特に日曜なんかだと行くところがあんまりなくなってきたりした。

――ニューヨークに長い間行っているっていうのは、ひとつのトリップですものね。

植草　だから、もういっぺん行ったらあきるかもしれないけど、きっとまた変化がおこっているでしょうね。

――下町的な人間というのはお好きですか。

植草　だめだなあと思います。

――きっすいのニューヨークっ子と違いますか。

植草　そこまで、まだ比較ができない。というのは、ぼくの時代の下町ってのは、ほとんど純粋の東京っ子が多かった。ニューヨークはいちばん国籍の多いところでしょ。去年は気がつかなかったけど、今年はユダヤ人の街だなあ、と思ったものです。

――日本の下町の人間がダメだなあと思うのには理由があるんですか?

植草　自分自身がそうだから、どうにでもなるだろうっていう、気まぐれな性格のことですね。金があって、なくなりかけた時に、どうにかなるだろうって思う。そこで、どうにもならなくなっちゃった人間が、あんまりにも多いんです、下町には。だいたいそういったのは、芝居で身上をつぶすのが多かった。芝居の俳優に好きなのができて、一種の友の会みたいのを作って、パトロン気分になってごきげんになっているのが、ぼくよりも七つくらい上の、明治三〇年代生まれの者に多いですね。そのころ、商人が景気が良かったと同時に惣領息子がそういうことになった。

――お小遣いは一日いくらぐらいもらってたんですか?

植草　一日、五〇銭くらいです。一〇銭くらい残ることがあって、友だちがきたりするとき一円五〇銭くらいになっている。翻訳とかアルバイトやっているんですね。

――一日五〇銭あると、かなり遊べたわけですか?

植草　バットが六銭か七銭。それとカレーライスかなんか。神楽坂とおってどっか行ったり、渋谷の百軒店に出たりもしました。それでも早稲田の古本屋なんかで、そのころすでにフランスの小説買ってますから、そこいらへんの小遣いの出方がどうもはっきり記憶にないんです。

――本をお売りになった経験はありますか。

植草　一時はしょっちゅう売ってたんです。だいたい売らなくちゃ、買えなかったですからね。

――レイド・バックするには金がかかる、という人もいるし、ある程度お金は必要ですよね。植草さんみたいに本がどっと売れて、ある日大金がはいった時はどういう気持ちですか?

植草　とにかくそれまではその日暮らしで原稿書いていたわけでしょ。日記読んでみたらある年の終わりに一〇万円残って、もう喜んでいたわけですよ。そういう時五〇万円はいってきた。その時の本当の気持ちっていうのは、もう忘れてますけど、はいった時、二〇万使おうと思いましたね。それで何に使おうかなってその楽しみだったですね。

――使いましたか?

植草　ぼくはケチだから、パッと使うんじゃなくて、ちょびちょびと使って、長続きするなって気持ちですから。それで気持ちがリラックスしたような、ね。

――植草さんはケチなんですか。

植草　おまえみたいなケチはないよって、よく姉が言ってました。だから、もっと少し先になったら、毎日誰かがうちに来て、何かしらその人にひとつずつあげていきたいって気持ちですね。だから貯めとこうと思いましてね、いろんなものを。それがいちばんおもしろいかもしれませんね、年をとると。

――その時、それにまつわる話をきかせてあげて……。

植草　毎日、毎日あげてたらおもしろいですよ。それで、その人と話しながら、この人にはこれが良いと思うわけです。それで、これどお?　ってやってたら楽しいでしょうね。

――いろんなことを思いだせて楽しいでしょうねえ。

植草　まあ、それはいつになるか分らないけど、手があいたらね。

――それは、是非やって欲しいな。みんなにそういう話きかせてあげた方がいいですよ。何が楽しいって、こんな楽しい話はないっていうのを聞かせてあげたら、聞いてる人もほのぼのとしてきますよ。

植草　こんなアイディアがでたのは二〜三か月前ですよ。ファンの手紙でブティックをやらないかっていうのがあった。でも、そんなこと家を借りてやってるより、毎日やってる方が楽しいなって思いますよ。

――都心のどっかに大手の資本で良い応接間かなんか借りてもらって、全部本とか品物があって、陽がいっぱいあたって、遊んでて毎日、これあげますってやったらいいですよ。これちゃんと活字にしたら、うちお金出しますってところが出てきますよ。そうすると最後のひとつをあげるときってすごいですね。それ渡すとカラッと無になって、もう神様みたいになれますよ。

インタビューのあとで

北山耕平

　午前一一時から、午後六時までにおよぶ長時間のインタビューのあいだずっと、ぼくの心の状態はおそろしく良好だった。植草さんの思考の流れは穏やかで、ぼくはその大きな河にも似た流れを心いくまで楽しむことができた。それこそ、あらゆることが話題となっている。そのほとんどをソニーのテープレコーダーがもれなく録音してくれたが、編集をする際に誌面の都合で全体の約四〇パーセントを切り捨てざるを得ず、それだけが今の唯一の心残りだ。

　インタビューにうかがう前、正直言ってやはり不安だった。親と子以上に年歳《とし》の違う二人が、はたしてコミュニケートしあうことができるだろうか？　しかし、そのような不安は、経堂の植草さんのお宅へうかがって、世間話的なものをはじめたときに、もうどこかへすっとんでしまった。植草さんは、今この瞬間を自分の可能な限り楽しんでいるひとりのロックンローラーとして、ぼくの眼に映った。

　ぼくは、インタビューの間中、どうして、なぜ、植草さんはこれほどあっけらかんと、過去よりも現在のほうが楽しいと言えるのだろうかと考え続け、どうやら結論らしいものをみつけることができた。そして、それはとても簡単なことだった。つまり、忘れること、あるいは、過去のつまらない部分を捨ててしまうということかもしれない。

　その瞬間を精一杯生きるためには、過去の事物に対してこだわりを持つわけにはいかないのだ。植草さんにも、当然のことだけれど、思いだしたくない記憶もあるだろう。しかしそのような思いだしたくないことは、もはやまるっきり植草さんの頭のなかには存在していない。自分の人生において、後を振り返ってみると、楽しかったことしか記憶にないということは、ある意味で、とても素晴らしいことだと思う。自己の人生を肯定できる生き方の見事なサンプルとして、ぼくは植草さんの生き方から非常に多くのことを学んだ。インタビューは絶えず、植草さんがぼくになにごとかを教えてくれるというスタイルで続けられた。訊いてみたいことは山ほどあったが、時間は冷酷に過ぎ、のべ七時間以上にもわたるインタビューであったにもかかわらず、その一〇分の一ぐらいしか、訊くことはできなかった。もしまた再びこのような機会を持つことができるなら、改めて話したいことがぼくの頭のなかにはぎっしりと詰まっている。それに、これを今、読んでいるみなさんにも、ぜひこれだけは植草さんに訊いてみたいと考えていることがあるはずだ。これはぼくからのお願いなんだが、もしよろしければ、あなたが植草さんに訊いてみたいことを、できるだけ理解しやすく書いたものを、「宝島」の編集部まで送って欲しい。それらがいくつかあつまったら、ぼくはいま一度その手紙を持って、経堂の植草氏宅を訪問するつもりだ。そしてその結果を、今回ほどではないがページをとって報告してみたいと考えている。

　ともあれ、このインタビューを終えたいま、ぼくは「宝島」にひとくぎりをつけたということで、満足している。これを読んだあなたが、植草さんが本来もっている不思議なヴァイブレーションを感じることができたら、ぼくはそのことでいっそううれしくなるだろう。

　植草甚一ロックンローラー説というものは、ぼくがかねてより自分で勝手にたててきた仮説なんだけれど、このインタビューを通じて、いっそうその確信が増えた。今現在、真にロックンローラーと呼べるひとは、ほんの数えるほどしかいない。現代日本の最高のロックンローラーは、ぼくが判断するかぎり、萩本欽一さんひとりである。いっさいのこだわりを捨て、たてまえとほんねのふたつの世界を見事にこわし、そのことによって人気を得ているのは、見事としか言いようがない。植草甚一さんは、決して年歳老いたロックンローラーではない。現役だったのだ。ぼくたちが、チャック・ベリーや、ファッツ・ドミノ、加山雄三を聞くときの、どこかに優しさと恥しさのいりまざった複雑な気持とは、まるで天と地ほどもはなれたところで、現在もなを生き生きとヴァイブレーションを送りつづけている、つまり、過去に生きるのではなく、現在に生きているロック・スターだったのだ。

　植草さんの過去は、植草さんが自分のふたつの眼でみたものでしかない。歴史とは、本来そういうものであったのだ。ぼくが今回、植草さんの口から聞くことができた「東京」の昔の話は、ちょっと以前なら、それこそどんなおじいちゃんでもしてくれたものかもしれない。しかし、いまでは、誰もそのことを話してはくれないし、また、訊いてみようとすることもない。けれど、ぼくは知りたかったのだ。いったい、いつ、東京から、植草さんの話してくれたような世界が消えてしまったのか、を。

　ロックンローラーはそこに存在するだけでメッセージを送ることができる。雑文業という職業を馬鹿にする気持はさらさらないが、メッセージを送れない人間はあわれとしか言いようがない。書くことは、とりもなおさずメッセージを送る作業なのだから、雑誌もしかり。最高のエンタテイメントとは、最高のヴァイブレーションを持ったメッセージのことであるとぼくは思う。その意味で、植草甚一氏の存在は、注目にあたいする。なにしろ彼は、ロック・スターなのだから。

※以上、「宝島」（JICC出版局刊）76年2月号に掲載されたインタビューを再録いたしました。
　今日では差別表現につながりかねない表記もありますが、時代背景などを考慮し、発表当時のままといたしました。ご理解のほどよろしくお願い致します。

百年がやってきた! ヤァヤァヤァ

8月8日 百歳を迎えたJ・Jおじさんへ

J・J私淑者のイマジン

僕の大学生当時はインターネットなんてないので、J・Jのスクラップ・ブックが海外カルチャーの貴重な情報源。それでモラヴィアの小説読んだり、ミンガスのレコード買い求めてました。晩年のJ・Jに百貨店で遭遇し、あのイラスト風サインをいただいたのが良き思い出。「太った時代」のJ・Jにもお会いしたかったですね。

「もし今の時代にJ・Jがいたら、ネットを活用しただろうか?」とはファンの間でよく想定され得る設問ですが、僕は「弟子たち」が勝手に(?)パソコンを買い与えセットアップし、こう操作するとネット・サーフィンできますよ、なんて教えることになると想像。で、当初はなるほど便利だなーなんて利用するけれども、「やっぱり目がショボショボしてきたので、古本屋巡りに出かけるのであった」なんて日記に書くのじゃないかしらん?

(世田谷区 Lee 49歳)

J・Jが星になったその翌年に私は生まれた。

子どものころは、本や雑誌が大好きで、スクラップブックを作るのが楽しみだった。でもそのころは「スクラップブック」という言葉は知らなくて、「切り抜き帳」と呼んでいた。

高校生になって、地元の図書館でなにげなく手にした平凡社の「太陽」植草甚一特集号を読んで、「おや」と思った。なんてかっこいい「切り抜き帳」を作る人なんだ。ジャズに映画、散歩…J・Jの世界は、すべて私が気になっていたものや、なんだかフィットするものばかりだった。そのとき、将来やりたい仕事のイメージがぼんやり頭に浮かんで、うっすら残った。

それ以来、スクラップ・ブックを少しずつ買い集めた。当時は古本でしか手に入らなかったから、見つけたときの喜びは忘れられない。

大学生になって、J・Jのことを知っている人と友達になったときは、うれしくてうれしくて、J・Jのことを話しはじめると止まらなかった。私の影響でJ・Jを好きになってくれた人もいて、うれしかった。大学を卒業するころ、就職のため訪れた東京で念願の神保町へ行った。興奮して、ワクワクが何ヶ月も止まらなかった。「J・Jもきっとこんな気分だったんだろうな」。

(武蔵野市 タガメネコ 30歳)

植草さんに影響をうけたというよりも、植草さんによって私の人生は形成されました。

高校時代、スイングジャーナルで植草さんに出会い、興味のあるものは英語も日本語もまったく境目なく読み進む植草さんにしびれました。自分もそうなりたいと思い、大学進学で上京後、神保町の泰文社でエスカイヤやペーパーバックをせっせと買い集めました。何とか読みこなそうと、自分の専攻にまったく関係のない英語を勉強、その甲斐あって留年。就職難で仕方なく先輩と翻訳会社をはじめるも苦闘。飲み屋での縁で故郷の企業で海外担当。そして現在は某外国政府機関勤務。溜り積もった蔵書を出来る限り読破するために早期引退を夢見ております。

植草さんには一度だけ泰文社の前でお目にかかりました。一言、二言、言葉を交わすことができましたが、緊張していたのか、何をしゃべったかまったく覚えていません。

こんな本棚になってしまいました

宝物です。表紙の裏に例のサインが入っています

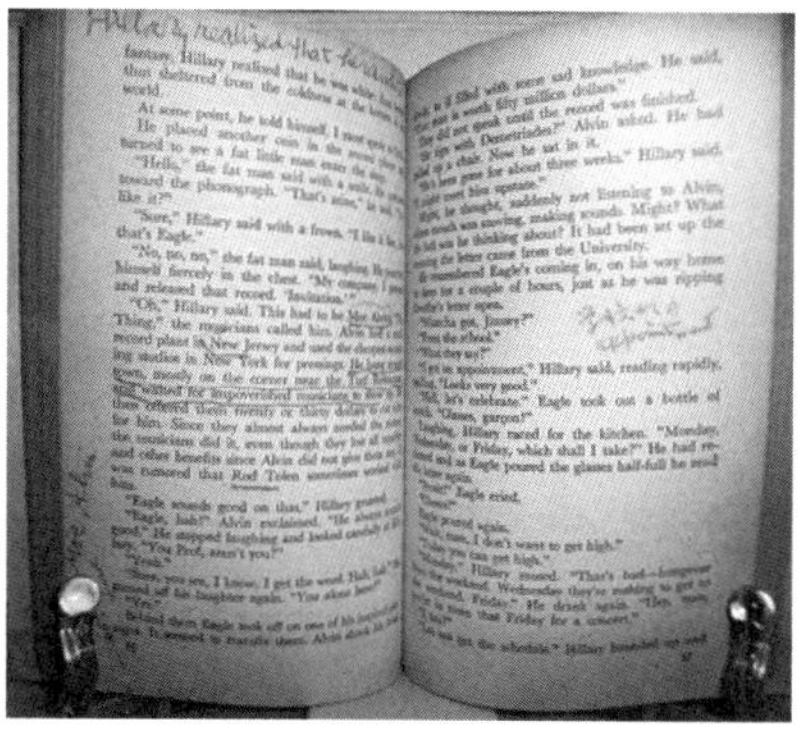

特にこいつは全頁にわたって植草さんの書き込みがあります

（愛知県西加茂郡　横井道彦　56歳）

植草甚一は一人のサッカー小僧をいかに本好きな大人にしていったか。

本にほとんど触れずに過ごしてきました。読書もほとんどしなかった。何をしていたかといえば朝昼晩サッカー。今でも好きですけどサッカーばかりしていた。でも大学に入りひょんなこと（曾我部恵一さんのインタビューやフリーペーパーの記事などにかく劇的に集中して）から植草甚一という人がすごく気になりだした。ぼくの行く手に何らかの形で出てくるのがこの人でした。違う、植草甚一のいるところにぼくが行ったのか。

植草甚一との出会いは古本屋だった。当時はまだ馴染めていなかった古本屋の雰囲気に呑み込まれながらも、あー！あったあったとこっそりと棚から抜いたはじめての植草甚一は、『ぼくは散歩と雑学が好き』でした。それから後はもうずーっと本。毎日本を読んだり眺めたり、本屋や古本屋に行かないと気がすまなくなってしまった。現にこうして今本屋で働いてもいる。

大げさに聞こえるかもしれないけど、『ぼくは散歩と雑学が好き』からぼくの何かが始まった。えらく小さいフォントでページが埋め尽くされているうえに、二千円（古書価）の値段にはじめは驚きましたが、緑色の帯に少し茶色になったビニールカヴァーの装丁やページをめくると時々出てくる絵のようなもの（自身によるコラージュとは知りませんでした）、何より本のタイトルに魅せられた。家に帰るバスの中で待ちきれずに読んだのもこのときがはじめてだった。

それからも植草甚一の本を見つけては買うたびにわくわくした。様々な雑学に加え、本の買い方や街の歩き方までいろいろなことを教えてくれましたが、とりわけぼくには、「ものを好きになる方法」と「世界の広さ」を植草甚一は教えてくれました。人のことを好きになるということは、あたりまえだけどやっぱり人様々だと思う。サッカーしか取柄の無いぼくも植草甚一のことを好きなることができた。この幸せをなんていったらいいのだろう。

植草さんへ…

こうしてこの場に導いてくれたことにこころよりのありがとうを。百歳おめでとうございます。そしてこれからもよろしくお願いします。

（尼崎市　ふたば書房つかしん店　清野龍）

ボクの勤め先は、J・Jが生まれた場所の目と鼻の先の日本橋蠣殻町、人形町のそば。その人形町にあるのが壽堂という和菓子屋だ。ここの名物が黄金芋、ニッキの香りの高い焼き菓子で、大事な人への贈り物に使っている。その理由は、壽堂でJ・Jがお茶をすすりながら、黄金芋を美味しそうに頬張っている写真が何気なく飾ってあったから。

残念ながら、いつの間にか、写真は店から消えてしまったが、年に数回黄金芋を買いに行くたびJ・Jに会えるような気がする。

J・Jの誕生日、壽堂の店先で黄金芋をボクも必ず頬張って、お祝いをすることに決めた。思えば、ボクもJ・Jの往時の歳に近づいてきた。J・Jに負けないようダンディさを保つ、これが生きていくための指針でもある。

（三鷹市　夢楽堂　55歳）

うず高く積まれた本たち
えいがは一体何本観たのだろうか
くゆらすタバコはキャメル
さんぽの時何か買いたくなって
じャズが聴こえてきたんだ
ん、いいなぁ
いラスト、コラージュの独創性
ちょっとミステリの話でもしよう

植草さんは僕にとって、「信念、探究心、個性という自分を持っている」憧れの人です。こんなにカッコイイ植草さんを、もっともっと吸収したいです。

（千代田区　いずみ書店　宍倉一光　32歳）

当方、「J・Jおじさんには間に合わなかった世代」なのですが、晶文社のご本や、J・J氏に影響を受けた方々などを通じ、少し離れたところから、その雰囲気を感じておりました。それが今、偶然にもJ・J氏晩年のホームグラウンドだった経堂のお隣、小田急線の千歳船橋という、かなり近い所に住まうようになり、また昨年は、地元の世田谷文学館でも「植草甚一展」が開かれ、J・J氏の存在を近しく感じるようになりました。

そんなわけで、植草さんが今経堂にいた

らどんな感じだろうか?と思って、そういう「豆本」を作ってみました。題して『J・J in Kyodo 2008』。植草さんがよくいらした古書店や、植草さんの時代にはなかったカフェなど経堂の風景を写真にとり、その中に植草さんの写真をコラージュしたものです。煙草飲みだった植草さんのイメージで、マッチボックス的な外箱におさめました。（JJ6という写真で大きさの目安に、

一番左に普通のマッチ箱をおきました）

豆本を作るためにJ・J氏の著書を改めて、或いは新たに読んだり、J・J氏の時代を思いつつ、今の経堂を歩いたりするのは面白かったです。世田谷の文化の中に、J・J氏の影は今もあって、経堂や下北沢あたりで、明日ふっと出会っても不思議ではない感じがします。

（世田谷区　馨《けい》歩《ほ》）

植草甚一の名を知ったのは、恥ずかしながら本屋稼業を始めてからのこと。

「この人の本は棚に揃えておけば確実に売れる」と先輩から教えられ、訳も分からずに棚にそろえていた。そろえた本は売れ、その中の幾つかを読んでみたが、同時にどうしてこんなに面白くて売れる人の本がもっと出ていないのか疑問に思った。

スクラップ・ブックの全巻復刊が決まった時は嬉しかったし、出版社の「英断」を無駄にすることなく精々販売に努力しよう、と思ったが、本屋がそんな心配をする必要もないくらい売れていたと思う。

植草甚一が「銀座の洋書屋で、ボールドウィンの高いけど素晴しい本を買った」と述べるのは、いわゆるアルファブロガーが本を紹介するのとは似て非なるものだ。読者に需要を喚起するという点では同じだが、リンクという効率の良さが拾いきれないものもある。植草甚一は、その本の周囲にある「余計な」知識や雰囲気も併せて紹介し、そしてそれは実は紹介された本以上にのちのち重要な意味を持つことだってある。

効率的なのはいいことだが、効率の罠に陥らず、該博な知識とレトリックに惑いながら自分の必要なものを模索する過程の楽しみを知るためにも、改めて植草甚一は読まれるべきだと思います。

（立川市　オリオン書房　白川浩介）

その風貌や本のタイトルは見聞きしたことがありましたが、まだ植草甚一さんの本を知らずにいました。生誕百年と聞いて、ちょっと読んでみようかしらんと、まずどんな人か知りたかったので、月並みですが、晶文社スクラップブック復刊『植草甚一自伝』を手にとりました。

自伝なのに重々しくなく、「〜かしらん」という語尾で終わっては次々に話が変わっていって、見聞きしたものや気に入ったことをそれこそスクラップを作っていくような文章はスキップをしながら気持ちよく散策しているような気持ちになります。著書の多さや写真などでも垣間見られるJ・J氏の蔵書量、好きなものがたくさんあって、それに囲まれていて知識もたくさんあるんだけど、それをポップにだけど真摯に伝えてくれるJ・J氏の文章にもっと出会いたくなったし、同世代で読んでいた人がうらやましくなりました。

（天王寺区　旭屋書店　柴田夕希子）

ぼくたちには植草さんが必要なんだ

植草甚一スクラップブックが復刊された（2004〜05年）当時、僕は人文書のフロアにいて、〝じんぶんや〟という連続シリーズフェアを立ち上げたばかりだった。そこに晶文社営業部（現筑摩書房営業部）のOさんが営業に来た。植草甚一スクラップ・ブックを全巻復刊するとのことだったので、是非〝じんぶんや〟のフェアネタにということでOさんにお願いした。フェアのタイトルは、「ぼくたちには植草さんが必要なんだ」[※1]とした。それだけで僕の気持ちはもう昂ぶっていた。フリーペーパーも配布している当コーナーでは、晶文社営業部で僕の入社時以来お世話になっているTさんに、植草さんのイラストを描いていただいた。フリーペーパーには、紀伊國

屋のすぐ裏手にある老舗ジャズ喫茶DUGの中平穂積氏にもご寄稿いただけた。その縁で、今でも中平さんには名前を覚えていただけている。大学時代ジャズ研にいた僕にとっては伝説的存在の人で、とても光栄なことだ。

　書店に勤めている身で、どこの版元が好きだというとあまりよろしくないだろうことは分かりつつ、僕は敢えて晶文社の本が好きだと言ってしまう（他にも好きな版元は沢山ある）。自宅の書棚にも晶文社の本が結構ある。あまりよい読者ではないかもしれないけど。フェアの打ち合わせにかこつけて、晶文社を訪れた。打ち合わせのテーブルの周りの書棚には、馴染みの本も、大好きな本も、見たことない本もずらりと一面晶文社の本が並んでおり、きらきらと輝いていて、至福の時を過ごした。編集者中川六平さんにもフェアのフリーペーパーにご寄稿いただけた。

　フェアの売上としてはそこそこであったが、僕は満足だった。とても嬉しかった。売上がそこそこなのに喜んではいけないのは分かっていても、良いフェアができたと思った。

　そのフェアの1ヵ月後、2005年4月2日に紀伊國屋ホールで、「新宿植草・甚一雑誌」[※2]というトークショーを開催した。トークショーの担当は僕ではなかったが、首を突っ込んで会場で本を売ったりしていた。とても豪華なゲスト達が集い、植草さんの思い出を語った。そこには歴戦の猛者たちが集まっていたが、皆ゆったりとしていて、時の経過を感じさせるイベントだった。

　ここまで書いておきながら僕は植草甚一の熱心な読者ではないということを暴露する。フェアまでやっているわけだし、もちろん全く読んでいないわけではない。しかし、植草甚一という名前は大きく僕の心を捉えている。何故だろうとこの前あらためて考えてみたが、もともとジャズをやっている人間には偉大な名前として染み込んでいたのだろうし、晶文社がこれだけ傾注していた人なのだからという判断も書店員なら普通の感覚だと思うのだ。でも今回こうやってフェアなどやったおかげでもっと知ることが出来て、面白そうだなとますます思い、これからもっと植草甚一の本を読んでみようとは思っている。面白くないわけがない…はず。とはいえ、うちにはまだ読んでない本が山となり、山脈となり…読まれるのを待っている。

　まあいいや、ぐだぐだと書いてしまったが、つまらん本が蔓延する世の中のぼくたちには植草さんが必要なんだ！

※1参照URL：じんぶんや第六講「ぼくたちには植草さんが必要なんだ」http://www.kinokuniya.co.jp/04f/d03/tokyo/jinbunya/jinbunya6.htm

※2「新宿植草・甚一雑誌」（於：紀伊國屋ホール／2005年4月2日）出演者
第1部「新宿・ジャズ・植草甚一」
ゲスト：坂田明（2代目山下洋輔トリオ・アルトサックス奏者）、中村誠一（初代山下洋輔トリオ・テナーサックス奏者）、中平穂積（写真家・新宿DUG店主）
司会：高平哲郎（編集者・演出家）
第2部「60年代〜70年代のサブカルチャー雑誌と植草甚一」
ゲスト：矢崎泰久（ジャーナリスト・元「話の特集」編集長）、高平哲郎（元「宝島」編集長）、高橋章子（エッセイスト・元「ビックリハウス」編集長）
司会：津野海太郎（評論家・元「宝島」発案者）

（新宿区　紀伊國屋書店新宿本店　和泉仁士　35歳）

　そのオジさんは突然やってきた。早稲田の古本屋でぼけっと書棚を眺めている僕の頭をコツコツとノックして、それから一〇年間、僕の頭の中でパイプなどくゆらせながら、終わることのないおしゃべりを続けている。昨日よんだ小説の話、お気に入りのレコードの話、コーヒーのおいしい喫茶店のこと。そのおしゃべりに付き合いながら僕は学生時代を過ごし、今は本を作る仕事をしている。

　写真は、オジさんがやってきたすぐ後に付き合いはじめた彼女（＝現在の妻）に、今に至るまで作り続けている選曲テープの一部（コラージュをはじめたのは、もちろんJ・J氏の影響です）。

（調布市　西村篤　29歳）

四月二十日（日）晴

朝八時半。机の上のロイヤルミルクティーを飲む。
目の前に座っている不機嫌な父が両手サイズの新聞
記事を手渡してくる。
おや、植草さんだ。
あいかわらず不思議なヒゲとお洋服で写っている。
このおじさん、どんな声で話すのだろう。25歳の私は
字と絵と写真の植草さんしか知らない。
あんなに自由な老人はもういなくなった、とある人が言った。
サイケデリックで若者をぐいぐい惹き付ける植草おじ
さん、私はJ・Jおじさんのへんちくりんなコラージュに
ノックアウトです。
午後はミンガスを聞きながら
「ぼくの大好きな外国の漫画家たち」を読んでみるかな。

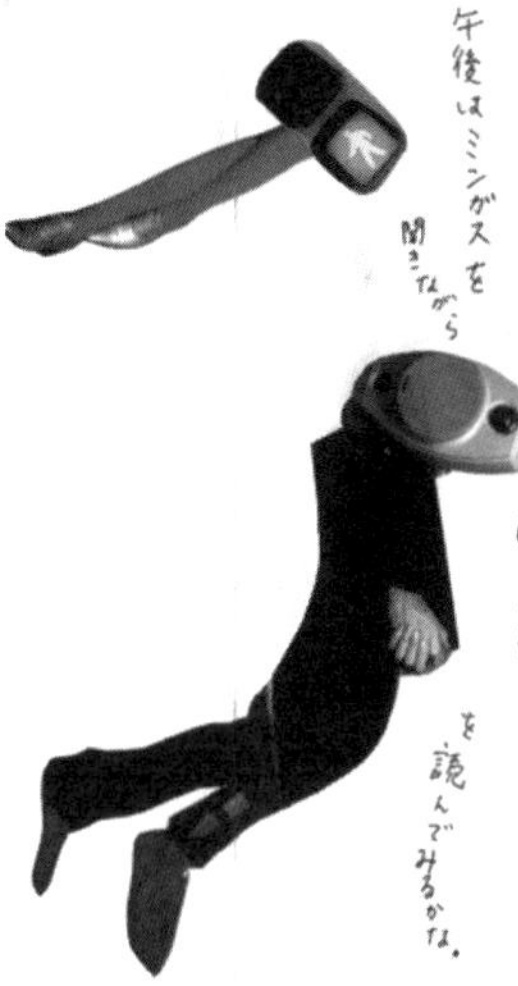

ふっと日常に入ってきた植草さんのことを日記として書いてみました。

8月8日に刊行される本を楽しみにしております。どんな新しいJ・Jおじさんに出会えるのでしょうか。わくわく。

（藤沢市　太田藍生　25歳）

はじめて手にした植草さんの本は、河出文庫の「ジャズ・エッセイ」全二巻。名古屋から上京したばかりの1987年春、新宿の紀伊國屋書店で見つけて、歌舞伎町のジャズ喫茶「ナルシス」で読みはじめました。通りに面した窓から昼間の光が差し込むエスプレッソ・コーヒーのおいしい店で、前衛寄りのレコード（植草さんなら「ニュー・ジャズ」とおっしゃるでしょう）がよくかかっていました。コルトレーンとドルフィーが一緒に演っている「マイ・フェイヴァリット・シングス」をはじめて耳にしたのもここで、そんなさまざまなレコードを聴きながら、よく植草さんの本を読みました。ぼくにとっては、植草さんというとまっ先に思い出す場所ですね。

ちょっと前まで地方の高校生だった者にとっては、新宿、歌舞伎町、ライブハウス、ジャズ喫茶、といったひとつひとつが憧れで、実際にそれらを目の前にしたこの年から翌年にかけてのことはよく憶えています。庄司薫の『ぼくの大好きな青髭』に登場した紀伊國屋書店もそうで、はじめて訪れたときはやはりちょっとした感慨がありました。そのせいかしばらくはよく通ったし、当時の棚の配置も自分の興味の範疇であれば頭のなかに残っています。エスカレーターを上がったところに今もあるレコード屋の、通路を挟んだ左手後方の棚には、植草さんのスクラップ・ブック・シリーズがまだたくさん並んでいて、それは眩しかったこと。前を通るたび、いつかは全部揃えようと心に誓ったものです。

晶文社から続々と出された植草さんの本は、タイトル、装幀、造本と三拍子揃い、モノとして手元に置いておきたい魅力に溢れています。なので、普通に考えれば、まずそちらのオリジナルを収集して、という気持ちになるはずなのですが、ぼくの場合、最初から最後までスクラップ・ブックに執着していました。今考えるとずいぶん不思議な話ですが、きっと紀伊國屋書店での原体験が少なからず影響しているのでしょうね。すべての文章をそばに置いておきたい、という思いも強かったにせよ。あと、豪華な解説陣のことも忘れちゃいけません。各巻のイラストレーターも含めたあのラインナップは、それ自体でひとつの道標でした。

結局スクラップ・ブック全四〇巻別巻一は、それから一〇年ほど経った後、神保町の小宮山書店で購入することとなりました。八万円くらいだったかなあ。正直ぼくには高価でしたが、この先またいつ出会えるかわからないし、こういうものは好きな店で買うのが大事。その点小宮山書店なら文句ないですしね。これも縁、と手持ちのレコードやCDを大量に処分してお金をつくりました。ただ、ダブってしまった端本を「一冊いくらで買い取ってくださりますか?」と訊いて「五百円」と言われたときはさすがに凹みました。「ボロい商売してるなあ」と。今じゃ自分もそんな仕事をしているのがおかしいですが（ちっとも儲かりませんけどね）。

そんなわけで、数年前、全巻復刊というニュースを聞いたときはショックで、たぶんはじめて晶文社さんを恨みました（笑）。しかも悪いこと?は重なるもので、それからわりとすぐ、買い取りで四一冊揃いが入ってきちゃって。本当だったらもっと高く買えるのに、もっと高く売れるのに、と悶々としました。せめて月報が付かない（あるいは月報が一冊にまとめられている）というような配慮があれば、とか。まあ、古本屋としてはそういうみみっちいことを考えずにはおられないのですが、でもこんな本が売れない（と言われる）時代に、あんな大部のものが復刊された、つまりそれだけの読者が見込まれたということを、ファンとしては素直に喜ぶべきなんでしょうね。

実際、植草さんの本にあたるしかないことって多いんですよ。たとえば四、五年前だったか、BYGレーベルのフリー・ジャ

ズが大量にＣＤで復刻されましたが、そういうものについて当時アメリカやヨーロッパの雑誌に書かれた記事のなかには、ひょっとしたらもう世界中探しても植草さんの文章でしか読めないものが結構あるんじゃないかなあ。中間小説批評なんかもそうですが、時代の空気を切り取っているという点では、本当に不滅の価値があると思います。

最近では、やはり世田谷文学館での展示が良かったですね。知人に宛てたハガキなども面白かったですが、もっとも印象に残っているのは、経堂のお宅でのインタヴューの録音テープ。たぶんはじめて肉声を聴いたんじゃないかと思うのですが、小田急の電車の音が思いっきり入っていて「へえー、こんな線路のそばに住んでらしたんだ」とか、どうでもいいことに感心しました。

（文京区　古書ほうろう　宮地健太郎　40歳）

高校一年生（1963年）になったころＪＡＺＺという音楽に興味を持ち始めていた私は、東京のクラスメイトにＪＡＺＺ喫茶に連れていってもらい、Ｊ・コルトレーン、Ｓ・ロリンズなど、大きなスピーカーから流れるＪＡＺＺに圧倒されました。それ以来今日までＪＡＺＺのとりこになっています。週末はあの店、この店とジャズ喫茶通いに始まり、レコード店に行く毎日でした。

社会人になってから、幸いにも私は神保町の書店に勤め、いろいろな本との出会いがありました。

そんな中で植草甚一さんを知ったのは、スイング・ジャーナル社より出版されたエッセイ集『モダン・ジャズの発展　バップから前衛へ』です。私にとってジャズの知識は全てこの本から始まりました。

当時はアメリカ全てが好きで、特に黒人文化を知りたいと思い、黒人作家の本を読みあさりました。Ｊ・ボールドウィン、Ｌ・ヒューズ、Ｎ・ヘントフ等など、木島始さんの本もいろいろ読みました。

そしてあこがれのジャズの街、ニューヨークへは三回も行くことができました。現在ではなくなってしまったと思われる、当時ニューヨークで最大の古書店ブレンターノスに行ったり、小さなミステリー専門店をのぞいたり、ペーパーバック専門店もいっぱいありました。

植草さんもこんな所でミステリー本をどっさり買いながら散歩していたのかなあと思いを馳せながら、自分もレコードや写真集を買ったものです。いつかまた、Ｊ・Ｊおじさんの『ぼくのニューヨーク案内』を片手にニューヨークを散歩したいものです。

植草さんのファッションセンス、アクセサリーのクオリティの高さなどニューヨークの街で洗練されたのではないでしょうか。

晶文社の『ぼくは散歩と雑学が好き』『雨降りだからミステリーでも勉強しよう』など久しぶりに自宅の本棚の奥より引っぱり出して、新たに読み直すと今でも新鮮に思えます。今の若い人たち、とくにファッション、音楽、映画等に興味のある方は、ぜひ一読をおすすめします。

それと若い人の集まる都市で植草甚一展をもっとやってほしいと思います。欲を云えば記念館もたててほしいものです。

（千代田区　書泉グランデ　星野潔）

植草甚一の本が並んでいる棚を前にして、Ｉさんを思い出す。

人間に対してしか感じないであろう生乾きの気重さが胸を走り、本に手がのびない。Ｉさんは数年来のお客様で、店に来ると一時間や二時間、皮肉と諧謔と蘊蓄を前面に押し出したお話を番台前で連綿と語ることを好んでいらっしゃった。その店番には、本当はわかっていないことを「なるほど」と繰り返しうなずく、ある種の覚悟を必要とした。植草甚一より少しだけ下の世代の方だった。

何かのひょうしに植草甚一について話が及ぶと、痛烈な皮肉屋をもって任じるその口調にいつもより熱がこもっていた気がする。ミステリー小説に造詣が深い点が共通していた。根の深いライバル意識がほのみえた。

もう一年以上、お会いしていない。

（豊島区　古書往来座　瀬戸雄史　32歳）

植草さんとの思い出といっても、私の一方的な思い入れだけで、直接会ったことも見たこともありません。

植草さんに（活字の中で）出会ったのは、上京して神田神保町に足を踏み入れてまもない頃のことです。好んで読んでいた沢木耕太郎さんや坪内祐三さんが書いたエッセイのなかでたびたび登場するこの植草甚一って誰なんだと興味を持つようになりました。私が生まれた二年後に植草さんは亡くなっているから、当時で没後二〇年ぐらい経っていたはずなのに、神田における植草さんはまるでまだ街を歩いているかのような存在感がありました。新しいものだけが都会の世界にあると思っていた私にとって、古いものほど価値があるという文化を知るきっかけにもなりました。

そのころパソコンが急速に普及し始めた頃で、まわりの友人が新しいものに興味がいく中で、私は植草さんの本からモダンジャズを聞き始め、ミステリーを読むようになりました。ぶらぶら街を歩いて好きな本を買ってジャズのかかった喫茶店でコーヒーを飲みながら読書という植草さんのスタイルも真似しました。そのスタイルはいまだに変わりませんし、本好きになって今こうして書店員であるのも、元を正せば、植草さんとの出会いがあったからだと思います。

植草さんにあこがれ、さすがに格好は真似できませんでしたけど、私の心のなかでいまでも植草さんは生きています。

（新潟市　萬松堂　中山英　31歳）

1963年17才で体をこわし定時制夜間高校を休学中に、今は無い広島市流川のカンテラ小路にあったJazz ClubでJazzの洗礼を受け当時56才のJ・J氏のS・J誌連載コラムでJ・J氏と出会い以来1979年の生前、没後も含めJ・J氏と我が身の精神生活はいつも一緒である。J・J氏は我が身の生涯とともに…!!J・J氏ありがとうございます。感謝!!

1976年4月（J・J氏68才）からの『植草甚一スクラップ・ブック』刊行当時は我が身は29才。長女が生まれたばかりでとうてい全巻購入する事は出来なかった。『コーヒー一杯のジャズ』を購入出来たにすぎなかった。

九州への単身赴任六年目の子育ても終った我が身58才の2005年4月の晶文社の快挙の復刊はありがたく全巻予約注文した。総社へ異動し二年半余、『スクラップ・ブック』は気に入りのJ・J氏の写真と共に単身赴任宅の本箱の中央でその存在を誇示しているのだ。

Jazzに煙草に珈琲に、紅茶に車にひきつぶされたペチャンコの空き缶に…J・J氏の著書とJ・Jの在ル日の写真はうれしそう!!

カメラに散歩に、珈琲の旨い喫茶店。50代は楽しい、60代はもっと楽しいとJ・J氏の表情と著書は我が身に訴える。70代は?これは疑問であるが、きっと楽しい!!

TVなし、パソコンなし、車なし、インターネットも無縁。昭和36年製の真空管5球スーパーラジオをFMとMusic Birdと、LPプレーヤーと安価な6BM8ロシア製真空管アンプ、AUDIO CD RECORDEとタニイ／マーキュリーのSPがあればそれでいい。J・J氏の著書と写真があればなおさらそれでいい。

デジタルコンパクトカメラ片手の岡山県総社市街散策中みつけた、J・J氏コラージュを髣髴とさせる廃屋の門扉のはがれたペンキと浮き出た鉄錆び!!J・J氏もきっとパチリと撮ったであろうとJ・J氏のニューヨークの散策の日々が偲ばれる。

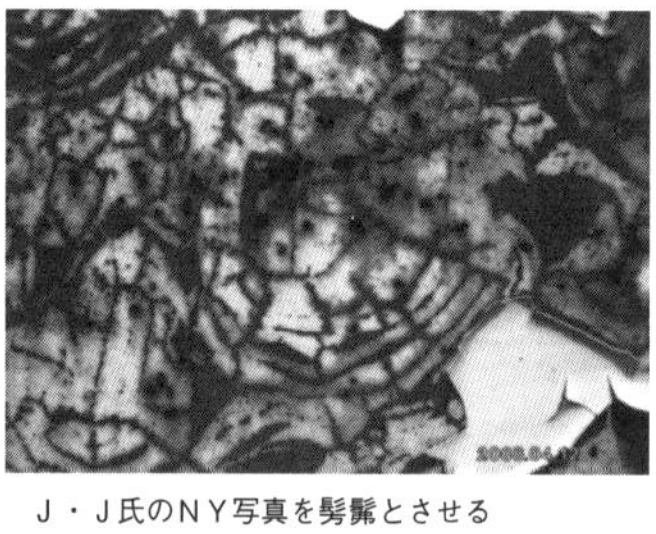

J・J氏のNY写真を髣髴とさせる

J・J氏没後29年の今、まさに面白い時代である。技術革新の激しいディジタルカメラ業界の落とし子である下取り銀塩コンパクトカメラのジャンク品コーナーが面白い。J・J注目まちがいなしのデザインが面白い。完動品ジャンク品が二一〇円で手に入る。ディジタルカメラ初期品も九四〇円!!レチナⅡのを除けばいずれも千円以下。J・Jスタイルは、総社のさえない単身赴任8年目のそれは冴えないオッサンの社宅の一隅に活きている。

J・Jサインをヒントに作った竹製スタンプ

（総社市　井上訓一　61歳）

縦書き日記を続けています。

スクラップ・ブック復刊の折に、久々に自筆の日記や原稿を見てJ・J氏のように縦書きで日記を書き始めました。いつもはリングノートに横書きで書いているのですが感想や意見を書くときは、縦書き日記にしています。

永井荷風の「断腸亭日乗」にあこがれた人は、荷風の文体を真似て書くように、J・J氏流縦書き日記も「～なんだなあ」とか「オヤッと思った」などとフレーズ爆発で書いています。

世田谷文学館で久しぶりに肉筆原稿を見た時も、その流れるような筆致に「思わず唸ってしまった」と書いたのでした。

（練馬区　吉川昭二　51歳）

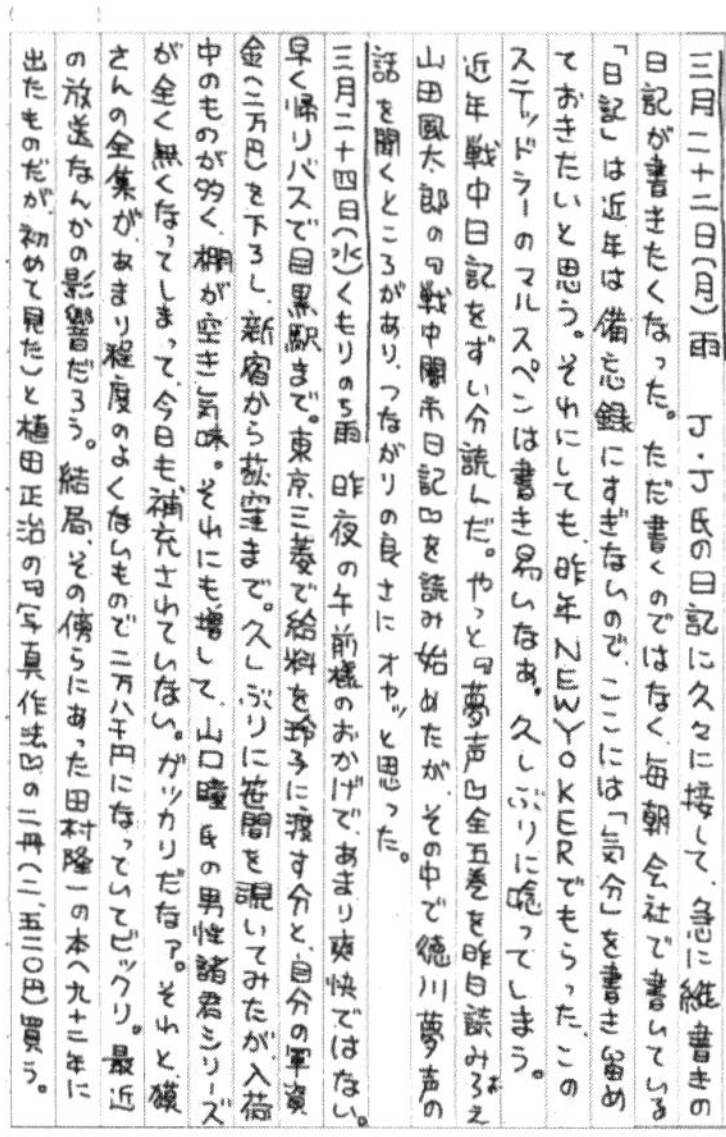
二〇〇四年
三月二十二日(月)雨　J・J氏の日記に久々に接して、急に縦書きの日記が書きたくなった。ただ書くのではなく毎朝会社で書いている「日記」は近年は備忘録にすぎないので、ここには「気分」を書き留めておきたいと思う。それにしても、昨年NEW YOKERでもらった、このステッドラーのマルスペンは書き易いなあ。久しぶりに唸ってしまう。
近年戦中日記をずい分読んだ。やっと『夢声』全五巻を昨日読みおえ山田風太郎の『戦中闇市日記』を読み始めたが、その中で徳川夢声の話を聞くところがあり、つながりの良さにオヤッと思った。
三月二十四日(水)くもりのち雨　昨夜の午前様のおかげであまり爽快ではない。早く帰りバスで目黒駅まで。東京三菱で給料を玲子に渡す分と自分の軍資金(二万円)を下ろし、新宿から荻窪まで。久しぶりに笹間を覗いてみたが、入荷中のものが少なく、棚が空き気味。それにも増して、山口瞳氏の男性諸君シリーズが全く無くなってしまって今日も補充されていない。ガッカリだなァ。それと横さんの全集があまり程度のよくないもので二万八千円になっていてビックリ。最近の放送なんかの影響だろう。結局、その傍らにあった田村隆一の本(九十二年に出たものだが、初めて見た)と植田正治の『写真作法』の二冊(二、五二〇円)買う。

大学進学を機に、僕の東京暮らしは始まった。延べ十九年の長きに渡る。池袋にある県の寮を手始めに、引っ越しも十一回を数えた。お金の問題もあったけど本の収納が大問題で、次第に都心を離れ日野市の多摩川縁りのアパートに住み着いた。ここは冬には水道管が凍りつくほどの寒さで、暖房器具を何もたない身では辛く、二年ほどであきらめ、一大決心をして世田谷区の経堂に移り住んだ。

この地が殊の外居心地が良く、映画の『三丁目の夕日』的空気が流れている所だった。豪徳寺、経堂、千歳船橋と小田急線の駅々の中でも最も下町的情緒が溢れていたが、大きな商業ビルが少なく、商店街が元気だったせいでもあろうか。歩いて、また自転車で、日々の生活必需品は賄えたから、充足し、急速に町に溶け込んで行った。スタイリスティックスの歌声が町に流れている頃だった。

経堂駅の北口を出るとすぐに小田急OXのショッピングセンターがあり、ここの二階に「レイクヨシカワ」という吉川英治氏の長男が経営する新刊書店があった。品揃えは絶品であり、そのことも経堂で長いこと暮らす原因にもなった。駅前からは「すずらん通り」という商店街が北に伸び、線路沿いには、安い居酒屋が軒を並べ、その中でも「あさひ屋」という飲み屋は、マスターの人柄といい、肴の安くて旨いことといい、常連客の多士済々の面々の面白さといい、至福の時が流れる別世界であった。

さて、「すずらん通り」の入り口には大衆食堂が店を構え、中程には「遠藤書店」という古本屋があった。十坪位であったろうか。初めの頃は手元不如意の時は、この店で本を大量に買い込んで読んだ。話しかけづらそうな店主だったが、しょっちゅう買いに行くにつれ、打ち解けるようになり、会話をするようになった頃、植草甚一氏の話が、ひょろりとこぼれ落ちた。植草氏もこの店を利用するらしい。あまつさえ、本を売りにも来るそうなのである。

当時の経堂には様々な文化人、芸能人がたくさんおり、気軽に町を歩いていたりもするので驚きは少なかったが、「そうなんだ」と、なぜか嬉しくなったことを憶えている。通いつめたが、植草氏に会うことはなかった。おそらく、町を歩く時間帯が異なっていたであろうし、僕の「遠藤書店」の利用のしかたの変化にも原因があるのだろう。特定の作家の本が入荷した時だけ連絡していただき、買いにいくというふうに変わっていたのだから。お気に入りの作家ができると、徹底的に集めて読むという読者スタイルをその頃はしていた。串田孫一氏の著作を集めていた時だったか？　時には、植草氏が手放した本を僕が買い求めたこともあったらしい。店主が教えてくれた。

買った本を小脇に抱え、「あさひ屋」の暖簾を潜る。十時頃だと、必ず奥座敷から僕に声がかかる。俳優の小林薫氏である。二年ほど、ほとんど毎晩のように一緒に飲んでいたが、それはまた、別の話。

（盛岡市　さわや書店　伊藤清彦）

天井まで積まれた本の中にいる植草甚一。
昨秋、世田谷文学館で、あの有名な写真を見た。
蔵書が4万冊あったという。
新規出店準備に携わったばかりの身としては、それがどんなに凄まじい量なのかがよーくわかる。
ほとんどが洋書や古本だとはいえ、その買いっぷりのよさを伝え聞くとなんだか嬉しくなってしまう。

『持たない暮らし』『シンプルライフ』…そんなタイトルの本が増えてきた。
こんなの売ってたら売れなくなるじゃんか！
その通り、本もレコードも売れなくて、近い将来、本屋とレコード屋は町から消えるらしい。

音楽はネットでつまみ買いされ、
電子ブックなるもので漱石を読む。
そんな時代になっちゃったんすよ、
植草さん。
散歩に来ても、もう寄るとこないすよ、
植草さん。
ブックオフで本を物色したあと、iPod聞きながらスタバでキャラメルマキアートを注文している植草さんをちょっとだけ想像してみた。

（有隣堂 八王子店　吉澤みどり）

J・J生誕百周年おめでとうございます。

ぼくの両親は揃って植草甚一のファンで、我が家の本棚には、ぼくの小さい頃からあなたの本が並んでいました。今は家族でカフェ・バーをやっており、そこにもやっぱりあなたの本が並んでいるのです。

ぼくたちのささやかな植草コレクションの写真と常連のお客さんたち（みんなJ・Jファンです）に書いてもらった似顔絵コースターを贈ります。

（cafe & bar Roji　息子・高城晶平）

齢五十を数えて、阿佐ヶ谷の路地裏に小さなバーを持ちました。青春時代、ジャズも映画も小説もJ・J氏が先生でした。いや、教祖様かな。

お陰様で今は、バーのカウンターに大好きな植草さんのスクラップ・ブックを置いて映画やジャズが大好きなお客さまと、夜毎盛り上がっています。

いつかフラリと本とレコードとスクラップブックを抱えて当店にいらっしゃる植草先生を夢見ています。叶わぬ恋ですが…。

（cafe & bar Roji　母・高城ルミ）

植草甚一のライフスタイルは間違いなく、魅力的な、そのため憧れのような何ともいえないなにかをもって、印象付けられたものだった。それがなんともいえないのは、そのライフスタイルが常に日常的で、生活上のことで、そして普通のことなのに普通の私たちよりずっと緻密で充実していたからなのだろう。様々なことに興味を持ち、時に研究し、書物のみならず足も使って、人生を渉猟しつづけたあのスタイルが、要するに一般人のどんな生活範疇からも抜け出していたから、そうした印象を与えるのだと思う。

私も年を取ったらそんな生活がしてみたいと思っていたが、生活優先に迫られて未だに憧れのままに止まっている。本を読んでは、同感するままに楽しめる心境になりたいものだ。ちょっと休んでみたいときには、その場でお気に入りの喫茶店にも入ってみたいものだ。そして町を行き交う人々に何の偏見も抱かず、自分の生活を楽しみたいものだ。それは恐らく私だけの印象ではないだろう。植草さんのライフスタイルを受け継いでおおくの人たちがいま活躍しているはずだ。言わば、日常生活派の元祖のような人だったのかもしれない。

坪内祐三さんにお願いして、植草甚一のコラージュ日記について講演していただいたことで、当時の植草ワールドが生き生きと立体的に復元され、目の前に現れたように思われた。そのとき、坪内さんの解読の素晴らしさに感心した。こうした解読は植草さんと同じ目線を養った人でなければとても出来ないことだ。そしてそれは私たちの迂闊な生活感覚ではとても捉えられない、豊富な知識とデリケートな感性が必要なのだということがわかった。

植草甚一生誕百年ということだとすれば、私が見た植草甚一はもう晩年ぐらいではなかったかと思う。東京堂書店の裏通りを歩いているのを見かけたことがある。本の写真で見たとおりの風貌が向こうから歩いてくるのだ。こちらは誰かはわかっているが、向こうはこちらのことなど知るわけはない。彼はすれ違う人間に何の偏見も持たず悠々と歩き去っていった。

（千代田区 東京堂書店　佐野衛）

植草甚一氏に会ったのは、というか偶然拝見したのは、新宿にあった喫茶店でした。たぶん、１９７７年か７８年頃。その喫茶店は末広亭近くの路地の奥にあって、洋画のポスターが店内のあちこち、お手洗いにも貼ってあって、サントラをＢＧＭに流していて、映画好きの人が映画好きの人のためにやっているような、小さいお店。入口も壁も真っ赤だったような気がする。扉を開けると左側の壁に沿って客席が七、八席並び、突き当たりにはカウンター、右側は壁でその先にお手洗い。店名は『Cinema』だったか『Cinema Cinema』だったか『キネマ』だったか、そんな感じ。暇を持て余してた学生の頃、雑誌に何度か紹介されていて行ってみたんだったはず。新宿京王とか、新宿文化とか、伊勢丹からこっちの映画館で観たあと、何回か寄ってお茶を飲みました。

そのときも、映画友だちとやはり映画の帰りに寄っていたら、J・J氏が登場。扉を開けてゆっくりゆっくり入ってきました。若い女性がご一緒だったかな。杖をついて中折れ帽をかぶって、明るい紫色のスーツに暖色系のネクタイ。ワタシは壁を背に座っていたので、ちょうどJ・J氏が入ってきたところを見る感じ、目線の先に、それはそれはキレイな色のスーツが。このおしゃれな人は?と顔を上げると、雑誌で見かけていた通りの立派な髭のJ・J氏が目の前にいました。意外に小柄。お店の奥に向かって歩いていくあいだ、帽子にちょっと手を添えて、そわっと気がついたお客さんたちみんなに挨拶をしてくれました。

友人は植草甚一氏を知らず、お店を出てから興奮気味なワタシは鼻息をどこへ向けたらいいやらでしたが、三〇年後の今、吐き出せてようやくすっきりしました。

(豊島区　リブロ池袋本店　矢部潤子)

『植草甚一日記（スクラップ・ブック39）』、1970年10月6日の記述に「午後「ジャーナル」のカメラマン、多田さん来てシャシンをとったあとで…」とありますが、少し間違いがあります。多田はカメラマンではなく、この時はフリーのデザイナーでした（「スイング・ジャーナル」本誌のレイアウトをしていました）。

この日、植草さん宅に伺ったのは、「スイング・ジャーナル」の編集者とカメラマン（フリー）、そして私の三人でした。「スイング・ジャーナル」に連載中のエッセーを単行本にする為、その装丁用の著者の写真を撮りに行ったのです。植草さんに庭に立ってもらい、上から広角で撮影しました（背中からも）。

この写真をもとに当時デザインセンターにいたデザイナーの溝口実君にイラストを描いてもらいました。この時の植草さんはサラリーマン風の普通のオジサンでした。

イラストでは植草さんの格好をはやりのヒッピースタイルにしてもらいました。そしてでき上った本が『衝突と即興』（スイング・ジャーナル社・1970年刊）です。その後、植草さんのファッションは変り、若者顔まけの変貌はすごいものでした。

あれから38年たちました。経堂の本だらけの部屋、チョコンと座っていた植草さん、部屋の中はコロンの香りでした（撮影すると出かけていったので、ヒゲを剃ったばかりだったのでしょう）。

(千代田区　多田進　装丁家)

植草甚一さんの身内からみた小さな記憶

亡き母（甚一さんの妹）から聞いた少年の頃の話

甚一さんの姉（敏子さん）が余命いくばくもなく、淀橋病院（現、西新宿にある東京医大病院）に入院中、身内の者が病室に集まったとき、甚一さんは、病室の中で原稿をせっせと書いていたと、母は驚いたり感心したりしていた。この話を聞かされて、ものに動じない伯父さんという印象がありました。

夏の頃でしょう。パチンコ店の前にあった、水まき用のゴムホースを、少し酔っていたのかもしれない甚一さんが、抱えて家に持ってきた。水道用のゴムホースも、20mぐらいあると、ちょいと重いです。それを小柄でチョビひげはやした彼が、フウフウ云いながら盗んできたとは。「前に、八百屋から西瓜を失敬したことがあるとは聞いていたけれど、何のためにゴムホースを持ってきたのだろう。解らない人だねぇ」と母は云った。私はヘンな伯父さんだなと思いました。

結婚式のスピーチ

私の結婚式のとき、招いた友人から、「植草甚一という人は、お前の結婚とは全く関係のないスピーチをしていた。どんな話か覚えていないが」と云った。実は、私も全く覚えていません。ただ、その話が、人生に役立つような話ではないことは確かです。

妹の結婚式のとき、甚一さんのスピーチがありました。自分が昨日観た試写会の映画、題名は「コレクター」、アメリカ？のサスペンス映画だったと思います。何だろうと思っていたら、主演の女優が今日の花嫁に似ていたというお話でした。（似てないけど、彼は、なれないお世辞を無理して云ったのではないでしょうか）。

このように、身内は「甚ちゃん、今日は何を喋るんだろう」とニヤニヤと聞いていますが、甚一さんを知らない人たちは、この人、いったい何を喋っているのだろうと、けげんな顔をしているひとが、多勢いるのが恒でした。

子供のような

弟の結婚式（甚一伯父さんとは、冠婚葬祭のときしか会わない）のとき、私の2才の息子を連れて行きましたが、子供だから退屈するといけないと思い、保育社のカラーブックの「ミニチュア・カー」という、文庫本形の本を持っていきました。子供が、その本をロビーで見ていたら、甚一さんが「ちょいと見せて」と手にとったら、夢中になり、披露宴がはじまるまで読んでいました。子供は本を返してもらえず、泣きそうな顔をしているのがおかしかったことを覚えています。（本を返してもらっただけ、良かったと思わなければなりません）

私自身にかかわったこと

甚一伯父が下北沢（小田急線、世田谷区）に住んでいたとき、引越の手伝いに行きましたら、使っていたペリカンの万年筆をくれました。永い間、使っているうち、壊れてしまいました。

法要のとき、駅前のマルイの店頭特売の月賦（当時、ローンなんて云いませんでした）の、イージーオーダーの背広を、「いいの着てるなァ」と、めったに話をしない甚一伯父がホメてくれました。（エライ安物なんですが、珍しくおホメの言葉で覚えています）

（松戸市　関口靖夫　73歳）

ただひたすら歩くことと、本を読むこと、音楽を聞くこと。それがなによりも好きな高校生だった。

『ぼくは散歩と雑学がすき』。最初に出会ったのは、神保町の小宮山書店。本を開いて痺れた。なんと揮っている本！　まだアルバイトも許されず、三千円の本を買うことが出来ず、そのタイトルと犀のマークを目に焼き付け、胸が高鳴るというのはこういうことなのかなと思いながら、短くはない道のりを自転車で帰った。翌月、おこずかいをポケットに神保町へ向かうと、その本はすでに無く、しばし呆然とした。思い直して棚を眺めると、その本があった場所には、すこし曇った桃色や草色の背表紙に朱色や黒の帯、ビニールのカバーがかかった本が数冊並んでいた。一冊を手に取ると、そこには、世田谷区代沢で生まれ育った私にも馴染みのある東京の、しかしまったく知らない顔が、とてつもなく魅力的な文章で書かれていた。キャラメル包みにしてもらったその本を大切に持ち帰り、夢中で読んだ。翌日から、新宿や渋谷の大きな本屋をはしごしたが、四一巻あるというスクラップ・ブックは、すでに数冊を残して版切で、ほとんど手に入らなかった。

美術学校に進んだある日、三軒茶屋の喇嘛舎で出会ったコラージュ集は、大人になったいま現在までに買った本の中でも、一番高価だった。お金をおろしてくるので取って置いてくださいと店をあとにし、ぐるぐると歩き回って決心した。二十歳を過ぎ印刷会社で働き始め、自分のお金を手にするようになると、さらに熱心にそのおじいさんの本を探し歩いた。

自分の知りたいと思っているようなことを、一歩前に（実際にはずっと前に）、夢中で吸収して消化し吐き出していたおじいさんを、兄姉のいないわたしは物知りの兄のように慕い、そのとまらないおしゃべりに胸を弾ませた。文庫本の文字よりも小さなQ数で、ひたすら話し続ける兄。

数年後、わたしは本屋になっており、エッセイの棚を任されていた。ここにあの本を、ずらっと並べられたら。毎日そう思いながら本棚の手入れをしていたら、犀のマークの出版社さんから声を掛けられた。楽しく話すようになっていたある日、ツイード・ブレザーのOさんは、会社で整理をしていて発見したからどうぞおうちの本棚にと、「植草甚一スクラップ・ブック」と書かれた黒いプレートをこっそりくださった。大切に持って帰り本棚に挿すと、自分の本棚が特別素敵に思えた。

そして、じきに、スクラップ・ブックが復刊、夢は現実となり、渋谷の大きな本屋の棚に、いろとりどりのスクラップ・ブックを並べることができた。あまりの嬉しさに、こっそりと記念写真を撮った。復刊開始の翌春、新宿での「新宿植草・甚一雑誌」。わたしにとって歴史に近く、身近に感じながら実は現実感の乏しかった植草甚一。彼を実際に知る人たちのお話を直接伺う機会に恵まれた。後にも先にも、あれほど緊張した夜はない。持参した本の見返しに、津野海太郎さんは「J・Jの日に」と書いてくださった。これを見ると、あの夜は本当にあったのだ、と思える。

世田谷文学館で「植草甚一／マイ・フェイヴァリット・シングス」が開催されたとき、犀のマークの出版社・Tさんから、写真パネルをいただき、それから我が家の本棚には、小さなJ・Jが満足げに立っている。

結婚して何度か引越し、いまはJ・Jの生まれ育った町の川向こうに暮している。J・Jの通った蛎殻町・水天館のあった辺りで働き、人形町や浜町界隈でおつかいをし、ぽちぽちと歩いて帰る。扉を開けると、小さなJ・Jが煙草を片手ににっこりと迎えてくれる。

（墨田区　山崎（石堀）善子
元ブックファースト渋谷店）

前頁：石だたみのビレッジ6番街を散歩する植草さん。植草さんの歩き方はだらだら歩くというのではなく目的地へ向かい大股で早や足取りというニューヨーカーらしい歩き方だった。1974.7.8

左：コーヒーショップで休みながら……。植草さんほどたばこの持ち方、すい方が絵になる人は珍しかった。1974.7.8

前頁：かねてより訪れたかったマサチューセッツ州グリーンフィールドのワールド・アイ・ブックショップまで、泊りがけのドライブ。途中休憩で止まったところ。奥さんをスナップ。1976 年初夏

左：念願かなってやってきたワールド・アイ・ブックショップにて。店員と話すのにも気迫があった。1976 年初夏

PAINLESS
ONE FLIGHT UP
AMONG THE DEAD

前々頁：買い物でうずまってきたホテルの部屋。1974.7.8
右：グリニッジ・ビレッジの路上にて。1974.7.8

上：行きつけの洋服仕立屋さん。グリニッジ・ビレッジにて。おしゃれでダンデイな植草さんを、仕立屋さんは商売抜きで感心していた。1975.5.6

下：グリニッジ・ビレッジの古本屋にて。1975年夏

HOLLAND
AUTHORS
43500

ホテルの部屋で。寝る場所があるのか心配になるほど買い込んだ本の山。1975 夏

私がわるうございました

浅生ハルミン（イラストレーター）

植草甚一の本は大きめな網点印刷の切り抜き写真やコラージュ、手描きの文字とバラエティのふんだんに詰まった文章がそれはもう面白いこと間違いなしという佇まいをしているわけですが、私はわざと植草本から目をそらして生きて来た。植草甚一のことをクールに語る人たちから、本を読むこと、本屋さんをハシゴすること、コーヒーを嗜むことが好きな人なら当然読んでおかなくちゃね、なる雰囲気を勝手に察知してしまって、へそまがりの私は植草甚一の本に触れることをためらっていたのだ。なぜだかわからないのですが、本でも何でも、みんなが夢中になっているものがあるとき、そのブームが過ぎてしまってから、「みんな、ほんとうに飽きっぽいんだから」などとうそぶきつつ、自分ひとりで愉しみたいと、私は子供っぽく思ったりするのだ。そんなふうに、自分が最も手に入れたいものが目の前にあると、わざとそれを無視したり、買った大好きなバナナを冷蔵庫にしまって、すぐに食べればいいのに「まだ大丈夫」などと愉しみを先延ばしにしているうちにバナナは痛んでしまうというような、謎の癖が私にはあり、恐れ多くも植草甚一もそういう存在であったのだ。どうしてこんなふうになってしまったかというと、それは私が長女だからという理由しか思いつかないのですが……一体何を言いたかったのかというと、植草甚一の本は、新刊書店でも古本屋でも、私の生まれる前からずっと、わくわくするような輝きを放ちつづけているということなのだ。

というわけで、植草甚一の人気はこれからもずーっとおさまりそうにないので、私はもう一生植草本は読まないかもしれない……と思っていた。本屋さん巡りをすると気のきいた本屋さんにはたいていずらっと並んでいるから、本屋へ行くたびにその一画を気にしながら無視し続けるという、ゆがんだ悦びで身を包みながら……。

ところがです。晶文社のMさんに「植草さんのこと、何か書いてみませんか」と誘っていただいたとき、私は「はい書きます」とあっさり返事をしてしまった。これは神様が「もういいかげんにしなされ」と救いの手を差しのべてくれたと思った。

植草甚一という人がどういう人物かということは皆さんはすでにご存知だと思うので詳しくは書きませんが、好奇心旺盛で、エネルギッシュで、プレゼント魔で、小粋な伯父さんで、もし散歩中の植草甚一を見かけたら「今日は銀座で植草さんを見たよ、たぶんイエナだね」って絶対友達に報告したくなる特別な人にちがいないと私は想像している。

東京の町には植草甚一の影法師が見える場所があちこちに点在する。ああそこは行ったことがある、と、私はその場所を思い出しながら読んだ。私の記憶が正しければ、植草さんご用達の誠志堂古書部は六本木の交差点にあった。東京に来たばかりの頃、初めてその店を見たときまるで煙草屋の店先のような佇まいの店だったことに驚いた。洋雑誌で有名な古本屋さんだから重厚で敷居の高そうな店構えを思い浮かべていたので腰が抜けた。徹底的な本好きはこういう場所で本を探すんだ！　と知ってわくわくした。

宮益坂にあった古本屋の玄誠堂は、私のデザインの師匠に連れて行ってもらったことがある。「浅生さん、本は、あっいいなと思うところが一つでもあったら買っておくんですよ」と言いながら洋書の写真集をぽんぽん膝に積み上げて、それをジャガーの後部座席に積み込む姿や、その帰り道だったか、道端に「ご自由にお持ちください」と書かれた洋書の山を見つけたことまで思い出してしまった。本の山を見つけたのは私なのに、師匠が早足で私を追い越して自分の好きな本だけ先に選び、残りの中から「はい。これ浅生さん」と要らない本を２冊ばかり抜いて渡したときの師匠の笑顔などは特に鮮明に…

…。「なんて大人げない人なんだろう、本好きはこれだから困っちゃう」と、あきれたけれど、師匠が私の見つけた本の山に血眼になってくれたことが嬉しかったことなど……。植草甚一の本のページをめくるたびに、私の重要な記憶が蘇ってきて、机の上を旅している気持ちになってくる。

『アンクルJの雑学百科』も『J・J氏の男子専科』も面白かった。『植草甚一コラージュ日記ニューヨーク1974』もするすると読んでしまった。どこへ行ってもお気に入りの本屋を見つけて毎日通う植草甚一。高い本は取り置きしてもらったり、本を買い過ぎたらお店の人に発送を頼んでお礼にチョコレートのお土産を届けたりするチャーミングな伯父さん。日々買物をして、運んで、積んで、インデックス作りをしたり切り抜いてノートの整理して、原稿を書く。そうした日々繰り返される一人の人の営みが、こんなに魅力的なのはなぜだろう。

　これも有名なエピソードだと思いますが、植草甚一は古本屋さんの通路にしゃがみこんで、丹念に何十冊も、長い時間をかけて本を吟味していたそうだ。神保町でも、銀座でも、経堂でも、ニューヨークでも同じようにしていたみたい。そのエピソードを知って、私はもっと植草甚一の文章が好きになってきた。なぜかというと、一冊の本に書かれたものは魅力的な買物や知り得た雑学の記録でそれを読むだけでも愉しいけれど、その背後から「座り読み」して本を吟味するひとときわ長い時間や、その時の店番の人の愛ある困惑の溜め息が感じられるから。読む側は、贅沢にもそんな中から読書の愉しみをおすそ分けしてもらっているのだ。座り読みしているときの指の動きや、一冊調べるのにどのくらいの時間をかけるのかとか、他のお客さんが通路ですれ違うときどんなふうに身体を避《よ》けるのかとか、店番の人は咳払いをしたりはしないのだろうかとか、今日もワイシャツがパリッとしてるとか、足の組み方とか、革靴の先の光沢とかそんなものまで見えてくるのだ。その実物を目撃したことがない私でも、浮き彫りになる植草さんの息づかい。それを感じながら読むと、一層愉快な気持ちになってくる。

　最近になって私は、妹に「植草甚一って面白いよ」と教えてあげた。すると「ねえちゃん、まえに私の本棚で植草甚一の本みつけて、ふーん、そんなん読んでんだって鼻で笑っとったけど」と八の字眉毛で批難された。あーら、そんなこと言ったかしら？　私が悪うございました。

鬼子母神の境内で開かれた古本市で植草さんを見つけた

岡崎武志（文筆業）

梅雨の中休みとも思える晴れの日曜日、娘を連れて朝早く家を出たのは、東京・鬼子母神という神社の境内で、古本市が開かれたからだ。そこでこの本を見つけたのだ。ちょうど前日の六月十四日に、東京メトロ副都心線が開通し、新駅となる「雑司ヶ谷駅」周辺で記念のイベントが開かれていた。鬼子母神内での手作り市と古本市はその一環だ。

本来なら開業されたばかりの副都心線に乗るところだが、乗り換えがやっかいなのと、早々だから混むだろうと敬遠し、JR山ノ手線「目白」駅から歩くことにした。鬼子母神までは徒歩十五分くらい。

神社の境内へ足を踏み入れたら、新緑の葉を繁らした高い木が、風に揺れてわさわさと音を立てている。地面から湿った土の匂いがして、空気はひんやり涼しく、なんともいい気分。手作り市と古本市は九時オープンだったが、私が行った九時半ごろには、すでに大勢の人が詰めかけていた。

顔見知りの古本屋さんや、この日出品している知り合いの何人かに挨拶をして、さっそく古本漁りに取りかかる。神社の境内での古本市と言えば、東京では早稲田・穴八幡、京都では下鴨神社のそれが有名だが、屋内で開かれるのとは違って、頭の上には空、肌に風が触れていい気分。

最初は目が背表紙に食いついていかないが、そのうち、油が回って目の玉が動き出す。梅崎春生の『春の月』（三一新書）は、あんまり見ないなあ。まずこれを買って、ギアを一つ上げておこう。三〇〇円という値段も手頃だ。古本を買う時は、最初に無理してでも一冊買っておくと、調子が出てくるというのは植草さんの教えだ。

「週刊朝日　臨時増刊　東京'78」もいいぞ。三十年前の東京がつぶさにルポされている。二〇〇円。おや、これは絵本みたいだが、洋書のトライアンフのカタログで、写真と絵がたくさん入っていて楽しい。宗旨違いだが買っておこう。八四〇円。

かなりエンジンのトルク数が上がってきたところに、ひょいと目に飛び込んできたのがピンクの背表紙。『おしゃれ①　日本テレビ』という文字の下に、出品者の手製の帯が巻いてあって、「植草甚一、立木義浩他」とマジックで書き込んである。これはどうしたって、吸い寄せられるよね。

古本のおもしろいのはこういうところで、古本屋の店主が、その本が出た当時の価値とは別に、いまの目で、どこが売りかというセールスポイントを、こういうかたちで押し出すことがある。新たに価値付けをするわけだ。そこで、私みたいなのが飛びつく。

「おしゃれ」というのは、ご記憶の方もあると思うが、日本テレビ系列で一九七四年から始まったトーク番組。毎週月曜から金曜まで、昼下がりの十五分、放送されていた。初代司会者は三橋達也で、以後、石坂浩二、杉浦直樹、久米宏と受け継がれていく。この本は、放送内容をそのまま活字化したもので、司会は三代目の杉浦直樹。あの「岸辺のアルバム」（山田太一脚本）で、お父さん役をやった九一分けの名優だ。日本テレビ刊で、発売が読売新聞社。当時の定価が九八〇円。それが古書価五百円、とつけられていた。これを安いと思うか高いと思うか。

ただ単に『おしゃれ』というだけなら、五百円は高いかもしれない。でも、ここは植草甚一なんだから、そこだけで五百円の価値はある。そう思わなくちゃいけない。しかし、植草さんが杉村春子や桃井かおり、高見山大五

「おしゃれ①」
日本テレビ発行／読売新聞社発売、1979

郎などが登場する番組に、よく出たなあ。

植草さんが出演したのは一九七八年二月十六日放送の回。トークのなかでも言及されているが、ちょうどその前の年、七七年にベスト・ドレッサー賞を受賞している。著名な俳優やタレント陣に混じって、われらがJ．J．がブラウン管に映るには十分な理由がついた。

それに、翌年の七九年十二月に、この世を去るわけだから、番組担当者にはよくぞ声をかけてくれたと感謝したくなる。

十五分（前後のCMやオープニングなどを除けば、正味は十分ぐらいか）という短い時間のなかで、散歩のこと、買い物のこと、カメラの話や、ニューヨーク、それにコラージュのことなど、植草さんのエッセンスがまんべんなく盛り込まれている。

例えば、この頃凝っていたカメラの話。四年前にニューヨークへ行った時に、「買いたての性能のいいカメラ」を持っていった。しかし結果は「全然、映っていない」。杉浦は「カメラの故障かなにかで」と聞く。それはそうだよね。

以下、植草さんの弁明はこうだ。

「いえ、ブレたり、露出を間違っていたりして（笑）そうしたらカメラ屋が、お前はもうだめだから、他のカメラにしろと、初心者用のカメラを薦めるんです。なるほど、それでとるとピントも合っているし、ちゃんととれている（笑）それで、最初は随分喜んでとっていましたけれど、ニューヨークというのは、汚ないところがあるわけですね。それが、汚ないといっても、なんとなく、いい汚なさで（笑）色が面白いわけです。禿っちょろけの。それが、そのカメラではうまくとれないんです」

語り口がそのまま、おなじみの植草さんの文体になっているところが楽しい。話はこのあと。いいカメラを買ったが、今度はピントが合わないので、カメラの学校に通い出したと続いていく。

また、コラージュや雑学など、好奇心が旺盛なのは、江戸っ子だからだろうと説明したことに対し、杉浦直樹が機敏に反応。こんなことを言っている。

「江戸っ子だから、好奇心が強いと植草さんはおっしゃっていますが、私はそんなものじゃなくて大変なエネルギーだと思いますね」

植草さんは「ありがとうございます」と礼を言っているが、この時、本当にうれしかったのだと思う。杉浦は短い時間で、植草さんの本質を見抜いたと言える。昼下がりのテレビを視聴している、おそらく植草さんのことなんか知らない人たちに、うまく不思議な老人の肖像をスケッチしてみせたのだ。

ただ「古本」という言葉が一度も出てこないのが残念。私は肉声が吹き込まれたレコードで、植草さんが「古本」を「ふるぼん」と発音することを知っている。この植草さん登場の「おしゃれ」のVTRがどこかに残っているといいのだが……。

J・J的古本屋生活

樽本樹廣（古本屋「百年」店主）

植草甚一が生まれて百年を迎える。

まったく関係ないが、ぼくは吉祥寺で「百年」という名の古本屋をやっている。よく聞かれるのだけど、ガルシア＝マルケスの『百年の孤独』から拝借したわけではなくて、アングラ演劇人であり、映画監督・脚本家でもある内田栄一の映画『きらい・じゃないよ2』の舞台となっている架空のまち「百年まち」から拝借している。

おそらくほとんどの人が知らないだろうし、DVDはもちろんビデオにもなっていないからよほどのことがない限り観る機会はいまのところない。しかもそんなに人気がない。ぼくもレトロスペクティブ特集上映のときに一度見た限りだ。ただ、評論・脚本集『きらい・じゃないよ』（洋泉社）に脚本が収められているので読むことはできる。ただ、絶版なので図書館に行くか、古本屋で購入するしかない。一〇〇〇円くらいで買える。

百年をオープンする前は新刊書店で働いていた。5年くらいだろうか。ぼくは文芸書・アート・政治・哲学の棚を担当していた。売れるなと思うものは注文したり、売れないなと思うものは返品していった。ある日、『植草甚一スクラップ・ブック』の復刻版が入荷する。植草甚一の名前は知っていたけれど、どんな人なのかは知らなかったのでぱらぱらとページをめくってみる。何号だったかは失念。そのときは何も引っかかるものがなかったので、とくに目立つようにもせず他の新刊本と同じように並べる。とくに目立って売れることもなかったので注文扱いにして返品してしまう。だって41冊も棚にはさせないもの。

植草甚一を意識しはじめたのは、百年をオープンしてから3ヶ月ほど経ったあたりだ。そのころは仕入れに苦労していた（これは相も変わらずだが）。何を仕入れればよいかというのをまだ探っていた。ある日、市場（古本屋の交換会）で植草甚一の『スクラップ・ブック』や『ぼくは散歩と雑学がすき』なんかがまとめて出品されていた。それがはじめてではない。比較的よく出品される、いうなれば古本屋的人気商品の一つだ。だからといって、そんなに安くは買えない。事実、何度か僕も入札をしていて、そのたびにこんなにするのかぁ、と感心していた。それではいけないのだけれど。

そのとき何を思ったかは忘れたけれど、強気の入札をしたら、うまいこと落札することができた。すぐ値付けをし、お店にだしてみると、反応がいい。ちなみに百年の客層は20代後半から30代が中心だ。僕が29歳なのでほぼ同世代といえる。それに気をよくし、比較的出回っている数の少ない「ワンダーランド」や「宝島」といった雑誌も仕入れる。これまた評判がいい。そんなもんで店の一角に植草甚一コーナーを作ってしまう。そうしたら、植草甚一の買取りが増える。ここだったら売ってもいいかなと思ってくれたのだろうか。売ってくれるのは、リアルタイムに親しんだ人だと思われる。そんな風にして、僕とJ・Jの関係が生まれる。

部屋の天井まで届かんとしているくらい山積みされた本と椅子に座って本を読むJ・Jが写っている。

どうしたらこんな部屋になるんだ、と思う。

J・J、こんなのがあるんだけどどうかな。

GAZETTE DU BON TON
1920年刊。ポショワール彩色を使ったフランスの高級ファッション誌。ヨーロッパでもあまり残っていない貴重な雑誌。

VOGUE
現在も続いているファッション誌。
これは1922年刊（！）。当然貴重。

スタイル、洋装クラブ
昭和14年刊。当時の女性たちが何に憧れていたのかがわかる。

わたし本が大好きです一日一冊は読みます、という人でもこんなにはならない。どうやら一万五千冊はあるらしい。百年の在庫より多い。ちょっと悔しい。あんなに神保町に行っては古本屋めぐり、NYに行っては古本屋めぐり、一度に五〇冊も買っていればあんな小宇宙になるか。バーゲン本しか買わなかったらしいけど、古本屋的にはうれしいお客さんだ。けれど、あまり買い取りはしたくないような気がする（もちろん本人の自筆ものとかは別）。バーゲン本はバーゲン本にしかならず、J・Jのような人がほかにいるとは思えないので、結局のところ売れ残ってしまうだけだろう。

とあるお宅で五千冊ほどの買取があった。これでもすごい数だけど、J・Jには及ばず。大半の本棚は学術書で埋まっていた。百年で使えなさそうな本は市場に出品してしまう。廊下に置かれた本棚に一九五〇年代〜六〇年代の外国の地図とポストカードが乱暴に差してあった。手に取り広げてみると、ホコリと一緒にまだ行ったことのない、いまとは違う風景だっただろう都市がぼくの目の前に浮かんできた。楽しくなってきたので何枚も同じように広げた。そのたびに過去の新しい風景を想像できた。

また関係のない話をする。

ぼくの一週間は月曜日からはじまる。電車もしくは車に乗って神保町にある古書会館を目指す。古書会館では月曜日から金曜日まで特色ある市場（同業者の交換会）が行われる。月曜日は中央市と呼ばれる、漫画・雑誌・文庫・小説・サブカルチャー・専門書などようは何でもある市だ。そして、全国の古本屋が参加するもっとも人

EDUCT
25%
PRICE

数の多い市場でもある。ぼくの狙いは普通の本だ。研究者向けの専門的な本ではなく、興味があれば読んでみたい本のことだ。売値も一〇〇〇円から五〇〇〇円くらいに設定できるようだと売りやすい。けれど、同じように考えているお店も多いので、人気のある本になると簡単には、安くは買えない。はじめのころは高く買いすぎて、売ってもほとんど利益がでないこともあった。いまはある程度学んでそれなりの相場で買えるようになってきた。それでも失敗することは多いのだけど。

火曜日は洋書会と古典会というのがあるがぼくは行かない。洋書会は文字通り洋書専門の市場だ。Ｊ・Ｊであれば、ここに行きたいだろう。けれど、洋書を扱うには語学だけでなく、専門知識がより求められる。古典会は江戸時代以前のものを扱う市場だ。値段も車が買えるくらいのものが多いので、下手をすれば家が買えるので、ぼくにはまるで用がない。当然、知識もない。古本屋と呼ぶな、古書店と呼べ、と怒りそうなじいさんばかりがいる。

水曜日は資料会。これまた文字通り、資料専門の市場。こんなんの誰が買うんだという品ばかり。実際は大学、研究者が主なお客さんのようだ。そんなわけでこの市場もあまり買うものがない。それでも資料だけでなく、一般書もあるのでそういうのを狙って行く。

木曜日は一新会。神保町周辺の古本屋がメインとなる市場。参加者もほとんどが周辺のお店。もちろん、ほかの地域のお店も参加できる。ライバルが少ないので比較的やりやすいが、本も少ないので人気のある本は争奪戦となる。決して安くは買えない。

金曜日。明治以降の本を扱う明治古典会。この日は文学、写真集、額ものなどとんでもないのが出品される。珍しいものを買うならこの市。

第二・第三土曜日は五反田・高円寺にある支部で行われる市に足を運ぶ。

日曜日は市場が休みのため、お店にいる。

こんな風にして一週間は過ぎる。

Ｊ・Ｊが買ってくるものはだいたい無用なものばかりだ。もしぼくがそんなの買ってきたら妻に怒られるに違いない。けれど、Ｊ・Ｊの手にかかるとなんとなく素敵なものに見えてくるから不思議だ。きっとものの生かし方を知っているんだろう。古本屋は古い本を「いま」に生かすことが仕事だ。そのためには「いま」を掴む感覚が大事になってくる。Ｊ・Ｊはそれがうまかった。いまでもＪ・Ｊの魅力がなくならないのは、残してきた仕事よりも、自分の興味を貪欲なまでに失わなかったその姿勢に共感するからだ。

何を基準にして仕入れるのかというと、ぼくがおもしろいと思ったもの、ただそれだけだ。そして、そこにどう「いま」を感じ取れるかが勝負の分かれ目になる。また、仕入れたものをどうやって売っていくかを考えるのも楽しい。ぼくがセレクトしたものにお客さんが反応してくれるとうれしい。逆にまったく反応がないと少し自信を失う。日々それの繰り返し。

お店のカウンターにいるとき、ときどきこう思う。Ｊ・Ｊ来ないかなぁ、と。もし来たらこう言うんだ。こんなのがあるんだけどどうかな、って。

植草ジンクスと下地作り

荻原魚雷
（エッセイスト）

ジャズも聴かず、映画もほとんど観ず、古本は好きだけど、本の趣味はまったく重ならない。それでも気になって読んでしまうのは、植草甚一の本のおもしろそうなにおいのせいかもしれない。

本人も見るからにおもしろそうだ。ずっと自分の好きなことをやっていた人というかんじがする。

どうすればあんなに好奇心旺盛でいられるのだろう。好きなことをやるのも、だんだん面倒くさくなってくる。年をとっても新しいことにたいするの興味を失わないということはすごいことだ。何かに夢中になる感覚がなくなったらつまらない。夢中になっているときは、何も考えなくても、次から次へとやりたいことが浮かんでくる。

好奇心がおとろえると、無駄なことをしなくなる。用もなくぶらぶらするひまがあったら、部屋でごろごろしていたくなる。あんまりごろごろしていると、いろいろな感覚が退化してしまいそうで不安になる。

　そんなときに植草甚一の本を読むと、とりあえず、外に出てみようかな、という気持になる。

　『ワンダー植草・甚一ランド』所収の「植草さんと古本屋を歩く」（和田誠）という一文がある。

〈最初に欲しくないものを買っておくと、あとでいいものが見つかるという、これは植草さんのジンクスなんだそうだ〉

　植草甚一は、躊躇せず、ポンポン本を買うらしい。最初に入った店で、いきなり雑誌と単行本を四十冊ほど買っている。何十冊も買うのはまねできないが、最初に入った店で何でもいいから本を買うというのは、わたしもたまにやってみる。

　そうすると勢いがつく。何か買わなきゃいけないとなると、集中力が高まる。装丁が気にいったとか、この時代のこの出版社の本なら大きく外すことはないだろうとか、前に神保町の某店でけっこう高い値段で売っていた気がするな、といった理由で、あまり知らない著者の本を買うこともある。

　失敗したなあとおもう本を買ってしまうこともある。それでも最初の店から集中して本を探せば、「目」がさえてきて、そのあといい結果につながることが多い。

「わが道はすべて古本屋に通ず」（『ぼくの読書法』ほか）というエッセイにも「植草ジンクス」のことが出てくる。

〈ぼくは、あまり欲しくはないが、その売れ残りの本をできるだけ一冊は買うことにしている。なぜなら、本というものは不思議で、売れない本を買ってやると、本自身はよほど有難いとみえ、あたかも犬のように、道先案内をしてくれるのである。最初入った店で、買うのを止めてしまった日は、いくら捜し回っても掘出物がないことが多い〉

　迷ったときは買う。そうしたいけど、積極策をとるためには、やっぱり余裕が必要だ。でも最初の店で迷った本を買わないと、どうしてもその日一日気合がはいらない。でも無駄な出費を抑えたい日に「植草ジンクス」はつかえない。

　だから今日は気合をいれて本を探そうとおもった日だけ、わたしは「植草ジンクス」を実行する。

　まあ、そんな話はどうでもいいというか、どうでもよくもないのだが、もうすこし話をほりさげると（ほりさがらないかもしれないが）、植草甚一がやっていたことはなんだったのか。

　植草甚一は、古本読んで、レコード買って、映画見て、文章を書いていた人である。

　そういう仕事もしていた。仕事も含めて、好きなこと、趣味の延長のような形で生活していた。ある意味、筋金いりの趣味人だ。でも、なかなかそういう生活はしようとおもってもできない。

　上京生活が十年すぎ、二十年ちかくなって、しだいに、植草甚一の好奇心の持続というのは、ちょっと、とんでもないもんだとおもうようになってきた。

　なにかひとつのことを追いかけてゆくと、その先になかなかすすめないという状態になる。生活が安定してくると、変化がなくなる。自由業ですら、休みの日は掃除と洗濯して、終わってしまい、あとは仕事して、古本屋に行ったり、酒を飲んだりするのも、なんとなく予定を消化しているだけのような気がしてくる。

　ちなみに植草甚一が古本屋めぐりをしたくなるのは、こんなときだという。

〈一、寝不足の日の正午前後。
二、ひとりぼっちで酒を飲みだしたとき。五時半から六時にかけて。
三、三、四日つづいた雨あがりの日。
四、本を買った夢を思い出した瞬間。
五、そして古本を調子よく買っているとき、ますます歩きたくなる。十時ごろまで。〉
（「わが道はすべて古本屋に通ず」）

　そんなふうに古本屋を歩きまわり、洋書や外国雑誌を買い漁る。ひと月かふた月に一度くらいは、東京中の古本屋を歩いても、ほしい本がなにも買えない日々が続くこともあるという。

　そういうときは横浜に行って、古本屋めぐりをする。気分転換と暇つぶしがうまい人だなあとおもう。本でもなんでも、評価のさだまっているものより、まだあまり注目されていない粗削りの新人を探すことを好んだ。「植草ジンクス」をはじめ、いろいろ自分だけのルールを作り、生活をゲームのように楽しんでいるようなところもある。

　もちろん、生活を楽しむためには、こんなことも自分に課していた。

〈原稿はすこしずつでも書いてゆかないと、すぐ遊びたくなるし、そうなると締切に間にあわなくなるので、遊べば苦しくなるし、苦しくなれば遊びたくなるという悪循環が、たえず起こってくるのです。この調節がうまくゆくと、気持よく遊べたり、気持よく原稿が書けたりするのですが、いままでの経験から、どうしたら悪循環がなくなるのか、わかるようになりました。

ひとくちにいえば、無理をしてはいけないということと、無理をしないようにジワジワと下地をつけておけということです〉（「そのときになってからではもう遅い」／『ワンダー植草・甚一ランド』）

とにかく無理をしないですむような「下地」づくりに余念がなかった。日頃から、植草甚一は原稿を書くためのために「できるだけこまかいメモ」をとっていた。そのメモがあると、いざというとき気持がゆったりするそうだ。

好きなことばかりやっていたわけではないんだなあ。考えてみれば、当たり前のことなのだが、なかなかそういうことはわからない。

〈要するに毎月きまってやらなければいけないことは、できるだけ早く着手するようにしろ、不意にたのまれた仕事にたいしては、それがやれる自信があるかどうか、すぐ自分で判断ができるようにしておけということです〉（同文）

植草甚一は、先の話だからといって、仕事の着手を遅らせたり、安請け合いすると、自分も苦しむし、相手にも迷惑をかけると忠告する。

〈そうなるとイライラしてばかりいる日がつづくだけでなく、いろいろなことに興味がなくなってきて、人づきあいがわるくなり、病人みたいになったうえに、なかなか恢復することができません〉（同文）

うーん、身につまされる。つまり、きちんと仕事をスケジュール通りに片づけ、できない仕事はできないと断わることが、おもうぞんぶん遊ぶための「下地」なのである。好奇心を持続させるための秘訣もそこにある。それは上機嫌に生きる秘訣でもある。

余裕のある人は「下地」をちゃんと作った上で、遊んでいるのだなあ。そういうことって、なかなかわからない。子どものころから、後であわなくてもいいように、ちゃんと計画を立てなさいと何度怒られたことか。

ほんとうにそのときになってからでは遅いのだ。でも「下地」というのは、すぐにはできない。長年の習慣がものをいう。当たり前のことだけど、むずかしいことだ。植草甚一のように、散歩をしたり、古本屋に通ったり、喫茶店でコーヒーを飲んだりしたいとおもったら、その前に「やらなければいけないことは、できるだけ早く着手する」しかないのだ。ごもっともだ。仕事がつらくなるのも、イライラするのも、好奇心がなえるのも、人付き合いがめんどうになるのも、結局は「下地」ができてないからなのだなあ。身から出た錆だと痛感する。泣きたい心境ですよ。

今日から、明日から、来月からとおもいながら、ずるずると同じ失敗をくりかえしてしまう。

この原稿を書いたら、さっそく「下地」作りをはじめたいとおもう。

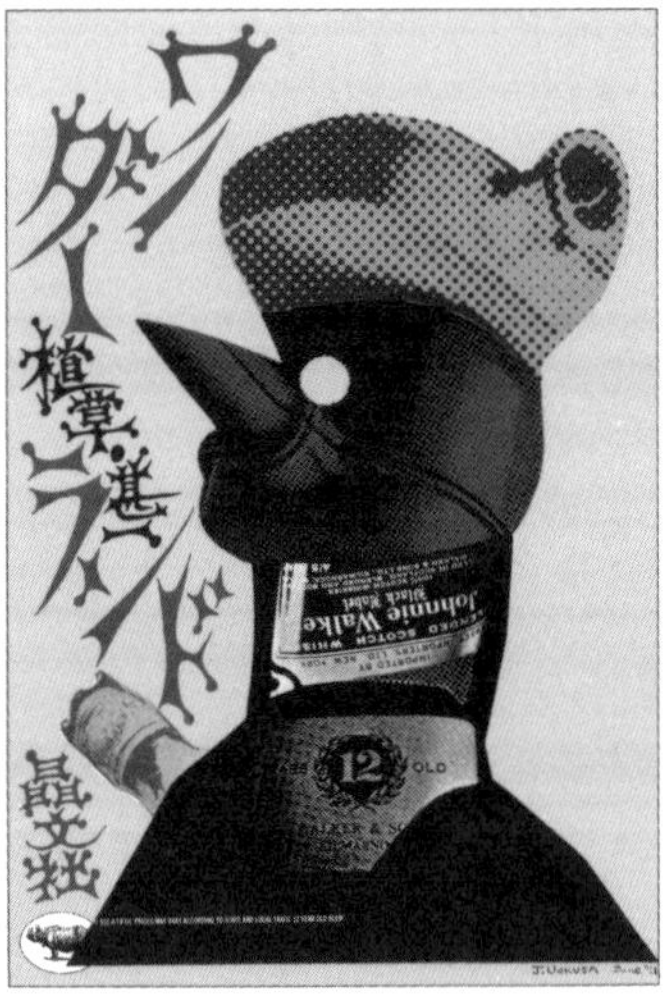

「ワンダー植草・甚一ランド」晶文社、1971

東京を天国にするのは止めよう

前田司郎
（作家・劇作家・演出家）

僕は今、地獄に関する小説を書いている。と言っても、ちゃんと地獄の資料を調べて書いている訳ではなく、まるきり想像だけで書いている。

そもそも多分地獄はまるきりの想像のはずだ。まあもちろん実際地獄に行って帰ってきた人もいるかも知れないけど。

だから地獄の資料と言ってもまるきり信頼の置けるものはない気がする。だって、地獄の旅行ガイドのようなものは見たことが無い。だから僕は自分の想像する地獄を書いて見ることにしたのだ。

僕の思う地獄はそんなに辛いところではない。例えば痛みを無限に受け続けるような地獄が世間ではわりとポピュラーだけど、どうもそれはぴんと来ない。というのも痛みにはいつか慣れるのではないか？　僕は歯の治療が怖くてしょうがないのだけど、いつも歯を削っている数分の終わりの方にはすでに最初に感じていた苦痛を感じなくなっているような気がする。痛みを与え続けるだけの地獄なんて芸がない気がする。もちろん地獄に芸を求めること自体変な話なんだろうけど、面白くない。どうせならもっと面白い地獄が良い。

地獄を考えるときその下敷きになっているのはいつも僕の東京だ。

僕の東京には暗がりがあり、便所のにおいのする道があり、エロ本しか売ってない本屋があって、遊ぶと浮浪者に怒られる公園があった。

僕は東京の五反田に生まれた。一九七七年。それ以来ずっとここに住んでいる。僕の暮らした高々三〇年ほどでもこの街は大きく変わったように思う。

小さい本屋は無くなり、大型の書店が三軒も出来た。定食屋は牛丼屋に変わった。ずっとある目黒川も、工事を重ねてもう溢れ出るようなことは無くなった。昔はちょっとした雨であふれては町中を水の底にしていた。

一軒家はどんどん無くなり、マンションに取って代わった。人は増えるけど、この街で育った人間はどんどん減っていく。

新しく出来る店はみんなどこか別の町にもあるような店で、まるで一人の若者が成長して周りの者と情報を共有し同じ服に身を包み、同じことを話すように、街は顔を失っていく。甚一さん、東京はなんだかどんどんつまらない奴になって行ってしまうみたいです。

東京に野望を持って入ってきた人の都合で便利に変わって行く東京はそのうち魅力を失って、気付いたときにはもう誰からも相手にされないつまらない男になっちゃうんじゃないでしょうか？　僕は心配しています。

東京を天国にするのは止めようぜ。天国ほど想像力を刺激しない、つまらない場所は無いんだから。地獄のままの東京でいて欲しい。地獄の残酷さは友達でいるには最高に面白い長所だと思うよ。やさしくて生暖かい天国みたいな町はどっかの海の底にでも作ったら良いのに。

東京よ、地獄のように刺激的な町でいてください。

甚一さん、あなたみたいな人が東京の愉快な地獄を紹介し続けてくれればよかったのに。

あなたは死んだから、僕が跡を継げたら良かったのだけど、僕にはその力が無かったみたいです。

だから責めて小説を書きます。地獄が見える小説を、消極的な方法だけど、それでみんな東京が、だんだん均されてのっぺりとした何もない、のっぺらぼうみたいな街になって行こうとしていることに気付いてくれたら良いと思っています。

甘いかな。

それか、東京自身がいつか気付いてくれたら良いのに。洗練と引き換えに、素晴らしい魅力がどんどんそがれて行っている事を。

そしたらまた歩いてやろう。

植草甚《ジン》一さんが「買わなかった」もの

福田教雄（編集者など）

　その展示室の真ん中には、ベンチ・タイプのソファが何台か置かれていた。そして、すでにたくさんの展示品を見終わって疲れてしまったぼくは、これはおあつらえ向きだ、と、ありがたくそこに腰を下ろしたわけである。ほかにも何人かがゆったりと腰掛けていて、そのうち、端っこのひとりが脇に設置されたCDプレイヤーに繋がったヘッドフォンを装着してなにかを聴いているのが視界に入ってきた。さて、数分後、ひと通り聴き終えたのだろうその人が頭からヘッドフォンを外して席を立ったのを見たぼくは、早速、同じことをしてみたのである。

　そのCDは、美術評論家の故東野芳明さんが植草甚一さんを取材したインタビュー・テープを収めたものだった。録音されたのは一九七八年、つまり植草甚一さんが亡くなられる前年であり、シュールレアリスムやマックス・エルンストなどについての問答が主な内容だったように覚えている。そこで話されている細かな内容についてはあいにく忘れてしまったが（植草さんがダダイズムにはそんなに入れ込んでいなかったと仰っていたことが面白かったように覚えている）、とくに印象的だったのは、インタビューそれ自体よりも、むしろ背景に聴こえる小田急線（その取材は、経堂の植草さんの自宅で録音されていた）や室内の時計などの生活音だった。もちろん、はじめて聴いた植草甚一さんの訥々とした柔らかなしゃべり口もある。だけど、一九七八年に切り取られたある時間帯を行きかう電車の走行音からはホッとするような静かさが感じられて、ぼくはそれだけでうっとりしてしまったのだ。

　取材中のふたりを含め、無数の人の営みがそこには確かに広がっていた。そのとき、たったの八歳にしか過ぎなかったぼくは、もちろんその取材のテープレコーダーが音を拾う範囲内にいるはずもなく、遠く遠くの小さな地方の町の小学校の教室か校庭にいたのか、それとももう帰宅して早速テレビのチャンネルを回したりしていたのだろうか？　とにかく、まったく離れ離れのふたつの世界だけれど、その音を聴いていると、それら無数の世界のいくつかがむくっと起き出して重なっていくような錯覚を覚えたのである。そして、その中を定期的に小田急線が走っていく。ただ、それだけのことだった。しかし、それだけのことが、なにか夢のような、それでいて世界の心強さに安心して身を任せたくなるような不思議な聴き心地をぼくに与えてくれたのだ。

　世田谷文学館で催されていた、その「植草甚一〜マイ・フェイヴァリット・シングス」展に出向いたのは、二〇〇七年十一月の会期終了間際のことだったが、また、その数多い展示品の中でとりわけ見ることができて嬉しかったのは、あの茶目っ気あるコラージュや愛らしい手描き文字が配された手紙や葉書、オリジナルの年賀状の数々だった。律儀にマス目が埋められた原稿用紙、知り合いへの葉書の裏に分厚い筆致で描かれた顔、顔、顔。そして、自分の目と耳を通過したものは、すべて盛り込んであるんじゃないかと思ってしまうような、データ満載のスクラップ・ブック……。頭のなかが一瞬、植草甚一文字で埋め尽くされてしまう。

　植草さんが青年だったころ、村山知義の『構成派研究』やエルンストの『百頭女』から大いに刺激を受け、海外の機械のカタログを切り貼りして最初のコラージュ作品を作ったことは有名だけれども、なるほど、その手描き文字やコラージュは村山知義が手がけたポスターや書籍装丁、舞台美術で見ることができるそれと同じ地面から生まれてきたように見えて楽しいものだった。雑誌の扉絵に用意されたコラージュ・アートに添えられたタイトルのいくつか――たとえば「〝ロック革命〟という新刊書の「カリフォルニア・サウンド」にふれた部分を読んで」など――は、少しサイケデリックな調子のものもあるけれど、それでもやはり構成派だとか、表現派だとか、シュールレアリスムの時代の手描き文字を思わせた。

　植草甚一さんといえば、「エスクワイア」や「ヴィレッ

ジ・ヴォイス」「ニューヨーカー」「ローリング・ストーン」といったアメリカの雑誌群がパッと頭に思い浮かぶけれども、その身元に「マヴォ」や「新青年」などのモダン都市雑誌があったのも、その理由なのだろう。にしても、この稀代のシュールレアリストが、最後まで（しかも加速するように）「雑誌」を舞台に活躍を続けてこられたことを思うとき、ぼくは誇らしさと同時になにか執念のようなものさえ感じずにはいられなくなる。

植草さんのエッセイといえば、これこれの音楽についての面白い記事が「ダウンビート」に載っていた、とか、「タイム」のカバーストーリーが面白かった、とか、なんとかという新しい雑誌が創刊された、とか、そういった、他の雑誌や評論の翻案というか受け売り記事（もちろん悪い意味ではなく）が多いし、それに対して、植草さんはいつも「うなって」しまったり、「感心」したり、「びっくりして」しまったりするわけだが、そこになんとも得体の知れない魅力があるのだから困ってしまうのだ。普通だったら、いくら受け売りの原稿でも、そうとは知らせずに、あたかも自分の視点でまとめあげてしまうだろうし、反対に、あまりに受け売りに過ぎたら印象にも残らない。そして、もちろん、植草さんの語り口はそのどちらでもない。ひとつのテーマに固定せず、その周囲をぶらぶらと歩いてみるのが面白い、いろんな視点を味わってみようじゃないか。いわゆる植草調と呼ばれる文体はそういうことだろうが、この「自由」な足取りはきっと、何冊もの雑誌のページをめくる指先とリズムが一致しているはずだ。そして、その楽しみこそを、氏は読者に伝えたのだろう。

告白すれば、ぼくは熱心な植草甚一読者だったとは言えないし、植草さんのように、歩くこと、出会い、発見すること、買うこと、楽しむこと、書くことについて、どれだけ身を入れているかというと、はなはだ怪しいもので、誠に恐縮するほかない。でも、植草さんが生きてらっしゃったら、いま、どんなアメリカの雑誌をめくっていたのだろう。ちょっと考えてみた。

たとえば、二〇〇二年に創刊された隔月刊の音楽／カルチャー雑誌「アーサー」はどうだろう？　縦三〇センチ×横二五センチくらいのサイズの大判の雑誌であるが、六〇〜七〇ページ程度の薄さと新聞紙のようなざっくりとした紙質のおかげで、むしろ、ひと回り小さ目のタブロイド紙と言った方がしっくりくるような軽味がある雑誌である。そのせいで、昔の「ローリング・ストーン」に似ているという声も上がっているが、それは、この体裁のせいだけでもないだろう。基本的には、主に米欧のインディペンデント・ロックを取り上げる音楽雑誌だが、ただ単に人気アーティスト／バンドのインタビューやアルバム・レビューが並んでいるわけではない。

バック・ナンバーの目次をながめてみるだけでも、そこにはアーサー・C・クラークやJ・G・バラードへの取材記事があり、さらに「写真家のダニエル・チェンバレンが、夏のエジプト〜レバノン〜シリアで過ごした三週間。その様子がここであきらかに」とか「マウイ島の危険区域にあるスクウォッター（不法占拠）の村にポール・スマートが潜入する」とか「皮膚ガンにおびえながら、デイヴィッド・リーヴスがペルーのイキトスを旅する。そこで彼が見た魔術師、アヤワスカ、CIAの遺産、水上のスラム街とは」などなど、とても面白そうなルポ記事が散見できるのだ。その上、ある人気バンドが米軍の兵士募集キャンペーンに曲の使用を許諾しているとあれば、編集長のジェイ・バブコックがだまっていない。そのバンドの中心人物にしつこく取材を要請し、ついには対決インタビューを敢行してしまうのである。

「僕らはアメリカのアンダーグラウンド・プレスの伝統を受け継ぎたかったんだ。特に二〇世紀のアンダーグラウンド・プレスだね。パンク雑誌であれ、レイヴ雑誌であれ、もしくは六〇年代後半から七〇年代前半に起こった素敵なアンダーグラウンド・プレスであれ、それよりも昔、ビートやポエトリーのシーンを支えた五〇〜六〇年代のガリ版雑誌であれ、もちろん、アナキストの雑誌、労働組合の雑誌もあるし、「アーサー」はこの流れにあるんだよ」とは先述した熱血編集者／ライターであるバブコック氏が「ザ・ネイション」の記者、ケヴィン・マッカーシーに伝えた創刊時のアイディアだが、ここまで「あきらめていない」正統な雑誌は、とても貴重だと思うのである。しかも、アメリカとカナダ国内では、この雑誌は無料で配布されている。それも、自動車やタバコ、飲料品やアパレルなどの大企業には頼らず、主に独立系レコード・レーベルの広告のみで成り立っているところも嬉しくなってしまう。

ほかには、サンフランシスコのマクスウィーニーズという独立系出版社が発行している同名の文芸誌（毎号、とても工夫を凝らした装丁に文字通りうなってしまう）や「ザ・ビリーヴァー」という月刊誌も、もちろん手にしただろうし、さらには「クラップ・ハウンド」「ステイ・フリー！」「チャンクレット」「チックファクター」「ファウンド・マガジン」「クール・ビーンズ！」「カーボン14」「イェティ」「インデックス」「イシュー」「ジング・マガジン」といった小〜中規模のパブリケーションだって、見かけたら「おや」と手を伸ばさずにはいられなかったことだろう。これらは、コピー機を使って作られたような「ジン」と呼ばれる極々小部数で発行されるリーフレットに出自を持っていたり、そうでないとしても、それらの読者層と近いところにある独立系雑誌群で、音楽、アート、コミック、生活、政治、ユーモアなどなどを、各誌が工夫を凝らして一冊にまとめ上げたものである。さすがにインターネット時代になって久しい現在だけに、それぞれ苦戦が続いたり、発行を停止してしまった雑誌も多いが、それでも、これらの雑誌には、この部数、この規模でしか出せないような独特の味わいがあるものだ。他ではあまり見かけることができないような、奇態な挿絵やコミックもそうだし、取り上げる対象も、チャートに登場しているものを追いかけている雑誌が取り上げないようなものを深く掘り下げ、それでいて、取り上げる発行者の体内温度に素直に従っているからだろうか、意外に、その時期その時期の世相や気持ちの傾き方に、しっくりと寄り添っていることが多いものなのだ。

そういった出版物が続々と発行されていることをぼくが知って興味を持ったのは、そう早くはなく、九〇年代に入ってからだったが、とくに好きだったのは「バニーホップ」や「ミーン」「スピーク」といったところ。残念ながら三誌とも、すでに廃刊になってしまったが、どれも窮屈なテーマに捉われず、まさに植草さん好みとでも言うような感覚的な歩の進め方で、何かの答えを早急に求めることだけに重きを置かず、その道のりや道草の楽しみといったようなものを、そのままページに反映した誌面作りをしていたものだった。

たとえば「ジ・オールド・エイジ・アンド・ノスタルジア」号と銘打たれた「バニーホップ」の9号には、ノスタルジックなコミックの作家として知られるクリス・ウェアから、老人ホームに住む老人との会話を「デュプレックス・プラネット」という小冊子にして発行し続けているデイヴィッド・グリーンバーガー、「アーノルド坊や」役で一世を風靡した俳優ゲイリー・コールマンにターンテーブルの歴史などを取り上げて、一冊丸ごとを、セピア色の空気で包み込んでいたことがいまだに忘れられない。そして、そういった雑誌を一冊一冊、書店の棚で見つけてはおずおずと買い求め、近くの喫茶店で、もしくは急ぎ足で帰宅してページをめくっていく喜び。そうした楽しみは、ついこの間まであったと思うのだが、いまでは随分と失われてしまったような気がしてしまうのはなぜだろう。

『ぼくは散歩と雑学がすき』という書名を持ち出すまでもなく、古書店があるところ、お気に入りの文房具屋さん、気の効いたアクセサリー・ショップやレコード店がある通りを歩き回っていた植草甚一さんだが、それは「散歩」というよりも、要は「買い物歩き」だったのでは、と、川本三郎さんは書いている。たしかに、植草さんの日記を読むと、毎日のように買った物、買った場所、買った値段のことが、ちょっと細かすぎるくらい書いてある。

さて、この頃は、買うことよりも買わないことの方に美点があって、買い物好きは「ヒップ」でないのかもしれない。ハードディスクの容量ばかりが大きくなり、その分、スペースを塞ぐようなものは無駄ではないか、と、皆が納得する。だとすれば、経堂のマンションを三部屋も確保し、机の周りには紐で括った書物がうず高く積み上げられ、その中で埋もれるようにしてページをめくり、十五分おきに一本、キャメルを吸い続けた植草甚一さんは、もはや「ジ・オールド・エイジ・アンド・ノスタルジア」の一ピースでしかないのだろうか。

しかし、植草さんが買ったものではなく、買わなかったもの、あの買い物リストから欠けているものに思いを馳せてみる。そうすると、凛として烏合しないある種の孤絶感が感じ取れるような気がしてならないのである。植草さんが買ったもの。植草さんが買わなかったもの。その境界で世界は真っ二つに割れていく。そして、その真ん中を、植草さんがひとりで歩いていくのである。その「買い物歩き」を、消費社会の行動のひとつとしてではなく、そこからもはみ出した何か得体の知れないものとして想像してみると、そこにもまた植草調文体の秘密の一端が隠されているのかもしれない。そして、今日も、経堂の駅を小田急線は行ったり来たりしている。ぼくはまた、ちょっとうっとりとしてしまい、雑誌のページをめくりたくてうずうずしてくる。そうすると、ぼくの指先から、世界が何重にも折りたたまれて重なっていることが、たしかに伝わってくるのである。

植草さんのことをいろいろ考えていたら、ムッシュかまやつの「ゴロワーズを吸ったことがあるかい」を久しぶりに聴きたくなってきた

北沢夏音（ライター）

i

植草さんの原稿やインタヴューを読んでいると、ときどき「落っこちる」という言葉にぶつかる。それは「情熱を失う」ことと同義であって、俗にいうドロップ・アウトとは意味がちがう植草さんは落っこちそうになる度、それまでのキャリアにしがみつくことなく、あたらしい関心事を見つけ、あたらしい情熱に衝き動かされて、生まれ変わるように人生をサヴァイヴしてきた。

一九四九年、四一歳で東宝を退社してから、六七年、五九歳のとき最初の単行本といえる『ジャズの前衛と黒人たち』が晶文社から出版されるまでの一八年間、植草さんはフリーランス・ライターとして、主に雑誌にコラムを書くことで生計を立ててきた。

十日ばかり徹夜して、いくつか原稿をペラ百二十枚ほど書いたが、毎月ペラ三百枚まで仕上げないと食えなくなる。それでも欲しい本やレコードが買えなくなったのは、よけいなものが高くなっているのだと気がつきはじめる。
（「日録i」六一年）

ぼくは原稿を書いて生活しています。注文がくるのは、映画と外国の推理小説とモダン・ジャズに関したことが多く、中間読物がときおり入ってくることがあります。じぶんでほんとうにやりたいのは外国のあたらしい小説の紹介ですが、これには注文がありません。
（「そのときになってからではもう遅い」六三年）

「植草甚一の秘密」という「宝島」七六年二月号に掲載されたロング・インタヴューのなかに、「もう生きるのがいやになってしまったことがあって」という、ショ

ッキングな発言がある。

「あれは、最初の単行本が出る直前でしたっけ。（中略）それで、ああ若い人が読んでくれるなって元気がでる前に、もうくたくたになっていて、原稿を書いている。やめたら食えなくなっちゃうような時代でしたね。それでもうそろそろ、あと四、五年で、もう寿命だなあって思った時、一年前にそれをなんとかしてわかって、一年間そういった（注：ドラッグ関係の）本を全部もってきて、メスカリンなんかの実験をやって、ノートして死んでいこうと思った」

　それはおそらく六七年頃のことだった。「文芸春秋漫画読本」一二月号のグラヴィアに「雑学を食うフシギ人間——植草甚一」という紹介記事のなかに、こんな文章が載っていた。

「ある地方の町に大きな病院があって、その院長が大のジャズファンなのだ。あと半年したらオダブツだという事が自分でわかったら、この病院へ駆けつけて入院させてくれと頼み込む。それから、よく事情を話したうえで、最初のあいだは毎日ヘロインをうってもらい、ジャンキーとなったら、こんどは毎日LSDを飲ませてもらうんだ。こうするのがオダブツ直前には一番うまい方法だろう。

　そうしようと考えていると、とても嬉しくなってくる」

『植草甚一読本』（晶文社／七五年）に収録された内田修氏の文章（「植草さんの泊ったソファ」）のなかで引用されているのを読んだとき、可笑しかったことを覚えている。このブラック・ユーモア最高だな——そんなふうにしか受け取れなかった。戦前の新宿で私服にひっぱられたときも、サンフランシスコで少年ギャングに襲われたときも、それをおもしろがっているようにしか見えない植草さんが、まさか本気で人生の幕引きを考えていたなんて、思ってもみなかったのだ。

　そのとき地球がフリーキーに揺れた。サイキデリック（植草さんは「サイケデリック」という表記を断固拒否した）なうねりが世界中に拡がっていった。爆発する新宿のソウル！　六〇歳を前に人生から落っこちかけた植草さんのソウルに火をつけたのは、六〇年代後半のカウンター・カルチュアの熱気だったのだ。マザーズ・オブ・インヴェンションやファグスにアメリカ式ダダを感じたり、ドアーズのジム・モリソンに若き日のジャン・コクトーを連想しながら、植草さんはニュー・ロックを聴きはじめる。

　植草さんの本はいつ読んでも刺激を受けるが、異様なまでに混沌としたパワーが未だにうずまいているという点で、「話の特集」の連載をまとめた『ぼくは散歩と雑学がすき』（晶文社／七〇年）は本当に特別な一冊だと思う。植草さんの名刺代りになったこの傑作タイトル「散歩」に「トリップ」とルビをふる必要がある。『カトマンズでLSDを一服』みたいな書名のほうが、内容的にはふさわしいのである。

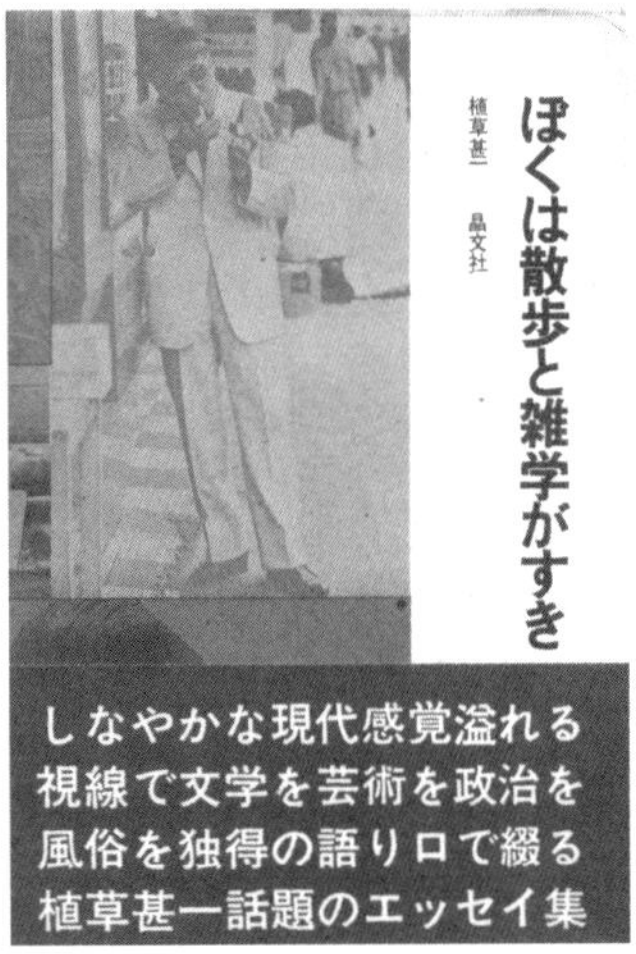

「ぼくは散歩と雑学が好き」晶文社、1970

　反逆児ラルフ・ギンズバーグが編集発行した「エロス」「ファクト」「アヴァンギャルド」、ロック・ミュージカル『ヘアー』に影響を与えたといわれるサンフランシスコの詩人マイケル・マックルーアの一幕劇『ひげ』が載った「エヴァーグリーン・レヴュー」、「ヒッピーの葬式」をリポートした「ヴィレッジ・ヴォイス」、『二〇〇一年宇宙の旅』のスタンリー・クブリックのプロファイルを掲載、ポーリン・ケールが『俺たちに明日はない』を論じた「ニューヨーカー」、『裸で寝るのですか』のレックス・リードがピーター・フォンダをインタヴューし、ジェイムズ・ボールドウィンが黒人暴動について語った「エスクァイア」、そして六六年二月の創刊号を見た植草さんが「創刊号でこれだけうまくいった雑誌は珍しいですね」とハガキを出したら、それが第二号にそのまま載ってしまった「話の特集」等々、「あれほどおもしろかったことはないよ」（「植草甚一の秘密」）と述懐する、六五年～六九年という時代の濃密さ。前衛好きの植草さんと時代との距離が近い分、今読んでもスリリングなドキュメントである。

　七〇年代の植草ブーム、六六歳にして初めて実現したニューヨーク探訪は、ギリギリのところで踏ん張って、落っこちなかったことへのご褒美だったにちがいない。

　やっとのことで雑誌を平らげ、徹夜して原稿を書いたあとは、かなり疲れている。やっぱりすこし横にならなければいけない。けれど原稿をわたして安心したせいか、あんがい早く疲労がなくなり、頭がさっぱりしてくる。

それは何ともいえない気持なのだ。注文して到着したばかりの洋書を読みはじめるときの楽しさ。ひさしぶりで自分にもどったような気持がしてくる。そうしてその本をバッグにいれて、どこかへ散歩に出かけたときは、気持が浮き浮きしてくるし、まだ生きているけれど、それもわるくはないな、と思いはじめるのだ。（「原稿を書きおわったとき」七三年）

ii

「人間のユーモアとか奇行というものは、その人間の人生経験の層の厚さからにじみでるものである」

　植草さんが亡くなった後、淀川長治氏が「ユリイカ」八〇年一月号に発表した「植草甚一氏を思う」からの引用である。追悼文が収録された『淀川長治集成』を、映画ファンの友達が電話口で読み上げてくれるのを聞きながら、淀川さんが昨日のことのように語る「在りし日の甚ちゃん」の像が、胸に灼きついて離れなくなった。

　戦争中、私は東宝の宣伝部にいた。甚ちゃんもそのとき東宝に籍を置いていた。（中略）そのころ甚ちゃんはよく呑んだ。酒乱ではないが酒ぐせはいいとはいえなかった。酒ぐせが悪いといえる呑みかたではない。じつに静かでおとなしかった。ところが、あっと驚く酒ぐせをあとで知ることになる。黙ったまま両手をまたの間に入れて動かしているので、甚ちゃんはいったい何をしているのかと見ていると、彼は指の爪で坐っている座ぶとんをピリピリとまんなかから破いていたのであった。一枚の座ぶとんを二つに切り裂こうとしているのであった。呑めぬ私は最後までしらふだったので、最後は甚ちゃんのお守り役となることが多かった。彼を駅まで送るのだが、その道中かたっぱしから彼はゴミ箱をひっくり返してゆく。そして「長さん、お茶でも呑みましょう」いつものやわらかな調子でそういって、一軒の喫茶店に向って「ここにしましょう」とどんどん中にはいり、私とテーブルに向い合って「コーヒーをください」そういってコーヒーがテーブルに置かれるや、ひとくち呑んでから突如とガッチャーンとテーブルごと彼はひっくり返したのであった。あっけにとられた私が「なんてことするの甚ちゃん」と止めかかると「これでいいんですよ」と静かに出てゆくので、私はあわててその女主人に金を払おうとすると、その主人は「いいの、いつもなの、お金、そんなのあとでいいの」といった。

　ここで思い浮かべずにいられないのは、植草さんが日本に初めて紹介した「ニューヨーカー」出身のライター、ジョゼフ・ミッチェルが描いた愛すべき奇人たちの肖像である。「奇人とか誰も知らないようなニューヨークの不思議な場所を、ずうっといつも身近に観察しながら書いてきた」この作家に早くから注目していた植草さんは、自ら翻訳を買って出て、詩人の木島始氏と共同編集した『全集　現代世界文学の発見12　おかしな世界』（学藝書林／七〇年）に「カモメ先生」という短篇を選んで訳している。最後のボヘミアンを自称し、グリニッチ・ヴィレッジを徘徊しながら無名人たちの膨大な聞書き史の完成をめざす、ジョン・グールドという「哲学的浮浪人」のプロファイルを記録した、一読忘れがたい実話である。四二年一二月一二日号の「ニューヨーカー」初出時には、まだグールドは生きていたのだが、「彼のようなボヘミアンは、みんな道ばたで行き倒れになったと語ったように、彼もやっぱり病院にかつぎ込まれて息を引きとるまえに、バワリー街で行き倒れになったのだった」（「おかしな世界には、おかしな人物が、かならずいる」）。

　ミッチェルは、グールドの死後七年目、「カモメ先生」の後日談である「ジョン・グールドの秘密」を「ニューヨーカー」六四年九月一九日号と二六日号に連載、翌六五年には「カモメ先生」と合わせて単行本化された。本当に訳したかったのは「ジョン・グールドの秘密」のほうだったが、ここに加えるには長すぎるので「カモメ先生」にしたと植草さんは言う。その訳文は、植草さんがグールドに乗り移ったかのような、愛情のこもった名訳である。ニューヨーク滞在中、グールドが三〇年間入り浸ったヴィレッジの居酒屋〈ミネッタ・タバーン〉を訪ねて、グールドの油絵の大きな肖像画を観たという。

　その後ミッチェルは、「ニューヨーカー」研究の第一人者、常盤新平氏の手で代表作『オールド・ミスター・フラッド』（翔泳社／九六年）をはじめいくつかの中短篇が日本に紹介されたが、「ジョン・グールドの秘密」は未訳のままである。『ザ・ニューヨーカー・セレクション』（常盤新平訳／王国社／八六年）に収録された「洞窟に住む人たち」や「禁酒の時」があまりにも素晴らしかったので、彼の作品をもっと読みたくてたまらなくなった。

「ニューヨーカー」の歴史を綴った『「ニューヨーカー」物語　ロスとショーンと愉快な仲間たち』（常盤新平訳

／新潮社／八五年）のなかで、著者ブレンダン・ギルは、『ニューヨーカー』の最もすぐれた作家はミッチェルである」と明言し、「いまやミッチェルの文章はトウェインやヘミングウェイの文章のように間違いようがないので、他人が盗用しようとしてもできない」と最大級の敬意を表している。植草さんの文体についても同じことが言えるのは、誰もが認めるところである。

iii

植草さんは、「ニューヨーカー」を一九二五（大正一二）年の創刊号から読んでいるという伝説の持ち主である。

といっても、長いつきあいだからこそ、うるさ型読者代表である植草さんの採点はあくまで辛い。たとえば、郵便物の配達が遅れる理由を解明しようと、編集部員が投函したレターのあとを一晩中追いかけるスリラー仕立ての愉快な記事を「トーク・オブ・ザ・タウン」（街のうわさ）欄で見つけたときは、「さすがはニューヨーカーだ」と無邪気に感心するが（「ニューヨークでも郵便が遅れているよ」六二年）、同誌の書評欄が若い作家にあまり親切でないと感じると、「新人でいいのはいても、ほとんど無視している。ぼくはあまりすきじゃなくなりました」（「本をどのように読むか」七四年）と突き放す。「『プロファイル』欄以外はマンネリになった。それは若くてラディカルな分野には目をそむけるからだろう」（「『ニューヨーカー』の面白い回顧談　ボルヘスの自伝的覚書」七一年）というのは、若者贔屓で先物買いの、権威主義が大きらいな植草さんらしい批判だが、人物紹介欄「プロファイル」欄だけは、ずっと愛読していたようである。

その植草さんの名前が「ニューヨーカー」の名物欄「トーク・オブ・ザ・タウン」に出たことがある、と評論家の小野耕世氏から教わった。小野氏は「週刊朝日」八〇年四月一〇日増刊号に、晩年の植草さんが四回も訪れた第二の〈わが街〉ニューヨークが、彼をどのように受け入れたのかを探った貴重なリポートを寄稿している。

> 七六年のニューヨーク旅行から帰ってきたあと、私に、十月四日号の「ニューヨーカー」を見せた。そのコラムには「欧米事情にかけては第一人者である日本のレポーター、ウエクサ・ジンイチ氏の自伝が、エイス・ストリート・ブックショップ二階の事務所に一冊置いてある……」と記してあった。その本というのは『植草甚一読本』のことで、毎日のようにのぞいていた古本屋の主人に贈ったものなのだが、その記事を書いたニューヨーカーの記者について植草さんは、『若くて背の高い男で、アンソニー・ヒスという名でした』といっていた。『取材を受けてから、毎週ニューヨーカーを買って、いったいいつの号に載るのか待っていたんですよ』。うれしそうだった氏の笑顔を、私はいまでも思い出す。
> （「あのジイサンは死んじまったぜと告げながら、植草甚一さんが愛したニューヨークの街を歩いてみた。」小野耕世）

創刊から二〇〇五年まで、八〇年分の全テキスト、全カートゥーン、全表紙を検索できるDVD-ROM『THE COMPLETE NEW YORKER』で確認すると、記事中には他に、日本で『植草甚一読本』が五万五千部売れたこと、本の扉にエイス・ストリート・ブックショップの赤いTシャツを着た著者近影がカラーで掲載されていることが記されていた。一ページ半の原稿の中でわずか一〇行の記述だが、一七歳のとき創刊号を読んで以来の、半世紀にもわたる読者であった植草さんにしてみれば、「この雑誌のファンなら誰でも最初に目をとおすようになった『世間ばなし』欄」と書いたこともある「トーク・オブ・ザ・タウン」に自分の名前を見つけたときは、感無量だったにちがいない。

植草さんは、この欄に日本人のことが載ったのは、ジャズピアニストの秋吉敏子に次いで二番目だと信じていた。しかし、厳正をもって鳴る「ニューヨーカー」の資料室にヒスが問い合わせた結果、実際には戦時中を除いて八件目であることが判明した。

彼は植草さんの印象を「まるで生えぬきのニューヨーカーみたいだった」という。「エイス・ストリート・ブックショップは、ビレッジにあって、E・C・ウィレンツという男が経営していたんだけど、火事で焼けたんだよ。で、そのあと書店再開のパーティーがあって、ぼくも出かけたんだけど、そのとき集まっていた有名人のひとりが、ミスター・ウエクサだったのさ」

『植草甚一コラージュ日記②（ニューヨーク1974）』（瀬戸俊一編／平凡社／〇三年）に収録された七五年のインタヴューの冒頭で、植草さんはこの書店のことを、「ぼくは文学者向きの一番いい本屋だと思うのです。サンフランシスコで出ている、日本で手に入らない本が、ウィレンツに行くとあるわけです。全部ではないですが、一ドル、一ドル半の値段で」と絶賛している。毎日のように通っていたパジェントという古本屋の主人に、友人であるウィレンツ氏の店を紹介されたのだった。

　小野氏のリポートには、そのパジェント店主シドニー・ソロモン氏も登場する。そして数々の心温まるエピソードが語られるのだが、なかでも植草さんがスコット・フィッツジェラルド『ラスト・タイクーン』、ギャヴィン・ランバート『スライド・エリア』と共にハリウッド小説のベスト3に選んだ『イナゴの日』の作者ナサニエル・ウェストを義兄にもつ、アメリカきってのユーモア作家でマルクス兄弟のギャグ・ライター（『いんちき商売』三一年、『御冗談でショ』三二年）、アカデミー賞を受賞した脚本家（『八十日間世界一周』五六年）であるS・J・ペレルマンと対面したという秘話には驚かされた。

「『ニューヨーカー』によく書いていたひとで、ミスター植草は彼のファンだった。わしは、生前、ペレルマンに電話して、あんたの作品についてなんでも知っている日本人がいるよって話したら、よし、連れてこいという。それで、お引き合わせしたんだが、とても喜んでくれたねえ……」

　奇しくもペレルマンは、四歳年下の植草さんが亡くなったのと同じ七九年、七五歳で逝去している。ミッチェルもペレルマンも、日本での一般的な知名度はなきに等しいが、どちらも「ニューヨーカー」の〈顔〉である。

　ソロモン氏は、「植草さんのニューヨークとはなにか、知りたい」という小野氏を外の通りに連れ出し、植草さんが気に入って写真に撮った、市のマークが彫られたマンホールのフタや、店の裏の暗がりに置いてあるゴミの缶、汚れてひしゃげたバケツが並んでいるところなどを指し示したあと、そびえ立つエンパイア・ステート・ビルを指さしてこう言った。

「ミスター植草は、決してあんなものに興味を示さなかったよ。あのひとのニューヨークは、そんなものじゃない。わしだって気がつかないようなニューヨークを見つけていたんだ……」

「THE NEW YORKER」1976年10月4日号

iv

　ここで連想せずにいられないのは、後年ニュー・ジャーナリズムの旗手となるゲイ・タリーズが「エスクァイア」六〇年七月号に発表したデビュー作「ニューヨーク」を、植草さんが賞揚してやまなかったことだ。

「エスクァイア」は三三年一〇月の創刊号を横浜伊勢崎町の有隣堂という古本屋で手にしてから、戦争のため入荷しなかった五〇冊を除いて、全部読んでいるというからおそろしい。一番きらいな雑誌だという「プレイボーイ」は、それでもほとんど全部に目をとおしてきたが、創刊号は見ていないという。戦前の名雑誌「新青年」にも影響を与えた、一九一〇年代～二〇年代を代表するソフィスティケートな社交文化誌「ヴァニティ・フェア」を学生時代にほとんど買って「飽きるぐらいになっておりましたけどね」という証言を眼にしたり（「中央公論」七四年一一月号）、一九〇〇年に創刊されて、フィッツジェラルドもここからデビューした伝説的な高級文芸誌「スマート・セット」は、「『ヴァニティ・フェア』なんかよりもアメリカの雑誌を語るには重要な資料なんだけれど、日本にはついに一冊も入ってこなかった」（「ジャック・ロンドンの『野性の呼び声』と明治三十三年十月のニューヨークを想像してみた話」七四年）と、この人に言われると、「うなってしまう」ほかない。とにかくアメリカの雑誌について、植草さんほど長期間、詳しく現物に当って勉強し、活用した人はいないだろう。

　ぼくは二十七年間ずっとエスカイヤーを見たり読

んだりしたんでハッキリ言えるんだが、最近十冊ばかり、これはイケると思ったナンバーがあった。それでも相変らずどこか泥くさくてほめる気にならなかった。ところがこんどの三百二十号目にあたる七月号はイカすんだ。じつにイケる。いままでに出た最高の出来ばえだね。ニューヨークに関する記事をあつめた特集号なんだけど感心したよ。（中略）なかでもニューヨーク・タイムスの若僧記者で二十八になるゲイ・タレースが書いた「ニューヨーク」っていうオフビートの散文詩はショッキングなもんだ。スリラーでないスリラー。あたらしいアメリカのボードレールっていってもいいだろう。むずかしくって訳せないが、チョイ印象でも喋ろうかな。

（「七月号のエスカイヤーは面白いよ」六〇年）

「駐車したカーのしたで猫が眠ってるニューヨーク。理由は誰にも分からないが、エンパイア・ステート・ビルのてっぺん目指して、蟻が何千匹となく這いあがっていく。ニューヨークは人目につかないことが起こっている都会である。……」

初出は、読者に向って語りかけるような独特の文体を確立するにあたって、「スイング・ジャーナル」と共に大きな役割を果した「マンハント」の連載「夜はおシャレ者」。この二誌に「話の特集」の連載「緑色ズックカバーのノートブックから」を加えた六〇年代の三つの雑誌連載が、植草さんと若い世代をつないで、七〇年代のテイクオフへと導いたのだ。

「オフビートの散文詩」「スリラーでないスリラー」と、意外な角度から作品の本質をわしづかみにする評言も凄いが、「あたらしいアメリカのボードレール」なんて、ちょっと思いつかないようなコピーを即座にひねり出すあたり、仏文にも強い植草さんの面目躍如である。植草さんの批評眼の鋭さは、何よりもこうした直感的な把握力にある。

一〇年後、前掲書『おかしな世界』に完訳を収録するとき、植草甚一訳ではなかったのが残念だった（のちに新訳『名もなき人々の街　ニューヨーク「パート1」』〔沢田博訳／青木書店／九四年〕が刊行された）。

植草さんの愛したニューヨークは、タリーズの「ニューヨーク」が六一年に単行本化されたときの題名（『New York-A Serendipiter's Journey』）が象徴している。「セレンディピター」とは、「求めてはいない価値の高いものを思いがけなく見つける人、おくられる人」の意だという。

甚ちゃんが初めてニューヨークへ行くといったとき、私は死ぬ覚悟をしたのだと直感した。自殺をする前のニューヨーク行きなどではない。一生のうちでニューヨークへもゆかないで死ぬのは甚ちゃんには我慢できなかったのだと直感した。（中略）甚ちゃんがニューヨークから離れられなくなったのは、本やいろんな買い物の楽しみだけではない。サンキュー、ユー・ウェルカム、ハウ・ナイス・デイ……の何でもない日常の挨拶が彼の足を引き止めたのを私は知った。それからマンハッタンのどこの風景もが「ニューヨーカー」誌の表紙そのままのことも彼を感心させていた。

（「植草甚一氏を思う」淀川長治）

七四年のニューヨークで、あるアイディアが植草さんの頭に浮かんだ。一九〇〇（明治三三）年、夏目漱石がロンドンへ行ったのは間違っていた。ニューヨークへ来ていたら神経衰弱なんかにならずに済んで、毎日楽しくブラついただろう。百年前の資料をいっぱい集めたら、ひとつ、漱石をニューヨークに連れてきて、ロンドン日記と日付を合わせてパロディーをつくってやろう。まだ誰も考えていないことだと思うんです――。

ライフワークにする、と意気込んでいたニューヨークの夏目漱石。あれはどうなったのかなあ。植草さんのことだから、ノートやスクラップブックだけでもつくってるはずだと思うんだけど。

《そうさなにかにこらなくてはダメだ……》

植草さんのことをいろいろ考えていたら、ムッシュかまやつの「ゴロワーズを吸ったことがあるかい」を久しぶりに聴きたくなってきた。

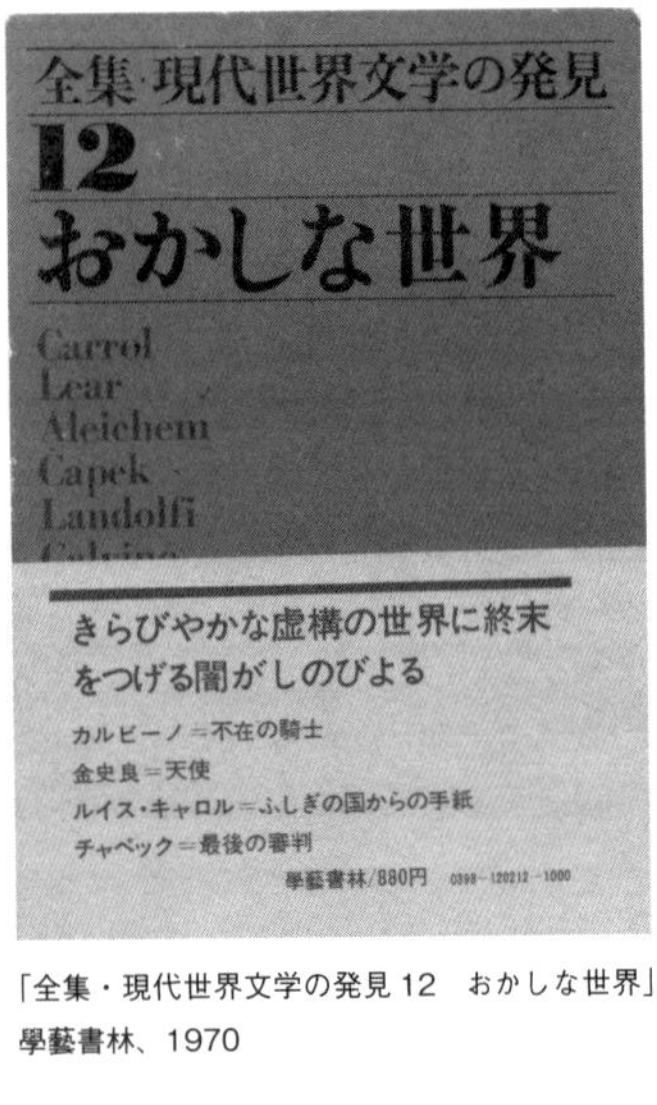

「全集・現代世界文学の発見 12　おかしな世界」
學藝書林、1970

マップの雑楽 A to Z

小田晶房（オ）
福田教雄（フ）

ANPQuarterly
アンプ・クォータリィ

開けばポスター・サイズの超大判ページの隅々まで洒落まくったアート・マガジンも数えること10号（08年5月現在）。有名無名問わず才あるアーティストや写真家たちの放蕩が繰り広げられているだけでも快感だけど、最新号ではこちらも最高のフォト・マガジン「ハンバーガー・アイズ」も丁寧に特集、うれしい。ニューヨークのアパレル・ブランドRVCA（ルーカと読む、らしい。実はまったくもってカケラも知らない）が発行しているが、聞けば、一人のキュレーター、一人の写真家、一人のミュージシャン（なのか?）の熱情によって産み落とされたとのこと。何よりも、こんな立派なのが現地ではテイク・フリー、言ってしまえばタダ、ロハ。まいった。スゲエ。（オ）

Bowerbirds
バウアーバーズ

ノースカロライナ州ローリーの三人組フォーク・バンド。肩から提げた大太鼓やアコーディオンを担当する紅一点ベス嬢の佇まいもよいのだが、その彼女とはパートナーの間柄でもある中心人物、フィル・ムーアと人里離れた山中のトレーラーハウスに居住しつつ、手慰みにバンドを結成。さらに自分たちで家を建ててしまったというストーリーも、彼らの音楽を聴いていると充分うなづけてしまうのである。（フ）

Chamber Music Concert
室内楽コンサート

東京という煌びやかな街で、最も鈍い光を発し続ける部活的音楽会。杉本拓、大蔵雅彦、宇波拓という三人の即興音楽家たちが、「自身の作曲作品を演奏する」ことを目的とした企画。二〇〇六年にスタートし、世が世なら世界が驚愕する（であろう）実験的な作品をちょっとした大家族程度の観客の前で初演。代々木off siteの例を挙げるまでもなく、終わってからその重要さに気付く前に、部活に参加してみるのはアリか、ナシか。ちなみに関西では、木下和重／江崎将史／竹内光輝の三人から成る同様のコンサート・シリーズ「com+position」も一年を迎えた。おめでと。（オ）

Da Hiphop Raskalz
ダ・ヒップホップ・ラスカルズ

タイの象オーケストラに子どもフリー・ジャズ・バンドなど、粋なレコードばかりリリースするニューヨークのムラッタ・レコーズからの二〇〇六年盤は、5～10歳の少年少女によるヒップホップ・グループ。とはいえ、単なる「子どもが達者なラップを～」というような企画モノではなく、リリックはもちろんトラックまで自分たちで作っているのがミソ。その大らかなプログラミングと、好物のキャンディーや手羽先を取り上げたラップで、聴く者すべてを微笑ませてくれます。（フ）

Esopus Magazine
エソパス・マガジン

ニューヨークにある同名の非営利財団が年に二冊発行しているCD付アート雑誌。版形こそ毎号変わらないものの、ページをめくると出会える素敵な仕掛けの数々に悶絶。構成力、意志力、提示力、（ある種の）贅沢さ……。これで定価10ドルなんだから恐れ入る。付録CDの方も良いツボ突いた人選です。（オ）

Funerary violins
葬式ヴァイオリン

ロハン・クリワチェックなる作家が著した『An Incomplete History of The Art of Funerary Violins（葬式ヴァイオリン芸術の

不完全な歴史』（オーヴァールック・ダックウォース社、2006年）。時は中世、貴族たちの葬式で妙技を披露し、故人をしのんで悲嘆にくれる会葬者たちによって勝敗を決した葬式ヴァイオリン奏者たち。その隠された伝統を紐解きながら、悲運の名奏者たちの紹介から代表曲の譜面まで網羅した決定本。作者自身、葬式ヴァイオリニストとして活動し、何枚ものCDを発表／再発している……のだが、え、これ全部でっちあげ？（フ）

Girls Rock! The Movie ガールズ・ロック

かねてから気になっていたイベントのひとつ「The Rock 'n' Roll Camp for Girls」。オレゴン州ポートランドにて8歳から18歳までの女の子を対象に、ロックの演奏技術云々だけでなく、曲作りからバンドの結成の方法、そしてDIY思想やコミュニティの作り方までをキャンプにてたたき込む、というもの。「わ、それ見てぇ！」と思っていた矢先に、同キャンプを収めたドキュメンタリー・ムービーが完成した模様。なぜかデス系メタル・バンドを結成した四人の少女が、ギグで演奏するまでの一週間を追い掛けた作品……らしい（未見）。早く彼女たちの魂の叫びに拳を振り上げたい！　また、書籍版の『The Rock 'n' Roll Camp for Girls』も近日発売。（オ）

Higuchi Yasuhito 樋口泰人

どんな世界にでも頼りがいのある馬鹿はいるものだ。そして、東京のアンダーグラウンド・ムービー・シーン（ってどこだ?）において、ひとり気（とため息）を吐くのがboidの樋口泰人。吉祥寺バウスシアターでのPAスピーカーを用いての大爆音映画上映、青山真治や黒沢清らの映画関係書籍を送り出すだけでなく、巷のつまんねぇディスクガイド本の常識を覆したカーネーション直枝政広の『宇宙の柳、たましいの下着』や『中原昌也 作業日誌 2004→2007』等も上梓。ついには、中原昌也のヘア・スタイリティックスのアルバムを12ヶ月連続リリースという狂った事態に！（オ）

Itsuki Hiroshi 五木ひろし

名品朝ドラ『ちりとてちん』を観ていたら、文脈とは一切関係なく、突如五木ひろしがギター片手に「ふるさと」を歌い出した。腹黒笑顔以上にまったくの素で歌われる圧倒的に伸びやかな歌声に、ただただ驚くばかり。「もっとひろしを！」と思っていた矢先、直枝政広氏より『五木ひろし ラスベガス・オン・ステージ』なるとんでもないアルバムを安田謙一氏宅にて拝聴。プレスリーの『エルヴィス・オン・ステージ』に勝るとも劣らない凄さとの話を訊く。ホット・ブラッドの「ソウル・ドラキュラ」をソウルフルに歌ってるらしい……あぁ、聴きたい。（オ）

Jad Fair ジャド・フェア

二〇〇五年の来日公演は、マップ招聘ツアーの中でも至高体験のひとつ。ほぼマイク一本だけで乗り切るアウトサイダー・ビートボックス。どんなに奇天烈なことをやっても、最終的には楽園に導いてくれるジャド・フェア。そこにこそ長いキャリアと深い人望の秘密が横たわっているのだな、と。それは、彼の手がける切り絵やドローイングも同様なのです。（フ）

King Joe キング・ジョー

ジョーの手書き文字が踊るガレージ・パンクへの愛をぶちまけた『SOFT,HELL!』、あまりに素敵なこの本は、ちょっと元気がなくなった時のユンケル代わりだった。そして、自身の大好きな7

インチの架空ジャケットを描きなぐった『Singles Going Steady』も、作品の魅力はもちろんだけど、読む（見る）だけで、とにかくニヤニヤ、そしてワクワクしてくるたまらん一冊。ミンジャリング・マイクの相似性は、その作品の形式以上に、無駄な自意識がどこにも存在していないこと。「これめっちゃカッコええ！」というドープな声が絵の向こうから聴こえてくる。（オ）

Lilmag
リルマグ

日本には、いわゆるコミケを頂点とした同人誌の巨大マーケットが存在するけれど、そんな場所からこぼれ落ちた（いや、まったく関係のない場所に産まれた）インディペンデントな同人やZINEたちの駆け込み寺的オンライン・ショップが、リルマグ（http://lilmag.org）。ZINE界の見城徹を目論む（大嘘）野中モモひとりで切り盛りされるこのお店は、国内外のZINEはもちろん、ペラ一枚のフリーペーパーさえも、店主のお眼鏡にかかれば日本全国どこへでもお届け。「何でもある」ではなく「ここにしかない」ということの重要さと嬉しさをあらためて噛みしめてみる。（オ）

Mingering Mike
ミンガリン・マイク

とあるアマチュアDJがワシントンDCのフリーマーケットで見つけた不思議なレコード群。よく見てみると、すべてボール紙で作った手製のジャケット。さらにレコード盤まで紙製。いくつかは、あたかもお店で買ってきたようにシュリンクまでされている。それら60〜70年代に活躍した（架空の）スーパー・ソウル・ヒーロー、ミンガリン・マイクとは？ そのカラフルで凝ったジャケットは、やはりヘンリー・ダーガーにも通じる怖さ／悲しさがあるのは確かだが、題材がソウル・ミュージックだけに、その屈託のなさには救いがある。（フ）

Nagishokudo
なぎ食堂

二〇〇七年も年の暮れ、ひっそりと姿を現した、得体の知れぬ音楽が時折流れる渋谷は鶯谷町に位置するヴィーガン仕様の定食屋。「昼過ぎに起き出していた毎日、夕方近くになっても昼定食が喰える店が何より欲しかった」店主の思いを詰め込んで、夜6時まで定食セットを敢行中、もち夜11時まで飯も酒もOK。奇なるCD、リルマグ・セレクトのZINEの数々、その他好きなものをただただ並べる場所があることの悦び。ちなみに、店主兼料理人はマップの小田晶房、でした―。（オ）

渋谷鶯谷
なぎ食堂

One Hundred Dollars & a T-Shirt DVD
100ドルとTシャツ

「ZINEって何？ どうやって作るの？」と問われれば、迷わずこのDVDを手渡すであろうメイキング・ジン・ドキュメンタリー。二〇〇四年以降細やかなエディットが加えられついに完成した本作は、オレゴン州ポートランドを中心に、ジンの即売会／シンポジウムの模様から、実際の制作風景、そして「なぜZINEを作るのか？」という個人的なポリシーを丁寧に、そして茶目っ気たっぷりに追いかける。（オ）

Presspop Gallery
プレスポップ・ギャラリー

アメリカン・オルタナ・コミック周りの諸々を皮切りに、この10年近く彼らから教わったことはあまりに多い。最近は、アメリカ（を中心とした）オルタナ・カルチャー全般を対象に、独自の切り口でガンガン攻撃を仕掛けてくれるのもうれしい限り。前出のキング・ジョー妄想7インチ画集『SINGLES GOING STEADY』や『TVパーティ』の日本盤DVDには目から鱗。そして今度はヒップホップ・ムービー『WILD STYLE』の監督であるチャーリー・エーハンの未発表作をまとめた『ワイルドスタイル外伝』を制作。スゲェスゲェスゲェ！（オ）

Quintron
クイントロン

ルイジアナ州ニューオリンズ、ジェイ・ポギなる男がクイントロンを名乗り、カエルの鳴き声をバックに埃まみれのハモンド・オルガンを奏でている。ジョニー・マティスの「No Love」や「Stray Cat Strut」のカバーも湿度50％増し。正体を明かさない謎の男が、ここにもひとり。（フ）

Raw Vision
ロウ・ヴィジョン

アール・ブリュット／アウトサイダー・アートだったら、このイギリスの雑誌を置いて他にない。ただ、少し値段が高いんだよなぁ……。（フ）

Sweet Dreams
スウィート・ドリームス

二〇〇七年も年の暮れ、ひっそりと姿を現した、得体の知れぬ音楽やカルチャーに言及したミュージック・マガジン。創刊号ではジャンデックにインタビューしない（今はできる可能性もあるというのに……）妄想大特集をはじめ、ニキ・マクルーアの印象的な表紙にも負けないキュートさと実利感のまったくない言葉の数々にただただ感服するばかり。スモッグことビル・キャラハンに、「その雑誌の名は〝SWEET DREAMS〟だ！」と強引に命名されちゃったという事実も、時が経てばしっくり来るはず。ちなみに、編集長／発行人はマップの福田教雄、でしたー。（オ）

Tenacious D in The Pick of Destiny
テネイシャスDの運命のピックを探せ

チーチ&チョンものや、スティーヴ・マーチンの『大災難P.T.A.』、最近ではジェイ&サイレント・ボブ等々、キャラの異なる馬鹿男二人が旅する映画がとにかく好きだ。そして、小デブのジャック・ブラックと大デブ禿のカイル・ガスによるテネイシャスDが、手にするだけでロック・スターになれるという運命のピックを追い求める冒険譚が数年の時を経てようやく日本公開。デイヴ・グロールの悪魔役もいいけれど、ミートローフ（！）が出てるのがなんともかんとも。（オ）

Umeda Tetsuya
梅田哲也

音が生まれる「場」をどのように作るかに関して思考することを止めない圧倒的な才能。扇風機や炊飯器といった生活機器や、100円ショップと粗大ゴミから拾ってきたかのような素材（だけじゃないけれど）を用いているにも関わらず、それらがひとたび音を発した瞬間、匠の手によって作り込まれたいぶし銀の楽器のような輝きを見せる。加え、なんかオカシイ。歪んでる。でも、多分、まだまだ彼の頭の中にあるものは、こんなもんじゃないような気がする。もっと見たい、もっともっと聴きたい！（オ）

Vinyl Press
ヴァイナル・プレス

「音楽配信の一般化もあって、USインディの世界ではヴァイナルの売り上げがCDを越え、ヴァイナル発売のみでCDをリリースしないレーベルもある」という情報を耳にしたとき、とにかく心が震えた。もはや、デジタル・データを運ぶだけの役割であるCDは必要なくなったのだ、あの大きな美しいジャケットが再びレコード店の壁を飾るのだ、と。そして今、自分たちのレーベルをすべてアナログ盤(もち12インチ!)でリリースするべく、世界中のヴァイナル・プレス業者の価格やクオリティを調査中。いい方法があったら誰か教えてください!(オ)

Washington Phillips
ワシントン・フィリップス

オプティガンなど、消えてしまった楽器に惹かれる。最近知ったのがドルセオラ。鍵盤がついたツィターのような形。20年代に「ミニチュア・グランド・ピアノ」を売り文句に、米オハイオ州のトレド・シンフォニー社が販売した楽器。当時のレコードで、その音を収録したものはほとんどないらしいが、ワシントン・フィリップスというゴスペル・シンガーの作品で、このドルセオラが使われている。トイ・ピアノとも違う、降り注ぐような美しい音。しかし、この音を誰が弾いていたのか、いまだに特定できていないらしい。(フ)

Xerox
ゼロックス

ファンジン制作に欠かせないゼロックス・コピー機。エイドリアン・トミネという日系米人コミック作家の作品で『Summer Job』というのがある。夏休み中、コピー屋さんでバイトをすることにした青年が、周りの目を盗んで『SCUM』なるジンを作るのだ。まったく「クソ」みたいな仕事。イケてない同僚。で、オレはというと……。この夏の感じ(ザット・サマー・フィーリング)は、ちょっと身に覚えがある。(フ)

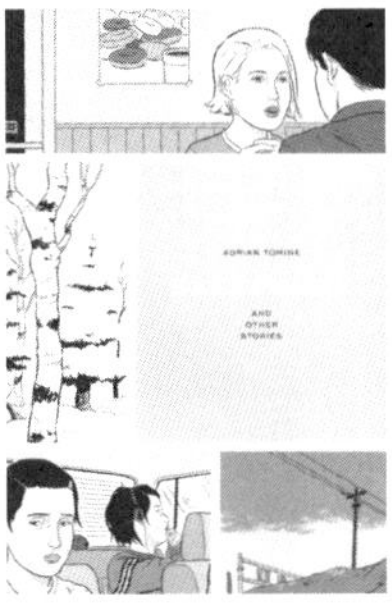

Yeti
イエティ

米オレゴン州ポートランドのスモール・プレス。現在までに同名雑誌を5号まで発行し、タラ・ジェイン・オニールの画集などを含む単行本も出している。音楽〜アート〜文学を横断しながら、アメリカーナの空っ風に巻き上げる。未発表テイク多数の付属CDも嬉しい。(フ)

Zine
ジン

本文中に出てきた「ジン」なる単語。「それって一体どんなもの?」と手っ取り早く(そして、もっとも良い方法で)知るには最上の一冊が東京発の『Kathy』なるジン。第一号の掲載トピックは、ジョン・ウォーターズ映画の常連女優ミンク・ストール、ゴシップのベス・ディトーからミランダ・ジュライまで。あからさまな方法ではなく、いつの間にか(しかもかなりの高確率で)吹きつけられる読後感が素晴らしい。さらに、今後予定されている第2号は、ジン・カルチャー特集だとか!(フ)

100th Anniversary
J★J MANGA
by Hitoshi Odajima
新キャラ コアラちゃん
ドモ!
小田島等35歳 漫画家です ヨロシク
2007年9月 東京・世田谷文学館でJ・Jの回顧展「マイ・フェイヴァリット・シングス」が開催された
メインのビジュアル・ポスターは かの信藤三雄さんの 秀逸な仕事であった これは街に貼られ 光っていた
MY FAVORITE THINGS
JIN'ICHI UEKUSA: MY FAVORITE THINGS
2007.9.29 sat-11.25 sun at SETAGAYA LITERARY MUSEUM
ほんで僕は 会期中に配布される J・Jマップなる地図のデザインを やらせてもらったんです
J・JMAP
漫画家ですが デザインもします
三つ折りで両面カラー 楽しいお仕事だった カラーでお見せできないのが残念…

開くとこんなかんじに

こちら側は
現在の経堂の地図

1ページに2コマ…
もしかして…

裏面は詳細な70年代当初の地図

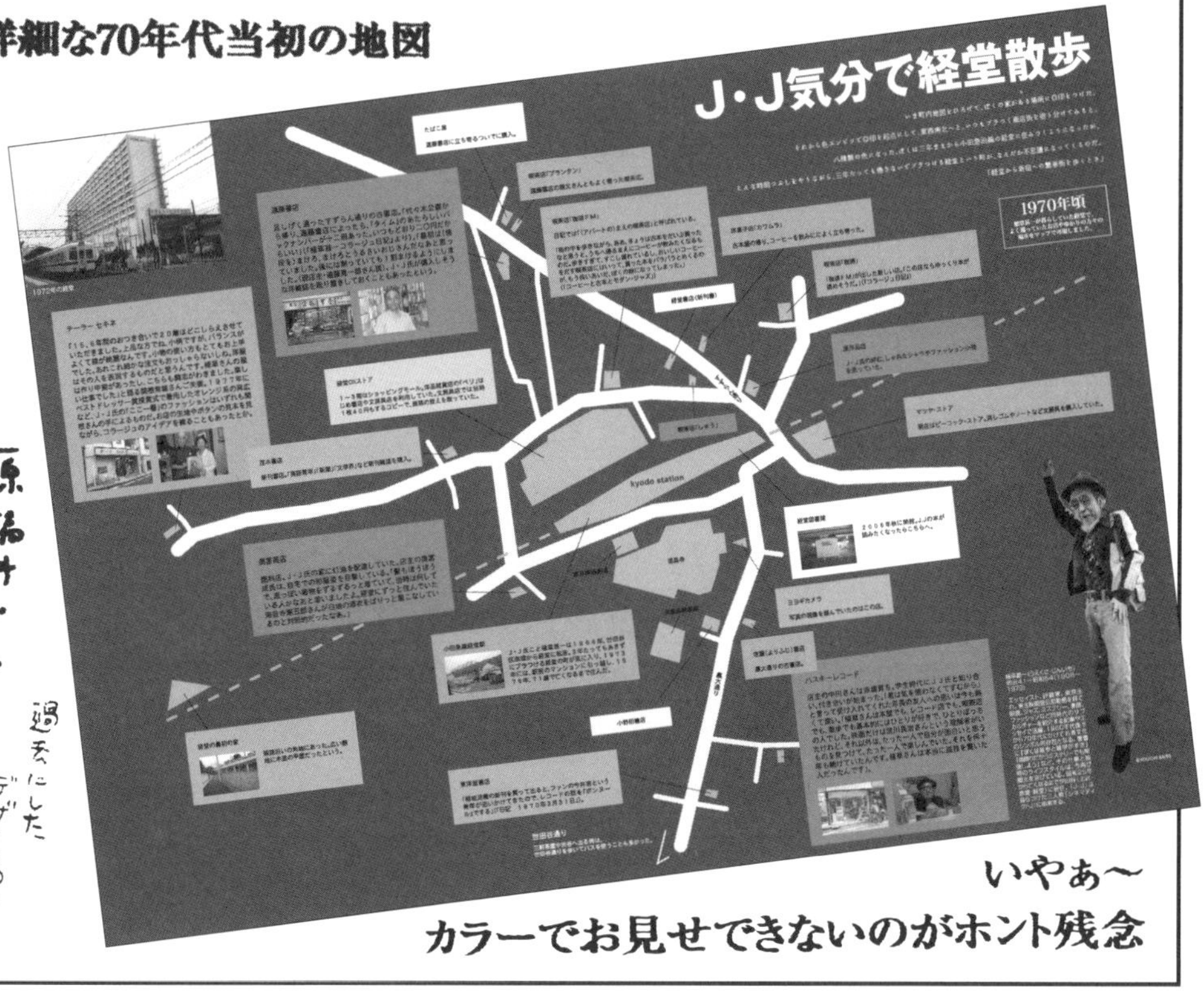

原稿料ドロボー？

過去にした
デザイン物の
流用かし…

いやぁ〜
カラーでお見せできないのがホント残念

そうそう　それでその展覧会の
オープニング・レシェプションがあったので
行ってみたです
ザワザワ
植草甚一 マイ・フェイヴァリット・シングス
レシェプション・パーティー
わたしスーツ着で
行きましたのよ
チア〜ズ
おすましでSHOW!
↑イメージでものを言うてます
タダでワインなど
飲み放題
オメー　下戸だろ〜&
スーツ持ってねえべ…
この万年青年が…
やられたぁ〜
誰かこの中にお医者はぁ〜
ウォンバット
バーベQの串
エリマキトカゲ→
これは30年モノね…
そうそう　その会場で
私はゴイスーな3人を見た!!
渋谷系デザインの父
信藤三雄さん!!
いつも愉快な小西康陽さん!!
かのヌマゲンさん!! 沼田元気さん

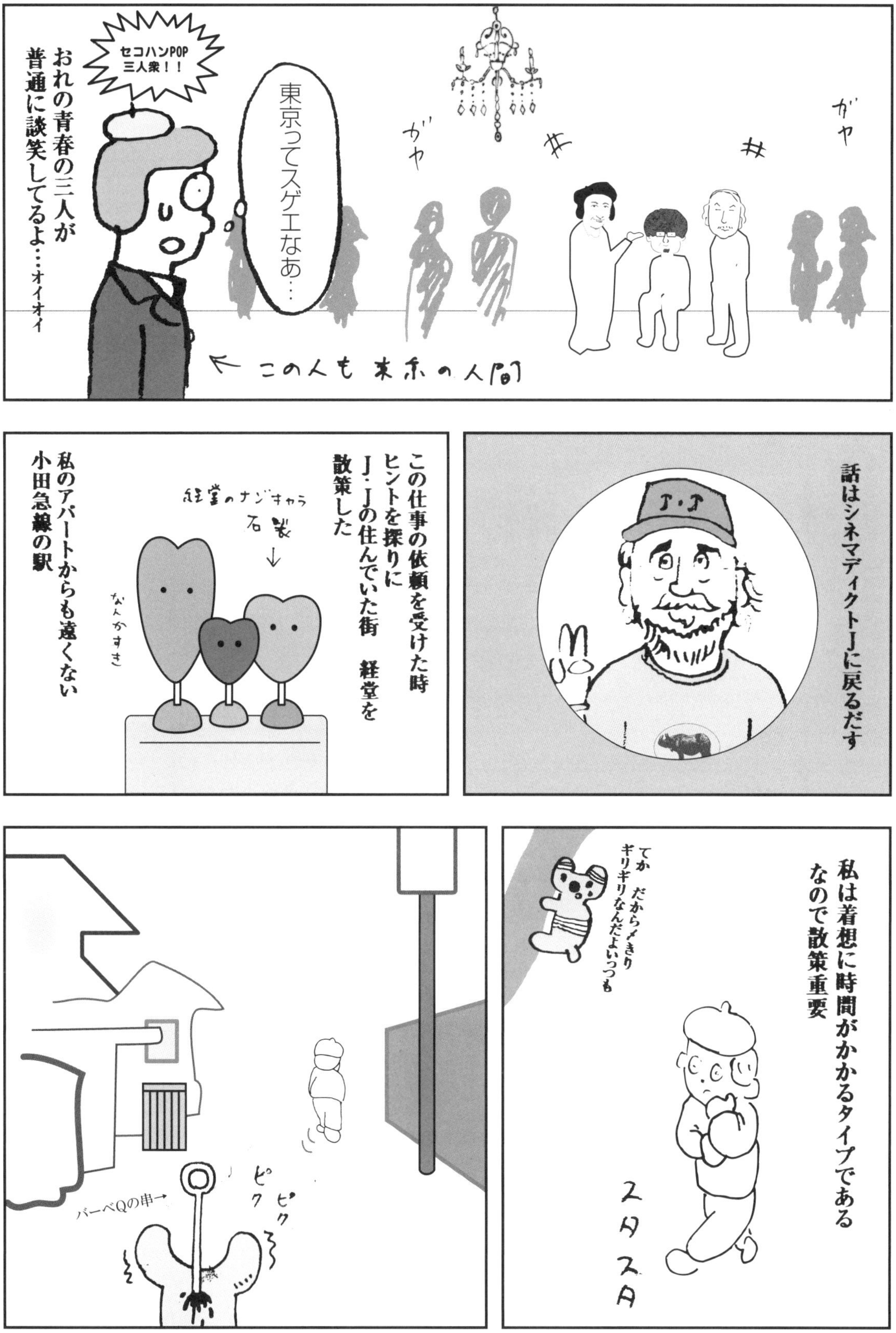

セコハンPOP三人衆！！
おれの青春の三人が普通に談笑してるよ…オイオイ
東京ってスゲエなあ…
ガヤ
ガヤ
この人も東京の人間
話はシネマディクトJに戻るだす
この仕事の依頼を受けた時ヒントを探りにJ・Jの住んでいた街 経堂を散策した
経堂のナゾキャラ 石製
なんかすき
私のアパートからも遠くない小田急線の駅
私は着想に時間がかかるタイプである なので散策重要
てか だからメきりギリギリなんだよいっつも
スタスタ
バーベQの串→
ピクピク

目ぬき通りには
古本屋と中古レコード屋が立ち並ぶ
遠藤書店
本
☎34
何かありそうだゾイ
ジャズの十月革命
クライム・クラブへようこそ
アメリカ小説を読んでみよう
カトマンズでLSDを一服
マイルスとコルトレーンの
モダンジャズのたのしみ
江戸川乱歩と私
JJおじさんの1
サスペンス
ハリウッドのこと
ヒッチコック万歳!
J・Jの本ももちろん揃っていた
ほら
なんつーの?
ネットな世の中になって
あれよあれよと
何もかも置き去りかと
思うじゃない
日本とか
文化とか
過去とか
更新更新また更新でさ
けどこうして
大衆の神話は
ちゃんと語り継がれているんだ
何者にも搾取されないでね
素晴らしいことですよ
たしかこの辺に
旧J・J家
跡地があった
ような
スタスタ

その時
背後からチョンチョンとする指が…
ヨッ
じぇ…
J・J!!
わわ～
ビックリ!!
もしや
私の地図の仕事で
悩んでる？
アナタの中の
サイキデリックをおやんなさいよ
は・はい
そして　その後
喫茶店に入っていろんな話をした
フランク・ザッパの話
西海岸のゲイ・サウナの話
中でも
僕もマックス・エルンストのファンだと言う話
ができたのはうれしかった
ふ～
J・Jの声は想像するよりも
少し高かった
僕は僕で最近の文化の流れの話を
したのだが
J・Jは全て知っていた

その晩の世田谷上空には
J・Jのお手製コラージュが
大きく浮かんでただす

時折デザインを変えながら
我々を飽きさせることがなかったよ
パッ
ありがと
J★J

テメー
このやろう!
戦闘機を迎撃したのには
笑ってしまった
ゲラゲラ
ゲラ

次回予告　タモさんに会った時の話をしよう

90年代末、テレビ朝日「ミュージック・ステーション」の公録観賞のチャンス套得た小田島画伯は、憧れのタモリさんに御会いし、御自身のレコードにサインをもらったのだった。そしてたった10分弱の対面時にJ・J氏の話を少しタモリさんと語りあったのだった(有名なあのレコードのエピソードね)。

その緊張のレア瞬間をあますところなくレポートした本作は、前衛漫画界における新たなる活断層となるだろう。乞う御期待!!!

大ファンです
サインください
よくこんなの
もってるねえ
ていうか誰…
マッキー←
不安がるマネージャーさん→
スピードが解散間近だった　リハから真剣勝負で
私はファンになった
BODY&SOUL!!
ピアー〜
すげー
ホフディランも出てたぞ!
日本の
ゼイ・マイト・ビー・ジャイアンツ

コアラ
ひとし
タモリ
TAMORI

●サイン入りレコード

広く深くゆっくりと辿り着く

岸野雄一
（スタディスト）

1：「ほうほう、これはめっぽう面白い」
2：「何故？　これを私は面白いと思うのだろう？」
3：「ひとつ、この面白さの謎を突き止めてやろうじゃないか」
4：「たぶん、あの時代のこの辺りの地区で起こった事が発端となっているようだ」
5：「それなら、あの雑誌の何号あたりに情報源がありそうだぞ」
6：「ふむふむ、調べてみると、やっぱり、あの名前が出てきた。これで関係がつかめてきたぞ」
7：「おやおや、調べているうちに、また見知らぬ面白そうな固有名詞がたくさん出てきた。これは頭の片隅にしまっておかなくては」
8：「これはいつぞや調べものをしている時に見かけたレーベルの新譜だ。ひとつ試しに買ってみよう」

以降、またアタマに戻り、エンドレスに続く。このような至極まっとうな、モノの見立てというものを、私は植草氏の著作を通して教わり、それは今も続いている。「おや、この曲は植草さんのあの本に出てきた曲だぞ」ということが、いまだにあるのだ。

思えば10代の頃、脳みそが真綿のように様々な情報を吸収できた時代に、植草さんのスクラップ・ブックに出てくる固有名詞は、かなりの量で脳内にバッファーされた。脳内の、一時的にメモリーされるバッファー・サイズがどの位なのかは分からないが、私のその後の人生が結構豊かに感じられるのは、植草氏によって振りまかれた種が、時間をかけてゆっくりと発芽していったからであろう。

植草氏からの大きな影響ということで考えると、氏の文章の特徴でもある「寄り道」ということになるだろう。読者はその気まぐれに付き合わされることになるのだが、最初に提示された話題がどのように変容していくか、結論付けられるのか、決して勿体ぶるわけではなく、興味を持続させる心憎いレトリックといえる。そしていつしか、自分自身の興味を持つ分野の探求に関しても、自然とこの寄り道思考が応用されていることに気づく。すぐに結論に辿り着かないことによって、実にさまざまな周縁の発見に結びつき、本質が浮かび上がるお膳立てが整えられていくのである。こうした思考法、探求法は、現在のようにクリックひとつで結論に行き当たってしまう現代においては、贅沢に映るかもしれない。私などは植草氏に倣って、モノを手に入れるのにできるだけ勿体ぶり、聴くまでの期待感を盛り上げたり、あるモノを買いに行ったのに、その時に目についた違うモノに手を伸ばして、結局そちらを購入してしまったりする。そうする事によってモノ探しの勘は鋭くなるし、本質を見極める目も養われる気がする。

こうした行動は一見、無駄骨を折っているように見えるかもしれないが、実はちょっと変な話しなのだが、このように迂回しているうちに、探しているモノの方から近寄ってくるような感触があるのだ。すぐに辿り着かずに、脳内に仮にバッファーしておくと、自然と行動エリアが絞られてきて、欲しいモノが潜んでいる場所に導かれるように到達できるのである。また、モノ探しだけでなく、思考法についても、できるだけ迂回して本質に辿り着くクセをつけており、これなんかはモロに植草氏の影響といっていいだろう。

さて、植草氏が果たした大きな役割として、ジャズのフィールドにいながら当時台頭してきた新しいロック・ミュージックを広く紹介してきた業績が挙げられるだろう。機会があったら60年代当時の音楽雑誌を、何でも良いから手に取ってみてほしい。音楽評論の書き手が、所属するカルチャーの質によって細分化し、住み分けがはっきりしていった経緯が見て取れるだろう。そんな状況のなかで植草氏は、時に不勉強であったり、きちんと判断が出来ていない事を告白しながらも、誠実にロック・ミュージックと付き合おうとしていることが分かる。たびたび記述される「ジャズは演奏の良さで判断できるが、ロックは録音の技巧が入り込んでくるので判断が鈍る」という言説は、現代においても有効な問題提起であるし、なによりも、ジャズ批評の語法を使ってロックを読み解くのではなく、またその逆の方法を採るのでもなく、両者の親和性と相容れない部分を的確に文章化していくセンスの部分が面白い。これはジャズとロックに限った事ではなく、小説や映画など、あらゆるジャンルに対して植草氏が試みてきた事だ。

ただし、そのようなセンスを頼りに読み解く思考は、えてして単なる印象批評に陥りがちである。例えばニュー・ロックの新しさの部分に関する記述でも、まるでカー・レースを模したようなサウンドとして捉え、そのレースの実況のような形で論を進めるところなど、はじめて読んだ当時は冷めて感じてしまった部分だ。実を言うと、あの独特の比喩が私は苦手だった。今となっては植草氏のセンスの総体のようなもの＝人となりが頭に入っているから楽しんで読む事ができるし、むしろ仲間同士で集まってヤイノヤイノ言いながら、音楽の善し悪しを判断しているような親近感を感じる。知り合いに音楽を伝えるのに、皆このような言い方をすれば良いのに、とさえ思う。そしてそのように、文化というものは形成されるのであろう。

60年代末期のニュー・ロックの時代、ロックに様々な要素が入り込んできた時代において、その要素を抽出して解読する手つきは、植草氏独特のものだ。前述したように、当時のロック批評は、ロックの内側からロックを照射するような視野の狭いものが多かった。これは状況として当然の事で、排他的な切迫感が当時のロック批評に必要だった事は理解している。そんななかで、植草氏のロック批評が、門外漢の趣味的なものとして扱われた事も想像に難しくない。しかし、あらゆるジャンルが無効化し、むしろ長い音楽史的なタームで音楽を解読する事が求められている現代においては、植草氏のように広い間口から細部を解読しようとする手つきは有効なのではと思えるようになった。

特にニュー・ロックについて編まれたスクラップ・ブックのシリーズでは、まずロック・ミュージックの発生にまで遡って、ジャズ、ゴスペル、ブルースの要素がどのように関わっているのか、細部の丁寧な解読が行われている。歴史の経緯を、現場の検証を通して語るというのは、植草氏の基本姿勢であるが、そこには海外の雑誌の勝手な翻訳も多い。しかし、その時、植草氏の目は、植草氏の体を離れ、その場所に入り込んでしまっているように感じる。読み手にもそのような作用が伝播し、まるで現場を目の当たりにしているように感じる文体で書かれると、スッと歴史感が頭に入ってくるのである。

今、読み直してみると、レコード会社からサンプルで貰ったどうでもよい音源についても、詳しく紙幅を割いていたり、ムーグなどの用語についての解釈に誤りがあったりが散見されるが、やはり植草氏の見立てのセンスは抜群で、当時は日本盤もリリースされていなかったレコードやマイナーなアーティストにもスポットを当てている事が分かるし、なによりも勝手に日本語タイトルを付けてしまったり、それこそジャンルの無効化のハシリといえるような「これは一括りにして同じ段ボールに入れておこう」というような遊び心、聴いて楽しむ、という音楽の基本を、植草氏は思い出させてくれるのだ。

レコード屋に「JJのロック」というコーナーがあったら面白いだろうと考えてみた

安田謙一（ロック漫筆家）

最初は「植草甚一と音楽」という執筆テーマをいただいた。

〝扉のマーク〟という共通点で、米国西海岸の再発レコード会社のライノ・レコードと並んで長きに渡り一方的に愛顧させていただいている晶文社からの、はじめての原稿依頼。お断りする理由などない。速攻で、お引き受けいたします、とのメールを送るのと同時に「植草甚一とロック」というテーマで書いてもいいですか、と売り込んでみたところ、快く承諾をいただいた。

なぜ「植草甚一」と「ロック」なのか。動機の80パーセントは、彼のトレードマークである「ジャズ」を語る知識、語彙が、筆者には圧倒的に不足していること。つまり、逃げだ。逃げてはいない残りの部分、つまり、ぼくが植草甚一とロックを結びつけ〝たくなった〟動機のいくつかの理由を最初に書いてみよう。

まずは和田誠の文章。『ワンダー植草甚一ランド』に収録されている「植草さんと古本屋を歩く」はこんな風にはじまる。


世代間の断絶なんぞと言うけれど、そんな言葉ともっとも遠いところにいるのがこの人だ。「ニューロックを聴いていると、ジャズはもう敵わないなあと思いますね。ニューロックは現代音楽です」そして「ミック・ジャガーが唄うとき、こうするんです」新宿駅構内の人ごみの中で「これがマイクとすると、こうマイクにくっつけて、こうはなれる」とやって見せてくれる。これが明治四十一年生まれの植草さんなのである。


出典は、オール読み物（昭和）四十六年四月号ということで、この時点では63歳くらいの植草の話である。63歳が踊ってみせるミック・ジャガー。ミックを踊る粋老人。あ、これは往年のノヴェルティ・ロックンロール「ロックを踊る宇宙人」のモジリです。とにかく、〝植草甚一・イコール・和田誠が描写するところの、新宿駅構内でミック・ジャガーの真似をしてみせる63歳の男〟というのが、かなり強烈なイメージでぼくの中に残ってしまった。話ついでにいえば、この原稿を書いている今、ミック・ジャガーの年齢は和田誠が書いた、新宿駅でミックを踊っていた植草の年を越えてしまっているのであった。

２つめは、『レコード・ジャケット・ライブラリー』という単行本。徳間書房から77年に発売されたタイトルどおりの、レコードのアルバム・アートを並べているヴィジュアル・ブックで、ぼくは高校２年の発売時にこれを購入している。監修者として植草甚一の名前が大きく印刷されたこの本で、ぼくは、まだ見ぬ、秀逸なアルバム・ジャケットに数多く出会った。今でも、この本に載っていたレコードを見るたびに、あ、植草甚一の、と思い出す。その中の一枚が、英国ロック・バンド、スプーキー・トゥースの「セレモニー」というアルバムの、イラストで描かれた、頭の後ろから五寸釘を打たれた男のジャケだった。フランスの現代音楽家、ピエール・アンリとの共演盤ということで、69年の発売から数十年経ったころ、電子楽器のレコードが見直された時に少し話題を呼んだのだが、その際、このユニークなジャケットと〝再会〟したときに、なにより先に監修者、植草甚一を思い出し、ついでに聴いたこともなかったくせに、馴染みのレコードのように感じたのだ。

このような珍奇なロックと植草甚一との結びつきをまとめて楽しめるのが『植草甚一スクラップブック』の一冊、『ニューロックの真実の世界』（78年、もちろん晶文社）である。この本の解説を書き、本文イラストレーション（コラージュ）を手がけているのが八木康夫で、62年生まれの筆者は、正確にいえば、八木康夫（具体的に言えば月刊ＰＬＡＹＥＲ誌での連載〝Pipco Studio presents〟）を経由して、〝植草甚一のロック〟から影響を受けたのだった。

『ニューロックの真実の世界』は、植草甚一がロック・ミュージックに関心を寄せていた〝季節〟、つまりニューロックという呼称が（結果的に）有効だったわずかな時代（68〜71年）の原稿を集めたものだ。現象として、都会にロック喫茶が誕生した頃。アルバム単位で聴くことがロックの基本になってきた時代である。

同時に、日本盤のロック・アルバムにライナーノーツが必要不可欠なものとされ始めた時代でもある。多くのロックは難解なものになってきた。それは成長であり、成熟であり、ときにハイプ（はったり）であり、しばしば退廃であった。その難解を読み解くことの面白さを、身をもって教えてくれたのが植草甚一だ。と、思う。僕自身が八木康夫の文章やコラージュ作品に教えてもらったことは「面白いロックを面白がることが面白い」という真理。これと、かつて植草が果たしていた役割とがほとんど同じものだったと思えるのだ。「面白いロックを面白がることが面白い」という、一見とてつもなく面倒くさい行為を楽しむ自分を実況中継することにより、対象物と、その周りに浮遊する有機物へ少しだけ近づいていくことが出来た。寄り道、それ自体が目的なのだ。

と、執筆家の端くれとして筆者の目指すものを重ね合わせながら語り始めると、つい熱くなってしまった。『ニューロックの真実の世界』へ話を戻す。ここで紹介されているアルバムからキリのいいところで、10枚ほどピックアップしてみたい。本稿の長い見出しは、その10枚が並んでいる中古レコード店のエサ箱のイメージ。レコードのプライス・カードには植草甚一のコメントを引用して惹句としたい。中古レコード屋の店頭を想像しにくい読者には、ネット・オークションの検索キーワードとして登録されているクラブDJの名前の羅列、「MURO、クボタタケシ、小西康陽、植草甚一」という文字列を想像してほしい。そのときの見出しは「渋谷系といわれてもピンと来なかったけれど、近頃は経堂系なんて言葉まで出てきたようだ」に変換しなくてはいけない。

では、10枚。①「ロックは未来につながる〝4文字〟メッセージ」(68年)

JJ〝店長〟曰く「ハプニング的なことがやりたい人には、いい参考になるだろう。」

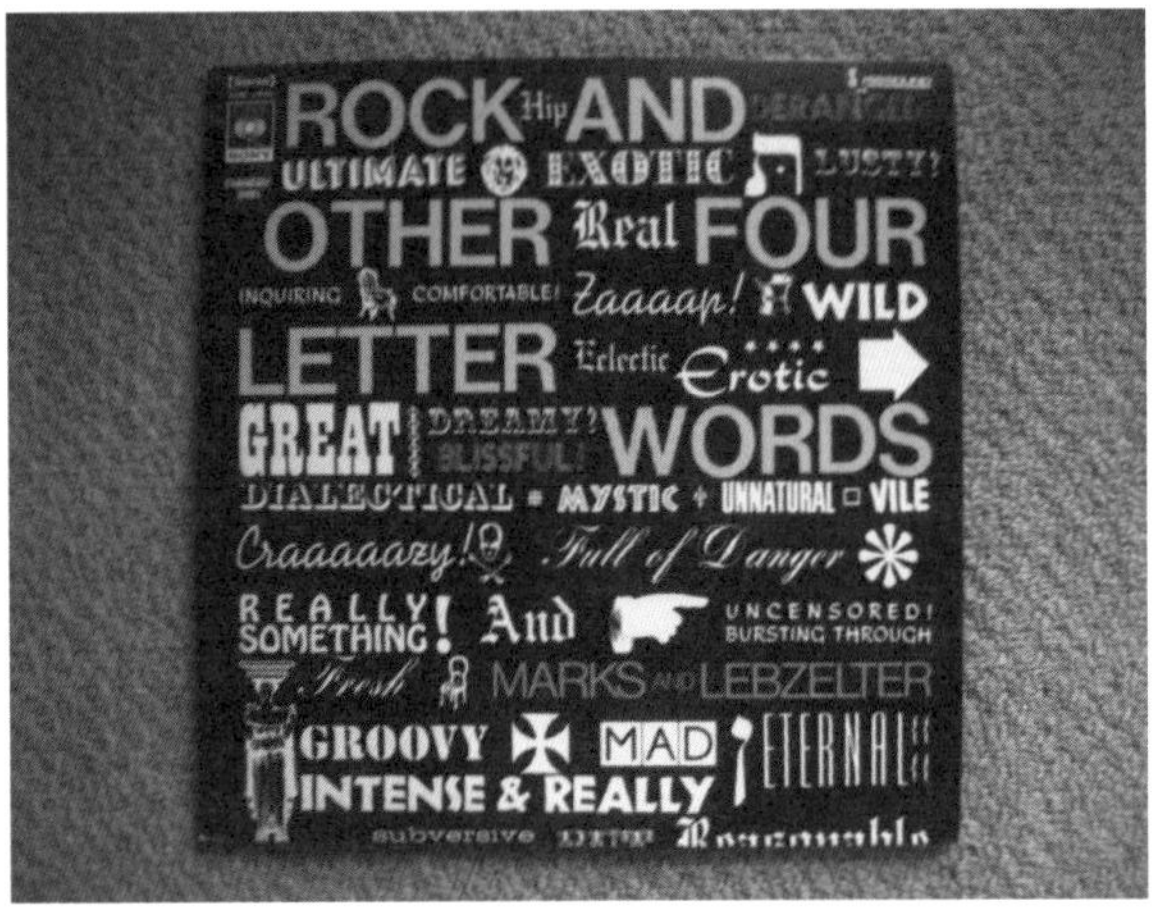

「ロックは未来につながる“4文字”メッセージ」MARKS AND LEBZELTER

68年にCBSソニーから日本発売され、ライナーノーツも植草が書いている。一世を風靡したマーシャル・マクルーハンの「メディアはマッサージだ」の影響下にあるコラージュ・ロック。作者は前衛芸術家のJ・マークス。一柳慧「オペラ横尾忠則を歌う」の〝兄弟〟みたいな一枚。

ついでに映画でいえば、ハスケル・ウェクスラー「アメリカを斬る」などにも同じ時代の才気を感じる。聴けば聴くほど、マザーズ「フリーク・アウト」の〝雰囲気〟を一生懸命になぞっている姿がいじらしい。この稿に目的のようなものがあるなら、このアルバムをCD復刻してほしい、と願う。

②カントリー・ジョー＆フィッシュ「アイ・フィール・ライク・アイム・フィキシン・トゥ・ダイ」(67年)

植草原稿の素敵なところは、たびたびオリジナルの邦題を使用すること。本盤は「なんだか死ぬんじゃないかという気がする」と表記している。宇野千代の晩年のエッセイのタイトル「私、何だか死なないような気がするんですよ」を思い出してしまうではないか。

③モビー・グレイプ「ワウ」(68年)

JJ店長曰く「78回転にしてくれとアナウンスされるので、そうすると、(中略)ノスタルジアを感じはじめ、こんなイタズラもやる「モビー・グレープ」が気にいった」。イタズラ、という響きがなんともチャーミングだ。

④スティーヴ・マーカス「トゥモロー・ネヴァー・ノウズ」(68年)

続けて、JJ店長。「彼の場合は、ジャズとポピュラーという背中合わせになった風土のなかにあるエモーショナルなものが、ぶつかりあったとき、そこに生まれるかもしれない決定的なものに目をつけているのだ。」

⑤ボブ・シールとニュー・ハッピー・タイムズ・オーケストラ「ライト・マイ・ファイア」(67年)

もう一丁、JJ店長。「わるくいえばジャズの低俗化であるが、いい意味でいえば、ジャズをポピュラー化することで、音楽の壁を破壊してやろうという試みのようにみられる」。こういうレコードをリアルタイムで〝拾った〟評論家って、本当に少なかったと、今更ながらしみじみ思う。

⑥デイヴ・パイク「うるさい沈黙　おとなしい騒音」(69年)

シタールをフィーチャーした、このバイブ奏者のレコードが90年代にクラブDJたちによって〝発見〟されたときに、あ、そういえば、と「ニューロックの真実の世界」を思い出して、本棚から引っ張り出してきた。

⑦フランク・ザッパ「アンクル・ミート」(69年)

ザッパは初期のものなら、どの盤を選んでもよかったけど、これは「肉おじさん」という訳が可愛い過ぎるので。

⑧ファッグス「ヴァージン・ファッグス」(67年)

ひょっとしたらマザーズ以上に植草のお気に入りだったのかもしれないアングラ・ロックの雄。

⑨ホリー・モーダル・ラウンダーズ「インディアン・ウォー・フープ」（67年）
そのファッグスとも交流のあった、人力アシッド・ロック二人組。
⑩ビッグ・ブラザー・アンド・ホールディング・カンパニー「チープ・スリル」（68年）
『ニューロックの真実の世界』の中でも少なくとも3回以上はジャニス・ジョプリンについて書かれているが、そのたびに雑誌の表紙などを飾る彼女のポートレイトについて言及している。恐らく、そのヴィジュアル・イメージが植草甚一にとってロックのイメージと等しいものなのだろう。そう考えならぼくが思い起こすのは写真のジャニスではなく、「チープ・スリル」でロバート・クラムが描くところの、向かって右の真ん中のコマで大口開けて歌う彼女の姿である。

音楽について植草さんがスゲエことを書いてた

阿部嘉昭（評論家）

音楽（楽想）、あるいは演奏の伝染力について、往年の植草甚一さんがスゲエことを書いていたなあ、という記憶があって、いろいろ晶文社「スクラップ・ブック」を繰ってみたのだけど、震撼したのはここ、というくだりについに当たった——。『スクラップ・ブック35／ジャズ・ファンの手帖』一七八頁。

●

だいたいピアニストは、アール・ハインズやトリスターノやエヴァンスがそうであったように、あたらしいものを発見するにあたって、サックスやトランペットの吹きかたからインスピレーションをあたえられるものなのだ。ところが、ピアニストのほうではサックス奏者やトランペット奏者にインスピレーションをあたえることは、あまりない。ピアニストが影響をあたえるのは仲間のピアニストだけなのだ。またサックス奏者やトランペット奏者は、おたがいに会話がやれる。ところが、ピアニストたちは、この対話ができないし、自分にむかって語りかけるというようになってくる。そして、それができるのは、〔…〕幾人かのピアニストがいるくらいだ。

●

楽想は伝播する。時間の切り方や、そこに籠める力の線型として。逆に、ただっ広く拡がるものは、ポップスにおける「淋しさへの励起」などもそうだが、伝播するようにみえてそうではない。たとえば逆にみえる「脱力」のようなもののほうが、音楽のシェイプとして真に受け継がれるのではないか。

もちろん上に掲げたピアニストに関わる植草さんの文章は、「ひとりでオーケストレーションができる」ピアニストの存在論的悲哀をいいあてているだろう。「おまえは本来ならひとりでやればいい」。孤独の分量が足りないから他の奏者に影響をあたえない。

とりあえずは植草調に音楽を数珠つなぎにすべく、「脱力」の伝播に焦点をあて、ジミ・ヘンドリックスから話を始めてみよう。

僕がジミ・ヘンの「時間感覚」の本質にふれたのは、大学時代だったか、新宿の厚生年金ホールで『伝説のギタリスト　ジミ・ヘンドリックス』という未公開映画の、フィルム・ライヴを観たときだった。

ジミ・ヘンはバンダナを頭にして、サイケデリックなシャツを、胸許をひらいてまとい、熱演をセクシィに披露する。時はフラワーパワー全盛の多幸症時代。ライヴがハネて、スコット・マッケンジーの「花のサンフランシスコ」に影響を受け、髪に花をつけたようなすあまい女の子たちが、楽屋からの裏口前、ジミの出待ちをしている。来た、ジミだ！　警備員はおぜいいて、みな手をつないで防備線をつくっているのだけど、その下をくぐりぬけて、待っているリムジンに向かうジミにつぎつぎと、特攻隊のように突入してくる。いやあ、すごい。一秒間に一人くらいの割合だ。ジミはそんなグルーピーたちのオッパイをひと揉みして脇へ「さばく」。またひとり猛進してきて、揉んで脇へさばく。そうして目標を失って自失する女の子をようやく警備員たちが羽交い絞めするように後ろから抱きかかえ、離れた場所に保護する。動きがめまぐるしく、刻々の交代がすごくカラフルで、バレエ舞台を観ているようだった。

品定めと瞬時の性的快楽を味わうような、ジミ・ヘンのオッパイを揉む手は、あるいは一旦揉んでその躯を脇によける手は、ギターのフレットを這い、弦を爪弾くジミの両手（の連動）のように速いのだった。サイボーグ的速さ。警備員の動きより、時速30キロくらいで突進してくる女の子たちよりも圧倒的に速い。ということは、ジミには自分の周囲がすべてスローモーションに見え、彼女たちのオッパイを揉む手だけを正常の速さととらえていたのではないか。彼はオッパイを揉みながら、そのオッパイをスローブルースを弾くように、「やれやれ」と「演奏」していたにちがいない。なんてヤツなんだ。

この感覚がジミ・ヘンだ。たとえばジミ・ヘンのプリティなバラード曲、「リトル・ウィング」（『アクジス：ボールド・アズ・ラヴ』所収）。ジミはここでビートの四の倍数を崩すようなかたちで細分化し、音のフリルを時間進行に向けて、刻々と縫いあわせてゆく。この曲をカヴァーしたエリック・クラプトン、デュアン・オールマンのコンビのデレク&ドミノスの大仰に拡がるギターアンサンブルにくらべ、ひとりでジミは経過音を挟んだコードストロークをベース音のガガガ…という脈動で「切り」、ほつれたフレットの土台を、上に上に、と、指を愛撫してゆくようにズラし、分散音をキープしながらリードフレーズを陰画的に形成してゆく。ジミにしては静かな演奏にちがいないのに、聴いていて戦慄が走るのは、フレーズがどんどん「細分」され、音同士の連関がこまかくなり、全体ではスローなイーヴンペースなのに、速度がグングンましているように感じられるためだ。等速なのに速度がましている身体的錯覚をグルーヴと呼ぶならば、ジミはそれをスローバラードですらやってのける。神業だ。真空斬りのようなシンコペもあるが、押しつけの「溜め」がなく、聴く者の躯は何か光のようなもので刻々を切られ、熱い血が内部に流れだしている感じになるだろう。

『伝説のギタリスト　ジミ・ヘンドリックス』で、鮮烈におもいだす場面がもうひとつあった。海兵隊時代のジミが軍隊内部でバンドを結成していて、そこでもう代表曲「パープル・ヘイズ」を演奏していたのだった（モノクロの8ミリフィルムが残されていた）。ジミ・ヘンにはたしかに音の「衝撃」があった。植草さんのいうとおり、テナーサックスでもフルートでも、その楽器で出せる音・奏法を超えたときそれがジャズの画期となり、しかも追随が不可能なワン&オンリーの音楽史ができあがるが、ジミの場合は「パープル・ヘイズ」の冒頭フレーズ、「ズッジャッ、ズッジャッ、ジャララ〜　ジャージャッジャララ〜」の音が出たときがロック史に打ち込んだ画期だったろう。ところが海兵隊時代のジミ・バンドはあのレコードの音が出せない。音はヘタり、ミュートがかかったように貧弱でヘボい。爆発的に伸びない。だから厚生年金の聴衆は残酷なことにみな失笑してしまった。むろん六〇年代前半のことだし、軍隊内では潤沢なエフェクターも望めなかったろう。ジミ・ヘンにはフレーズの楽想があったけど、まだ音の存在論がなかった——ということになる。

さっき僕は、フレーズの細分化がジミ・ヘン的グルーヴをつくりあげた、と書いたが、もうひとつこの細分化はとどまるところを知らなければ、やがては「脱力」をみいだすといいそえてもよかった。女の子たちのオッパイを、時間感覚を細分化して自在に揉めるようなジミは、やがて自分の時間細分に疲弊するようになり、脱力してゆく。というかこのグルーヴの黒人的細分性（これはモータウン・ミュージックにもジャズにもある）と先取りした脱力が先鋭に反応しあって、ジミ・ヘン型のロックフレーズができていたような気もする。ジミ・ヘン本人の生物的短命は、LSD以下麻薬に生命の残量を吸われたというより、この脱力が肥大して、存在の芯を侵食したために現象したものではなかっただろうか。チャーリー・パーカーの伝説は、このようにして反復されたのだとおもう。

「パープル・ヘイズ」はその意味で歌詞が象徴的だ。ジミ・ヘンの生が麻薬的脱力で終わる点を一直線で自己予言している。出だしは「頭の中に紫の煙が入って鬱陶しい」。視覚変化も身体感覚の変化も盛りこまれる。「すまねえな——空に接吻してるみてえな味気なさなんだよ」。ジミ・ヘンは二番の終わりで、「あの娘に魔法をかけられた」と変調の種明かしをするけれども、最後にはパープル・ヘイズ——紫の煙が脳内に濛々として、今が昼か夜か、今日なのにもう明日ではないか、ならばそれはもう此世の終わりではないかという疑念にまで取り囲まれる不如意へ行き着く。「解決」はない。これはたしかに六八年時のロック讃歌だった。とすると、ロックはその本質に拡張ではなく、縮減・脱力・死を内包していたことになる——無時間の感覚に、サイケデリックの刻印があらわだ。

歌詞の詩学でいうと、ジミ・ヘンのこうした自己の疎隔感、脱力は、ブルースの歌詞にその淵源をもっている。ブルースと、神への祈祷を信心ぶかく唄ったゴスペルは、コードや形式の差だけでなく、セックスを中心にした悪魔的脱力とどう関わったかでも大きな差がある。ブラインド・レモン・ジェファーソンやロバート・ジョンソンのオールドタイムブルースでもいいのだが、ここはローリング・ストーンズの若き日、レコード屋でミック・ジャガーとキース・リチャードとブライアン・ジョーンズに衝撃をあたえたマディ・ウォーターズ（「泥水」なんて何て芸名だ）の「ローリング・ストーン」の歌詞を考えてみよう（ストーンズの様子は「見てきたように」日本のビート詩人・中上哲夫さんが、植草『スクラップ・ブック9／ポーノグラフィー始末記』の月報で書いている）。

「深い海の底を泳ぐナマズになりたい」という、とんでもなく理不尽な願望だけでなく、そうすれば「すてきな女どもが／おれを釣りあげようと、みんなで追っかけまわすだろう」という奇怪な確信がつづく。歌は最後の「転がる石」に向かい、さらに畸想の変転をつづける。これを聴く女たちは怖気で脚がすくむだろう。いっぽうその女たちの前に性的な人身御供として投げだされているマディの躯は、精液の匂いたっぷりの孤独を発散させていて、じつは近寄りがたい。

日本でこういう「脱力」に完全な活路をひらいたのが、ギター／ヴォーカル／歌曲づくりで坂本慎太郎の率いるロックバンド、ゆらゆら帝国だった。「イカ天」に代表される八〇年代末のバンドブームのなかで叢生し、3ピース形式を確立しつつインディ畑でサイケロックをずっと展開し、九六年にはアルバム『Are You ra?』でインディ・ヒーローとなったバンド。「ゆらゆら帝国」というバンドネーミングにすでにサイケの味があるが、その特質は、3ピースのバンド編成を逆用して、音の隙間の多さをもちい、ファンが「ゆらってる」と形容する、脱力的なゆれを導く点にある。そう、「ゆれ」といってもストーンズ型のロックンロール・グルーヴではなく、存在の芯を侵食されるようなヤバい病気感覚があった。ジミ・ヘンと逆——時間が等速進行なのに、どんどん遅くなってゆく戦慄があって、聴く者に、だんだん昆虫になるような「退化」を導くのだった。ジミ・ヘン、ドアーズ、ヴェルヴェッツなどをはじめとした、六〇年代ロックの断片を意図的に「不完全に」細部に導入しながら、レトロ文脈で元気に演るのではなく、体験したことのない脱力世界へと聴く者を連れだす——ここが決定的にゆら帝の新しさだった。

ゆら帝・坂本の歌詞の「阻喪」感は、現代日本の精神地図と完全にリンクしていて、この点でも「たんに古めかしいバンド」とは一線を画していた。ひきこもりが云々されだす前に、ひきこもり類型たちの自己縮小感覚だけが研ぎ澄まされてゆく世界を、ルサンチマンの匂いなしに無償で産み（膿み／倦み）だしていたのだった。九〇年代初頭、すでにインディ時代の1stで「私は点になりたい」という奇怪な名の曲を演っていた彼らは、以後も『ミーのカー』（99）では《目と目の間の一点に心を集めて小さくなってゆく》と悪魔的に囁き（「午前3時のファズギター」＝この曲での坂本のギターのひずみと脱分節性はジミ・ヘンと植草甚一も好きだったソニー・シャーロックの合体みたいだ）、「悪魔がぼくを」では、《あいつは　抜かれた／真ん中　大玉／あとは何もない　もうない》と巻き舌から離れた演劇的エロキューションでシャウトする。あらゆる意味で「縮減」をそそのかしているのが逆にロック的魅力だ。

ゆら帝は最近いささか迷走しだしたような感もある。ゼロ年代になってネオリベな清潔・排除志向がはびこり、曲がアルバム文脈を離れ、快楽主義的にダウンロードされる状態に、坂本慎太郎じしん業を煮やしているにちがいないが、音楽志向の変化の趨勢に誠実にこたえるべく、震撼とさせるギターテクも後景にうっちゃり、時にゆがみを加えた、より口当たりの良いポップロックアルバムをリリースするようになった。この見返りは代表曲を集めたライヴ盤で、ということなのだろうが、ゆら帝はライヴを聴いても「ゆっくりさ」に向けて演奏爆発することが少なくなってしまった。ちょっと残念ではある。

そうしたゆら帝だから最近の名曲も随分としぼられてしまう。うちの一曲を解説しておこう。〇五年のアルバム、『Sweet Spot』から「タコ物語」。シンプルでジャジィ／ブルージィ／ファンキィなギターリフ。坂本は語りにちかい歌をそこに乗せてゆく。「ぼくは磯に住むタコだよ」と唄いだされ、自らをタコに仮託しているとすぐに判明する。タコは背後から「君」に近づいてゆくのだけど、「君」に課される形容詞名詞は「敏感な二枚貝」「ゆれるワカメ」といった海の縁語で、エロ小説で定番の猥褻イメージも漂ってくる。「ぼく」はロートレアモン的な「吸盤」で、「君の真珠をなでてあげたい」と願望するが、君はひらりひらり逃げる。この焦燥感がタコの欲望空転でさらに高められてゆく。音節を整えるために入る恋人への呼びかけ――「ラヴ」からふと意味がはがれだすような感じがして、そこがとくに怖い。

こういうゾッとする自己縮減への転機を女性ですでに開いていたのが、カメレオン歌唱、自傷系歌唱の天才と呼ぶべきあの戸川純だった。戸川純が参照したのは、ＳＭ的ビザール文化だった、それも世界大の。その意味で、「ポーノグラフィ」のコレクターだった植草さんと同類だ。同時によってたつ音楽ジャンルも、八〇年代当時のワールドミュージックブームときびすをあわせるように、世界蒐集的になる。「世界蒐集」はリュミエール商会の初期映画ドキュメンタリーにあきらかだったように植民地主義的なのだが、戸川純たちは、そういう帝国主義的精神を裏返す逆説にも自覚的で、ここから女の子たちのための音楽の文化度もいっきょに上昇した。

南米フォルクローレの旋律に乗せて、女性工場労働者の「Ｍ」願望を物哀しく唄う戸川純作詞の「諦念プシガンガ」には漢語使用の冒険とともに、「牛のように豚のように殺してもいい／いいのよ我一塊の肉塊なり」という、当時としては衝撃的な歌詞が入っていた。この歌詞の衝撃が、「ビザール文化の保証＋戸川純の人身御供の保証」となって、結果的に「＝可愛い」を導くという、すごく入り組んだ回路をつくりあげた。ゆら帝に先んじて「昆虫になってゆく自己縮減」を実現していたのもあきらかだ。バロック＋パンクの2ヴァージョンでパッヘルベルのスタンダードクラシック『カノン』に乗せて唄われる、「蛹化〔むし〕の女」。これは、片恋がすぎて身体変容を起こし地中、昆虫の蛹になった「私」が歌の主体だった。けれども想いは実現せず、「私」は月光に照らされた林のなか、幹の樹液をすするだけの中断形に囚われつづけるだけ。バロックヴァージョンでの大正ロマン少女的な「切々」と、パンクヴァージョンでの「剥いた白目」がみえそうな乱心ぶりはまさに好対照だが、パンク版は笑えてしまい、そこでトガっているように一見おもえる戸川純の、存在の抱擁力にも出会うことにもなる。昆虫にさえも同調できる戸川純の変身能力は、ビザールカルチュアへの深い理解に裏打ちされているとはいえ、この芯にはジミ・ヘンなどから受け継いだブルース〜ロックの、焦燥の落しどころがない「脱力」も横たわっていたはずだ。

これらの曲をふくむ『東京の野蛮』（87年リリース、84年のソロ開始からのベスト盤）は、八〇年代音楽の最大振幅をつたえるものとして、僕はずっと愛聴していた。戸川純のファンはニューウェイヴ・トンガリキッズの男の子たちが多かったと、いまネットで確かめると誤伝されている。事実はちがうよ――偏差値は高いが地味目の、「大学お嬢ちゃん」がファン中心層だった。漫然とストーンズを聴き、ジミ・ヘンをそのヤンチャなルックスからきらった女の子たちに、「ブルースな脱力」をひそかに点火したのが戸川純だった。

彼女は、八二年、ゲルニカの歌姫としてゲルニカ名義の『改造への躍進』（細野晴臣プロデュース）でデビューしている。ヘンリー・カウとスラップ・ハッピーが合体し、ダグマー・クラウゼのドイツ語訛りの英語で十二音階ポップスのアルバム『ディスペレイト・ストレイツ』がつくられたのも八二年。この『改造への躍進』はそんな動きへの先端的同調だったとおもう。

ちなみにいうと、植草甚一さんの没年が七九年。ただし晩年の植草さんはセシル・テイラーなどの引き受け先がヨーロッパとなってヨーロッパジャズに視野を移し、そこでイギリス前衛ジャズロックのソフト・マシーンなどにも言及しているから、もう少し存命であればソフト・マシーンのドラマー、ロバート・ワイアットをリスペクトし、後進として十二音階インダストリーノイズ音楽を政治的に推進させたヘンリー・カウと出会い（フランク・ザッパが好きだった植草さんなら充分ありえただろう）、スラップ・ハッピーとの合体状態とも出会い、それと同じ匂いを発している日本のゲルニカとも出会っただろう。江戸っ子・植草さんに欠落しているのが少女的なものへの惑溺だが、ビザールに明るい植草さんは、そういうものへの突破口をゲルニカでしたのではないか――こう想像するのはじつに愉しいことだ。

ゲルニカは作詞・太田蛍一、作曲・上野耕路、歌唱・戸川の三人組だが、ヨーロッパ音楽に明るい上野は、まだシンセが蔓延していない当時、ぜいたくなオーケストレーションで、ほぼすべての楽曲にヨーロピアンな味の編曲もほどこしている。冒頭、「ブレヘメン」はデカダンスな男女の恋情を盛った曖昧な歌詞で、各行語尾は、「ソワレ」「スクリプト」といった外来語がつづくのだが、戸川はそこでのR音をドイツ語的な巻き舌で痙攣的に表現し、ドイツ情緒をみなぎらせる。曲は完全な十二音階。クラシック作曲家ならいざしらず、日本のポップス分野ではおそらく初の十二音階だったのではないか。

ヨーロッパ的デカダン、戦後復興、レトロな味つけのディストピア型機械主義、シュルレアリスムなど以後も文化的味つけがつづき、参照音楽もヨーロッパ歌曲のみならず日本の昭和二〇年代歌謡曲にすら伸びてくる。服部良一などへのリスペクトも感じられる。それらの曲を戸川純は「怪しげながら」「自在」、という奇蹟のような両面性で唄いあげる。じつは僕のもっている盤はＬＰではなくＣＤ再発盤で、ボーナストラックとして当時アルバムとはべつにリリースされたシングル曲ＡＢ面も収録されている。最後にうちのＡ面、「銀輪は唄う」に言及しておこう。

凝りに凝った、戦後歌謡曲をパッチワークした曲調とオーケストレーションで、若い男女カップルを主軸にした「自転車讃歌」がこれ以上ない、というほど明朗に唄われる。「僕らの村」を遠くに見て「夢を語ろう　二人の未来」。戦後レトロ丸出しのこの歌詞世界は八〇年代当時からしてみると明らかに情緒も意味も「足りない」。ゲルニカは懐かしさだけではなく、この足りなさも、高偏差値で音楽化しているのだった。ジミ・ヘン「パープル・ヘイズ」の不如意は、こうして日本的伝統によって縮減された足りなさへと批評的に移された。ヘンリー・カウとつうじる政治主義。だから晴天のようにアッケラカンと唄う戸川純の歌声を、「可愛く」だけでなく「無気味」ともとらえるべきなのだった。八〇年代当時の楽曲の、こうした文化度がすごい。太田蛍一・上野耕路の作詞作曲コンビは僕にとって職業的作歌体制の範例だった。

さて三村京子という八三年生の歌手がいる。早稲田での僕の「サブカルチャー論」の受講生で、１stアルバムを講義後に「聴いてください」ともってきて、僕と知り合った。音はフォークだったが、日本の音楽がゆら帝のように「縮減」方向に向かうのなら、アコギ一本で音楽の場を流浪できるフォーク系は、この不況時代に大きな可能性をもっていると、当時の僕は考えだしていて、フォークで何かできないかとおもっていた。それで彼女の歌唱を聴くと、すべてが不安定にゆれている。身体のブレがそのまま歌にでているようで、少女っぽさをとりわけ価値づけする僕には、先述した戸川純ラインの魅力が脈打っているようにも感じられた。

当時の彼女は歌詞づくりが苦手だったので、僕が歌詞を手伝うかたちで曲の共作がやがてはじまる。いま突然におもいだしたのだが、当時の彼女が自分で作詞作曲したレパートリーには「むだづかい」という、女だてらにギターのラグタイム奏法を駆使するブルースがあった。「太郎さんのおちんちんがほしい」という衝撃的な出だしではじまるこの曲は、フェミニストのひんしゅくを買いそうだが、性的な願望をふくめ、相手に思いをやってもそれが実現しなければ、「むだづかい」になる――そんなあきらめが結論となる。しかもその「あきらめ」によって自分が充実しているという逆転もある。「むだづかい」の語はオナニスムをも影絵のように印象させるが（ここに明瞭な「自己縮減」の感覚がある）、じつは冒頭「太郎さん」は一種の男性抽象名詞への呼びかけであって、歌は三好達治的な詩的抽象性へと飛躍していた。こんな単純な歌なのに、一曲に何重もの逆転の仕掛けがあるのがうれしかった。

「女だてら」のギターフリーク。やがて苦手な歌詞づくりを僕に託すようになると、彼女はメロ跳びのはげしい、ポップ曲を量産するようになり、「ラララ」のハミングで唄われた曲だけの曲に歌詞をはめてゆく作業を僕のほうでも愉しみだした。彼女の曲のコード進行は、作曲能力にあふれていた。中学生時代から早熟にも曲づくりを開始した彼女は、当時流行していたＪポップ的代用コードの使用にすぐれていて、なおかつ曲ごとにＪポップとは異なるスケールを歌メロに展開させだす。ギター奏法の特性を生かし、コードには還元できない曲も「難解」の印象なしに完成させる。その作曲能力はＬＳＤで異常になっていた頃のジョン・レノンのひらめきを髣髴とさせるものがあった。

この「ポップな異常」はさまざまな形容に変奏できる。独特な親しみがあるのにそのゆれによって、恐怖の深淵を覗いたような深さのある声もそう。歌唱の刻々では「笑い」「哀しみ」「アナーキーな突き放し」といった相反する色合いがともり、一切要約できないというのも過激だ。こういうのが戸川純との共通性。そんな彼女が唄うものだから、歌唱がピタリと収まったときには、言葉のひとつひとつが刻々、粒立って響いてくる。歌詞の一行一行の積み重ねを首尾一貫性ではなく複数的なゆらめきとして配置すると、より発語の刻々に瞬間的な驚愕がともない、歌の世界が結晶形のように立体化しだす。ライヴでは客席全体をシンとさせ飲み込むように魅了するのに、どこかで自他双方にとって攻撃的な何かがあり、楽器編成がたとえフォークであっても印象がパンキッシュなのだった。「むだづかい」などを唄っていた彼女には現在の二十代前半の女性がそのままに体現している「存在の縮減感覚」もあって、歌詞上の挑発はこの縮減機能によって中和される。それで計画した以上にその歌詞世界に複雑な翳りのでる場合もあった。

三村さんと僕の共作曲が三十程度になってこれはアルバムをつくらなければ重いなあ、と考え、京都のジャズ界では名ウッドベース奏者で鳴らしている船戸博史さんにプロデュースを頼んだ。植草さんが生きていたら絶賛しそうな、つよいジャズ魂の船戸さんは、一方でフォーキィなものへの愛着もあって、最近では長谷川健一さんのアルバムを好プロデュースしている。ロック的なバラード、ジャンルを特定しがたいサイケアヴァンギャルド、ルーツ志向のラグタイム、シャンソン、ネオフォークなど、多ジャンルの三村さんの曲が居並んでいるなかを、船戸さんの神業的で、ジャジィなベースが加わったものだから、いよいよジャンル同定が不能のアルバムが仕上がった——電気的な音を一切つかっていないのに、フォークとは認定できない。音も曲も不思議にカラフルで、しかも全体に「縮減」の線が一本通っている。この四月に出たそのアルバムタイトルを書いておこう——『東京では少女歌手なんて』。

そこから最後に二曲だけ紹介。まずは僕の作詞作曲による「岸辺のうた」。僕の作曲は抒情的な転調を繰り返して、つぶやくように唄われていいフォーク／ロック／シャンソン系のバラードになっている。歌詞はズバリ、セックスソングだった。三村さんはそのルックスもあいまって、セックスソングを唄っても澱がのこらず、透明な抒情性の奥底に聴き手を連れだす個性をじつはもっていて、僕は安永知澄の短篇連作マンガ『やさしいからだ』の一篇を参照にした。舞台はラブホテル、性愛にともなう水の世界によって、女の子の視界が現在／過去の区別不能に覆われてゆくという着眼だ。録音のときびっくりしたのは、この性愛の縮減の世界に感応してしまったのか、三村さんのギター演奏／歌唱が、曲が進むにつれゆっくりとなりだしたこと。いわば逆グルーヴだ。曲は不安定なデミニッシュコードで終わるのだが、唄われる性愛はこの刻々のスロー化によって、最後、化石のように停止してしまう感覚が生じる。この縮減感覚がゾッとする。船戸さんはこのテンポの不安定な録音にウッドベースの弓弾きを中心にしたダビングをおこない、歌とギターを圧倒的なレンジで支えて、催涙的な名演を完成させた。

この『東京では少女歌手なんて』は子守唄のようにやさしく、しかもレトロっぽい懐かしさをもつ「百億回の愛」（三村京子＋阿部嘉昭作詞／三村京子作曲）で終わる。これもセックスの匂いも感じさせる、しかし「聖歌」なのだが、ふたりでつくった歌詞のヴィジョンは宇宙的な壮大さをねらっていた。三村さん特有の豊かな不安定さは小節区分されるべき曲の時間のうえで歌詞のちりばめがすごく不規則だという点にあらわれている。この「細分化」の身体的グルーヴはじつはロック的だ。曲は圧倒的な抒情性と余韻で終わるはずなのに、やはりそこに脱力の爆弾が仕掛けられてもいる。その二番の最後を転記して終わろう——《百億回の涙　海の裏側で生きている／からだが一つにならないから／共に眠る場所を探そう／／ズレ続けて　はぐれ続け／いても重なる／死海に幾波あるのかしら／一つ、二つ、百億個の波が死んでる》。

ボーイズトークのしかた

——男子カジュアル文体圏・植草甚一以後。

千野帽子（文筆業）

和田誠の「雪国・またはノーベル賞をもらいましょう」（一九七〇）は、同賞を受賞したばかりの川端康成の代表作『雪国』の冒頭部分を、庄司薫・野坂昭如・植草甚一……ふうに書き分けた作品です。「植草甚一」はこういう感じになっています。

国境のトンネルはとても長いので、ここを通るときはいつもどのくらい長いのかしらんと考えるのだが、そのときもぼくはそんなことをポカーンと考えていたけれど、そのうちウトウトして来たので、読みかけの本をまためくりだした。

それは「トンネル」The Tunnelという小説だが、イギリス式ジョークの連発なので、一晩で読むつもりが、三日かかってもまだ読み終っていない。〔…〕トンネルに入ってから出るまでの短い時間に起る出来事が四百ページにわたって書かれているのだが、これと同じやり方が前にもあったような気がするけど題名を思い出せない。そんなことを考えているうちに汽車はトンネルを出たのだったが、そこはもう雪国だった。ずいぶん寒いなあ。

和田はその後『雪国』をシリーズ化し、合計三三人のパスティーシュは単行本『倫敦巴里』に収録されました。

『雪国』の「筒井康隆」ふうパスティーシュを含む「新・雪国」を和田が発表した一九七三年、当の筒井が《夕刊フジ》連載エッセイ『狂気の沙汰も金次第』のある回で、〈今回は植草甚一風に行こう〉と宣言して、つぎのように書き出しています。

めずらしく朝早く起きたのでテレビを見ると「トムとジェリー」をやっていて、これは以前夕方放送したものの再放送なのだが、もう一度見ようと思って、ドルーピイものを一本中にはさんだトムとジェリーものを二本見たら、やっぱり面白かったので、嬉しくなって、コーヒーを飲みに散歩に出た。

おや、こんな喫茶店がいつ出来たのだろう。そう思って入ってみると、デンマーク風の装飾が店内にしてあって、こういう雰囲気はいいなあ。コーヒーもおいしくて、冷えた生クリームの銀の容れ物を置いていくのもすっかり気に入ってしまったので、また来ることにしよう。

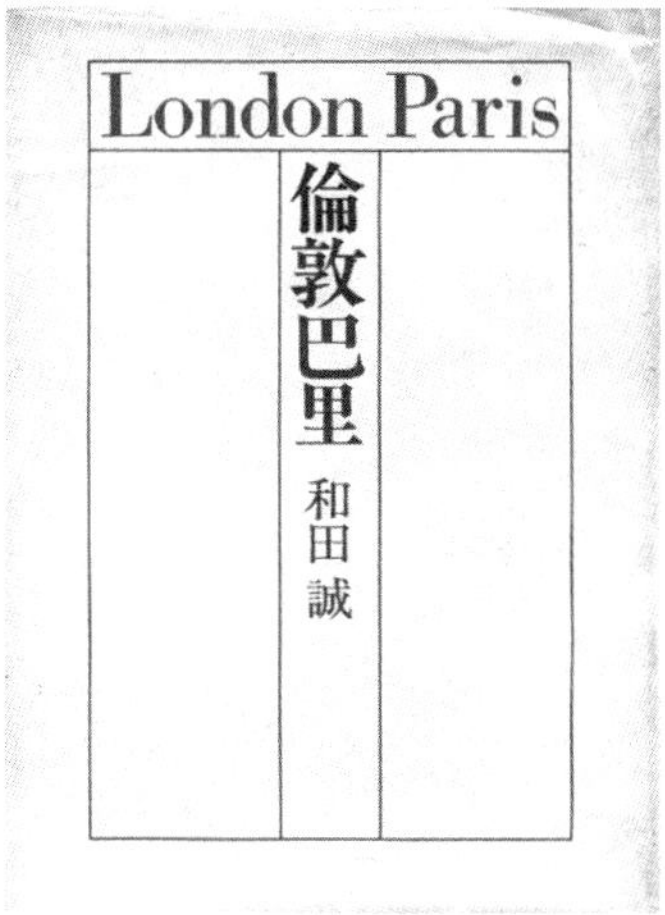

「倫敦巴里」和田誠著、話の特集、1977

連載の挿画を担当した山藤章二もこの回では、〈きょうは発熱だから一回、休ませてもらおう〉と軽く便乗しました。

その翌年、清水義範の自伝的小説『青山物語1974 スニーカーと文庫本』（一九九四）の主人公である会社員ライター・平岡は、雑誌のプレゼント品の紹介を〈野坂昭如風に、井上ひさし風に、司馬遼太郎風に、柳亭《りゅうてい》痴楽風に〉と十種類ほどに書き分けたりしていました（痴楽以外の三人は和田誠の『雪国』シリーズでも取り上げられた対象）。のちにパスティーシュ作品で流行作家になる清水自身がモデルだけに、この主人公は学生時代から、『吾輩は猫である』の書き出しを『眠狂四郎』ものの文体にしたり、その逆をやったりしていたのです。

平岡は、文化系フリーペーパーに書く文章の文体を、〈植草氏と、「平凡パンチ」の文章との、中間的なもの〉にします。〈まだ「ポパイ」も「ブルータス」もなかった時代〉、〈ほかではあまりお目にかかれなかった〉〈少々キザ〉な文体になりました。

博多へ着いてから先が目的なのではない。夜行列車の中が私の旅の目的なのだ。個室でゆっくり本を読もう。音楽をききながら。それが目的だった。窓の外を走る街の灯をながめるのもいい。読みかけていたジョン・アプダイクの『走れうさぎ《ママ》』を持っていくことにした。

宮本陽吉訳では正しくは『走れウサギ』ですがそれはともかく、以上三例は、植草甚一の文体が一九七〇年代前半において物まね芸の対象となるほど、ぱっと見てわかるメジャーなものだったことを物語ります。

*

styleが文体と着こなしとを意味するとおり、文体はときに模倣され、流行します。昭和初年に、〈我々は今現在に、それのいかなる過程をば過程しつつあるか〉とかいった福本和夫調が〈たちまち新人会の学生や急進的な労働組合の文書に伝染し、ひろがつた〉（桶谷秀昭『昭和精神史』）。あるいは一九七九年ごろ、ミニコミ誌で〈椎名誠の亜流の文体が非常にはやった〉（坪内祐三「植草甚一的なるものをめぐって」）。

八〇年代には、渋谷陽一にそっくりな文章でCDの感想文を書き、ミニFMに出ても渋谷口調で音楽を語るロック好き男子の知人がいました。九〇年代には、当時勤めていた大学で、蓮實重彦ふうの文体で卒業論文を書いてきた男子学生を見ました。二〇〇〇年代だと、川上未映子の劣化コピーみたいな文章のブログを書く自費出版作家がいます。

「昭和軽薄体」は、一説には椎名誠自身が名付け親です。自らそう名乗ったということは、文体の選択が意識的であることを表に出していたということです（一種の言文一致運動）。いっぽう昭和軽薄体（群）と並んで諸メディアに流通していた（そしていまもある種のおもに男子の書き手が選択する）もうひとつの文体（群）は、筆者が知る限り名乗ったことがない。遡っていくと植草甚一と庄司薫に行き着く、それは「男子カジュアル文体」です。

平岡≒清水義範が《平凡パンチ》と植草甚一の文体をブレンドしたことからもわかるとおり、植草甚一は、孤立したユニークな個人としてだけでなく、いわば巨大な「男子カジュアル文体圏」のスターのひとりとしても検討されるべきでしょう。

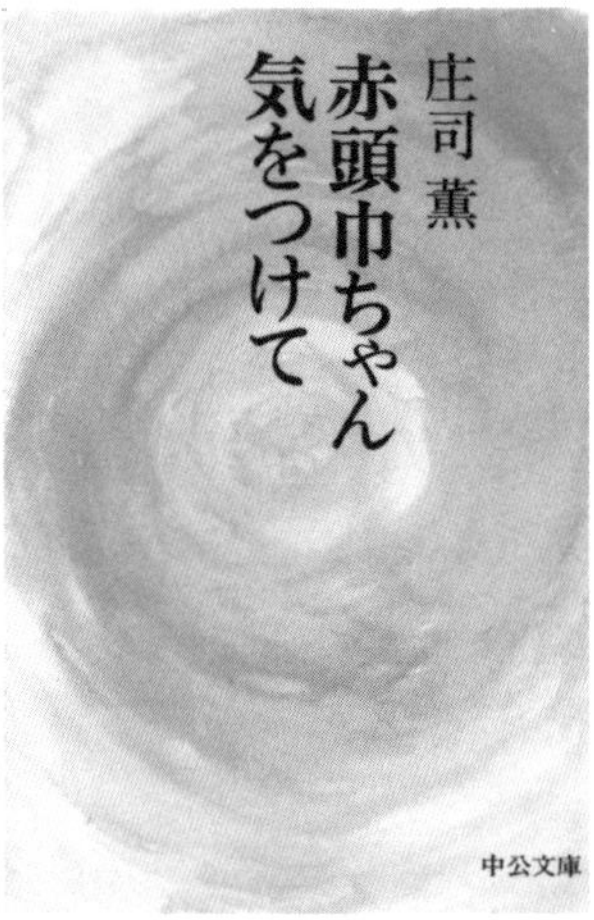

「赤頭巾ちゃん気をつけて」庄司薫著
中央公論社、1969

「風の歌を聴け」村上春樹著
講談社、1979

野崎孝が一九六四年、サリンジャー『ライ麦畑でつかまえて』の訳で植草甚一の文体を借りたという説を聞いたことがあります。いっぽう、その野崎訳サリンジャーに庄司薫『赤頭巾ちゃん気をつけて』（一九六九）の文体が影響されているというのは、どうも俗説らしい。大学時代に《駒場文学》九号に発表した小説「喪失」と、それを書き直して福田章二名で中央公論新人賞を受賞した版（一九五八）との文体比較が、庄司の『狼なんかこわくない』（七一）に載っています。初稿では地の文の文末が「のだ」ではなく〈んだ〉で、〈おかしさったらなかった〉〈ずいぶん笑ったっけな〉〈大出来だ〉〈嬉しくてね〉といった擬似話体が炸裂していました（伊藤典夫訳ヴォネガットが初期村上春樹のルーツ、という説も再検討が必要?）。

だから野崎訳サリンジャーから庄司への影響はむしろ、書名を七五調にした点に認められます（『赤頭巾ちゃん気をつけて』は野崎訳と同じ「て止め」ですし）。『さよなら怪傑黒頭巾』などの野崎－庄司系七五調タイトルは、数年のうちに陸奥A子「たそがれ時に見つけたの」「ハッピーケーキの焼けるまに」「たとえばわたしのクリスマス」「歌い忘れた1小節」、小椋冬美「金曜日にはママレード」といった《りぼん》系漫画の題に後継者を見出すのですが、これはまたべつのお話でした。

晶文社《植草甚一スクラップブック》全四一巻における解説者中の「ぼく」率の高さにも注目したいところです。本稿にすでに出てきた和田誠・筒井康隆・宮本陽吉など、半数近くの一九人（男性陣の半数超）が「ぼく」で、漢字僕と合わせると二三人。他の「私」「わたし」「俺」を圧倒しています。もちろん、ひらがなぼく選択の一事をもって植草かぶれ認定するわけではない（筒井のようにエッセイの一人称をその後〈おれ〉〈小生〉〈わし〉と転々と変えていった例も）。ぼく・僕というノーネクタイな一人称が一九七〇年代後半に、ある風圧をもって運動していたことが想像できるのです。

一九七〇年代以降、男子の日本語には、それぞれ植草甚一・庄司薫を先駆者とする「ぼく」たち・「僕」たちの、ひとつの緩やかなカジュアル文体圏が広がり、現在にいたっています。ラジオへの投書や漫画のネームがあり、歌詞や僕小説があり、そこに植草甚一の文章もあった。植草甚一の死と前後して、村上春樹『風の歌を聴け』（一九七九）が「断章」技を、高橋源一郎『さようなら、ギャングたち』（一九八二）が「改行」技を持ちこんで、一九八〇年代的な男子カジュアル文体圏が完成した。

八〇年代には文芸誌新人賞の応募原稿に村上春樹文体のものが多かったと聞いたことがありますし、批評家・風丸良彦など、『風の歌を聴け』について〈僕たちは失望する〉と書いて、〈おまえだって村上春樹とそっくりな僕小説文体じゃないか〉と斎藤美奈子に揶揄されたりしているほどです（『妊娠小説』）。なるほど風丸の『カーヴァーが死んだことなんてだあれも知らなかった』（一九九〇）は、題から《植草甚一スクラップブック》調でした。二〇〇〇年代に至ってなお、当代の空気を先導する書き手たちが、男子カジュアル文体圏を華やかに彩っているではありませんか。

もし君が地方在住の高校生で、これから東京の大学を受験して、四年以上の年月をそこで過ごそうと思っているのだとしたら、『東京湾景』は、君の生活の入口になる小説だ。でも、どんな入口だろう？　そうだな、君が本州の、東京より西に住んでいるのだとしたら、東海道新幹線で上京するだろう。〔陣野俊史による吉田修一『東京湾景』文庫版解説〕

意外にもこの長野まゆみの「世界」は、今、ここを生きる読者としての僕たちにとって、とてもリアルだ。ひと言で言えばボーダーレス、越境がことごとくファッションであるような時代の実相、その地続きに『新世界』はある。〔田野倉康一による長野まゆみ『新世界1st』文庫版解説〕

彼女らの作品をぼくがこの本に加えた理由は、彼女らの問題意識はぼくらオトコの問題とどこかでシンクロしており、一種の「共闘」が可能なように思えたからです。〔仲俣暁生『文学　ポスト・ムラカミの日本文学』〕

もしも本書をヒネた笑みを浮かべつつ読む者が居たとしたら、僕はそいつを殴るだろう。〔佐々木敦による阿部和重『ミステリアスセッティング』評、《文藝》二〇〇七年春号〕

いいかい？

かつての東京はこうだった。

〔…〕

もしも世界が俺たちを祝福しないのならば。

俺たちが世界を祝福しよう。〔古川日出男『サウンドトラック』「文庫版のために、ただひとつのサウンドトラック」〕

生きているだけで、じゅうぶん恥ずかしいのに、わざわざ自分から恥をかく必要もないだろう。

表明終了。


簡単だね。〔佐藤友哉『フリッカー式』文庫版あとがき。この文で佐藤は『ライ麦畑でつかまえて』の語り手の〈欲望〉に自らの欲望をなぞらえました〕

一人称も措辞も文末もさまざまでありながら、ここには共通する匂いというかノーネクタイ感があります。ちなみに『フリッカー式』に始まる小説群で描かれる鏡家は、サリンジャーの一群の作品のGlass家に対応しています。

＊

文化の転換期に、植草甚一は独自の「文化の語りかた」を提示しました。植草甚一は〈ぼくたちに、いろんな楽しいもの、おもしろいものをプレゼントしてくれる、精神世界におけるサンタさん〉（坂崎重盛による『古本とジャズ』解説）です。英語圏だけでなくフランスやイタリアをも含む同時代文化のキャッチアップ。読者を圧迫せぬよう配慮（この配慮を「いき」と呼びたい）された、膨大な固有名の配置。彼の「文化の語りかた」は、おいそれとはまねできないものでした。

しかし「男子カジュアル文体圏」のなかにその文業を置いてみてわかるとおり、植草甚一は、「文化の語りかた」以上に影響力の大きなものを提示した、何人かの先駆者のひとりでもあります（植草甚一の文は、そのなかではもっともレイドバックなものだったはずです）。彼らが残したものとは、「ボーイズトークのしかた」であり、言い換えれば「自分の語りかた」でした。

遺された蔵書が〈植草甚一という人格を通したときに意味を帯びてくる本ばかりで、いなくなった瞬間にぱっと意味がなくなってしまう〉、〈植草さん以外にはまったく使い道のわからない本だった〉と坪内祐三は言います。とするならば、植草甚一の文に魅せられた読者は、〈プレゼント〉のかずかず以上に、じつは〈サンタさん〉自体にときめいていたのではないか。

植草甚一と同じ流儀で〈プレゼント〉を用意することはできない。しかし、「ぼく」がコーヒーを前にして「ぼくの大好きな」なにか「のことを話そう」と前置きしたり、散歩中に「ふと思い出した」り、古書店で「びっくりした」り、ノンシャランに「そういえば」と話題を変えたり、「けれど、」で逆接してみたり、「なんだ」と言い切ったりすることで、こんな自分を提示することならできそうです。

男子カジュアル文体の引力圏に何度も舞い戻ってしまうことにたいして、私ども男子がためらいを感じない——感じなければまずいはずのところですが——のだとしたら、それは和田誠や筒井康隆にとっては一レパートリーだったものが、かつての《Popeye》《rockin'on》からのちの《ファウスト》までを覆う「男子カジュアル文体圏」のなかではロールモデルになってしまっているということでありましょう。

二〇〇六年に、古川日出男『サウンドトラック』集英社文庫版下巻の巻末に置かれた四頁の挿話は、「ボーナストラック」と称していました。そして仲俣暁生と佐々木敦が、みずからの文芸批評集にオマケ的に収めた文章のことを、それぞれブログ（二〇〇七年）と自著目次（二〇〇八年）においてこれまたボーナストラックと呼んでしまっています。男子カジュアル文体の呪縛力をよく伝える挿話だと思います。せめて「日本盤のみに収録」くらいなことは書いてほしかった。

ボーイズトークのしかた、「私」の輪郭の描きかたを、男子の書き手たちが（ひょっとすると自覚なしに？）規定してしまっている。というのは、少々厄介どころか、由々しき事態かもしれません。男子カジュアル文体圏という「ストリート」を「軽いフットワーク」で歩くという「爽やか」な「自由」こそが、いつしか私ども男子の困難になっているのです。恐るべし植草甚一＆男子カジュアル文体圏。

「ぼくのヒッチコック研究」を研究する

筒井武文（映画監督）

一九七〇年代前半に、晶文社から出た三冊の映画評論集の持つ映画的なインパクトと密度は凄まじいものがあったと思う。もちろん、それは、双葉十三郎の「映画の学校」（73年11月）、小林信彦の「われわれはなぜ映画館にいるのか」（75年2月）、そして植草甚一の「映画だけしか頭になかった」（73年5月）である。刊行年月でわかるように、植草甚一のものが最初に出ているだけに、「映画だけしか頭になかった」が、その後の映画評論集のモデルになったのは間違いないだろう。植草さんが後書きで書いているように、津野海太郎、平野甲賀、瀬戸俊一のトリオによる編集・デザインが素晴らしい。

この三冊は、時代を共にした者だけが交せる共通の基盤がある。なにしろ五〇年代から六〇年代という映画の黄金時代から映画の革新の時代の記録なのである。しかし、三者三様の個性の違いもまた明らかで、双葉十三郎が演出を重視し、小林信彦がジャンルを問題にするのに対し、植草甚一は批評を問題にするというような微妙な肌触りの違いが面白い。双葉が物語を押さえつつ、ずばり映画内部の演出に切り込むのに対し、小林は作品のもつ位置を映画史とジャンルの間で測定しようとしている趣きがある。植草の場合は、もちろん作品の優劣を語りもするが、むしろ作品をどう見るかという問題をめぐって、映画の周りを回避しながら、徐々に本質に接近していくという印象を受ける。

「映画だけしか頭になかった」を読んでみよう。ルネ・クレマンの『海の牙』をアンリ・アルカンの撮影に絞って（もちろんアルカンはJ・J氏お気に入りのコクトーの『美女と野獣』の撮影監督である）、詳細なショット分析を試みた「シネマディクトJ・Jと「海の牙」を見る」が象徴的に冒頭に置かれ、実質的な第一章として、「少年を描く——トリュフォーの「大人は判ってくれない」」を筆頭に、ヌーヴェル・ヴァーグを中心とした五〇年代から六〇年代への映画の新しい潮流にエールを送る論考が並ぶ。続く第二章は、ジャンルや系譜など様々な話題を論じたコーナーである。第三章で、コクトーやカルネやオフュルスやデュヴィヴィエやクレマンやクルーゾーやダッシンやワイラーやワイルダーやカザンやヒューストンやマンキーウィッツやスティヴンスやリードやデ・シーカやヴィスコンティといったいかにも植草さんの好みの監督のお気に入りの作品が論じられる。その間に「映画だけしか頭になかった」や「ぼくの大好きな俳優たち」と題されたコラムが挟まれる。そして、植草式映画系譜学に特別の位置を与えられるのが、もちろんアルフレッド・ヒッチコックである。「ぼくのヒッチコック研究」が、終章となるからである。

「植草甚一スクラップ・ブック」でも、監督で一冊を埋め尽くされるのは、ヒッチコックしかいないように、植草さんがとりわけ熱を込めて研究したのが、アルフレッド・ヒッチコックであることは間違いない。「映画の学校」でも、ヒッチコックには一章を設けられているが、双葉さんや植草さんはヒッチコックの新作が次々輸入されて、その紹介を引き受けるという幸運な、あるいは幸福な世代に属するわけである。ただ「ヒチコックの技法――「疑惑の影」を分析する」から「『フレンジー』とヒチコック技法の復活」まで、十二本の作品論を通して、ヒッチコックの技術のみを徹底的に論じる双葉十三郎に対し、植草甚一のアプローチははるかに多面的である。

この冒頭に据えられている「ヒッチコックは、ほんとうに映画をよく知っている」が、序論というか、総論という形になっているのだが、ここで言うところの「映画」とは何かが、よく掴めないのである。植草さんは、スタンリー・ドーネンの『シャレード』とマーク・ロブスンの『逆転』を挙げ、それにヌーヴェル・ヴァーグの三銃士(トリュフォー、ゴダール、シャブロル)を対比させる。「そうしてみんなヒッチコック映画をよく勉強したものだが、それはスタンリー・ドーネンのように器用なマネでもなく、マーク・ロブソンのようなヘタなマネでもなく、どうしたらほんとうにいい映画をつくれるかということ、つまりヒッチコックの精神をつかみとったのだった」。

ここでは、形だけの真似ではなく、映画作りの精神を受け継いだことで、ヌーヴェル・ヴァーグを称揚したわけだが、ではその精神とは、という疑問を宙に吊ったまま、話はヒッチコックの少年時代に遡っていく。そこでやや唐突に「ヒッチコック・タッチ」の話が出てくる。その定義は、「ごくあたりまえな日常の世界が、急にうす気味わるくなりだし、しだいに恐怖だらけの世界になるという演出上のテクニック」だという、ヒッチコックの世界をうまく要約した表現なのだが、それでもテクニックと精神の関係が解き明かされるわけではない。ということで、さらに読み進めていかねばならない。しかし、この論文の初出が、「高2コース」(64年3月号)だということに、驚いてしまう。高校生に向けて、決して難解ではないが、高度な映画的文章が綴られていた時代があったのである。

「映画だけしか頭になかった」晶文社、1973

「「レベッカ」鑑賞」(初出「映画評論」51年5月号)では、ヒッチコックの映画が特別にすきなひとがいたとしたら、かならず最初からすきになったに違いないことから、話が始まっている。しかし、戦前の日本人には、ヒッチコックが本当にすきだった人は、そう大勢はいなかった、というのが植草さんの見解である。それは、『暗殺者の家』(三四)、『三十九夜』(三五)、『間諜最後の日』(三七)といったイギリス時代のスパイ・スリラーの雰囲気が当時の日本人にはわからなかったらしいのだ。だが、戦後においても状況は変わっていない。「戦後に映画をよく見るようになった人たちのあいだで、ヒッチコック映画のほんとうの味がどれだけ理解されているかと考えてみると、これもまた疑問とならざるをえない。というのは、戦後はじめて「疑惑の影」(四三)が紹介されたとき、あまりに反応がなかったからである」。『疑惑の影』を高く評価する植草氏と、『断崖』(四一)、『汚名』(四六)でヒッチ・ファンになった観客層にギャップが生じたのだ。そんなところに、遅れて公開されるヒッコックの渡米第一作『レベッカ』(四〇)を論じることによって、戦前からの作品からつながったヒッチコックの本質をさぐろうとする文章なのである。そして、小道具や編集やリアクション・ショットの扱いを『断崖』、『汚名』と比較していく。アメリカの大衆に受けるように配慮された結果、ヒッチコック・タッチを希薄にせざるをえなかったのが、『レベッカ』であり、植草氏の言い方では、「映画的な刺戟を、たとえばアルコール作用とすれば、その純度を薄めてアメリカ人の口に合うようにしたのであった」となる。そして、「ヒッチコック映画がつくられていく根本的なものは、こうした細かいショットであって、それが機能的に積みあげられた結果に彼の作品は完成するのである」。

そして、いい頃合いで、「ヒッチコック・タッチの誕生」(「映画の友」54年5月号)が挟まる。これは、「エスカイア」誌に載ったウォルター・ロスの「『中二階の殺人』という記事の紹介文なので、ここで特に言うことはない。ヒッチコックの逸話がいろいろと面白く語られるが…、というわけで、「『裏窓』について印象的に」(「映画芸術」55年1月号)へと急ごう。ここでも、「ニューヨーカー」誌の映画担当者ジョン・

マッカーテンの批評が紹介される。驚くことに、これは『裏窓』批判の一文なのである。しかも、植草氏も「この映画の最も痛いところを突いている」と認めざるをえないのである。J・J氏危機一発という状況だが、異常な人物ばかりが集まった「仰々しいナンセンス」を指摘するジョン・マッカーテンに正面から反論するわけではない。丁寧に『裏窓』の映画的美点を列挙することで、「ニューヨーカー」の記者の映画への盲目ぶりを浮かび上がらせるのみなのだ。ヒッチコックの映画創作法に触れた部分だけ引用しておこう。「まず背景となる舞台装置的なものがイメージとして彼の頭のなかに浮かびあがり、人間のほうは、その前で操り人形のように彼によって踊らされる、といった順序で場面場面ができあがっていくのである」。

スリルとユーモアが背中合わせになっているのが、ヒッチコックの大きな特徴なのだが、『裏窓』ではユーモアとスリルが同時ではなく、時間差をもって描かれるという指摘を受けるかのように、『泥棒成金』を論じた「ヒッチコックのユーモアとスリル」(「映画旬刊」55年10月号)がつづき、ヒッチコック・タッチの変化が語られる。「イギリス風のユーモアが、アメリカ風のユーモアになっていることである。アメリカ作家の小説を取りあげるようになったのも、トリック、背景、ユーモアに新しい結びつき方を考えたからなのだ」。

「ペンギン鳥だといわれたヒッチコック」(「スクリーン」57年10月号)は、テレビで放送が始まった「ヒッチコック劇場」についての一文である。まだテレビの買えなかったJ・J氏は、火曜の夜になると、放送の始まる八時半の前に、テレビのある喫茶店や飲食店に入っていくというのが、時代を感じさせて何とも可笑しい。ここで、「ヒッチコック劇場」を語っておくことは、『サイコ』への伏線にもなることだろう。

「フランスにおけるヒッチコック研究」(「映画芸術」58年9月号)は、エリック・ロメールとクロード・シャブロルの共著「ヒッチコック」(57年)を紹介するという形で、日本で見られなかったイギリス時代の初期作品を取り上げたものである。つまり、ヒッチコックの原点研究をここら辺でやっておこうということだろう。

「北北西に進路をとれ」(「スクリーン」59年10月号)で、ひさびさに新作レヴューに戻る。「この映画のおける全体での新手というのは、サスペンスを持続させながら、その末端においてショックではなく、スラップステックなユーモアをもうけ観客をリラックスさせる手法を使っていることである」。

そして、ヒッチコック本人が登場する。ヒッチコック劇場や「北北西で進路をとれ」で、ヒッチコック登場シーンを論じていたことが、ここで絶妙な伏線として効いてくることになる。「ぼくのヒッチコック会見記」(「スクリーン」60年7月号、「東京新聞」4月20日)。J・J v.s. A・H。勝敗は読んでのお楽しみだが、ユーモアに満ちたやりとりが最高である。なんで、ヒッチコックが来日しているかといえば、『サイコ』のプロモーションのためである。

「トリュフォーとヒッチコック」(「図書新聞」65年3月6日)が、ここに措かれるのも効果的である。なぜなら、「ヒッチコック会見記」に、トリュフォーとシャブロルがヒッチコックにインタビューしに来たとき、池に落っこち、濡れ鼠になったエピソードがあるからだ。「昼休みにやって来たときは、一人は軍服、一人は警官の服装だった。わしの学生たち――かわいそうにね」。撮影所だったから、衣裳部屋で着替えてきたという洒落だが、もちろんヒッチの脚色だろう。「トリュフォーとヒッチコック」は、出版前のトリュフォーの「ヒッチコックとの対談」についての記事だが、トリュフォーの『柔らかい肌』について、「主人公になったジャン・ドサイの表情とらえかたには、ヒッチコックの近作「マーニー」におけるティッピ・ヘドレンの表情を徹底的に勉強したあとがある」との鋭い指摘がある。そして、「ふつう映画は、その時そこにあるもの、そのまますぐ撮影する。そうでなくトリュフォーのやりかたは、その時そこにあったものが、どんな位置にあったから印象に残ったというふうに撮影している。つまり記憶をとおしてのイメージの積みかさねであり」と、植草さんはトリュフォーのヒッチコックから受け継いだエモーションの完全持続の方法を読み取っているのだ。

さて、「サイコ」である。驚くことには、植草さんは実物を見ないで書いているのである。これは、封切館の「日比谷映画」プログラム(60年)に載った文章である。「実物のほうは封切りまで誰にも見せないのですね。(中略)封切まで楽しみにさせておけ、というヒッチからの厳命なのです。こんなこともいままでにありませんでした。おそらく、これはヒッチとしても自身満々の作品になっているんでしょう」。それで実物を見ないで書かなければならない羽目になったそうなのだが、ここで植草氏は実物を見ないで書いた映画批評が異常に多い評論家であるという事実が思い起こされる。この本に収録されているものでは、「アントニオーニ――むこうの批評を読むということ」（初出は「映画評論」62年10月号）がそうである。アントニオーニの『夜』について、タイム誌に出た絶賛の評を紹介したものだが、植草さんは『夜』より後で撮られた『太陽はひとりぼっち』を先に見て、これを「ぼくが生涯にみた最高作品の一つになってしまったし、「夜」がこのような表現までには絶対にたっしていないという気がしたのであった」と書いているので、どうなのと読者を要求不満にさせてしまうのだが、幸いなことに、植草さんの『夜』への評価は、「ジャンヌ・モロー」（「映画の友」65年9月号）で確かめることができる。「サイコ」に戻れば、植草さんが実物の代わりに見たのは、予告篇である。あのヒッチコックが事件現場の屋敷とモーテルを案内して歩く六分以上はある長い予告篇である。「あんなシャレた予告篇はいままでにありませんでしたし、どうしていままで誰も考えつかなかったのかと、ちょっと不思議にもなりましたが、こんなところにも、ヒッチの頭のよさが窺われます」。

ヒッチコックが『サイコ』に力を入れていたのは、自らが製作しているという事情が大きいだろう。撮影もいつものロバート・バークスではなく、テレビの「ヒッチコック劇場」の撮影スタッフを使い、低予算作品としてつくったのだが、試写をしないという戦略や一本立て興行で途中入場お断りというシステムであるとか、結末を絶対に言わないでくださいという宣伝など、勝負を賭けていたのである。予告篇の独創性もその一環である。最後に出てくるシャワー室の女も別人だし、ヒッチコック劇場同様、ヒッチコックが映画を紹介するという形式は、かつては『知りすぎていた男』の予告篇がそうであるように、スターであるジェームズ・スチュアートの役回りだった。ヒッチコックの予告篇は、『ロープ』のように本篇の前日譚というユニークなものもあったが、大半はスターを中心とした映画紹介の範疇に入るものだった。『サイコ』から、本篇も予告篇も変わる。『サイコ』、『鳥』、『マーニー』とつづく三本こそ、ヒッチコックが映画で行けるところまで行こうとした実験の末に、ジャンル映画の枠すら超えてしまったものなのである。予告篇も、この三本はヒッチコック自身が映画を紹介するという形式が共通し、短篇映画として楽しめるものになっている。そして、植草甚一の「ぼくのヒッチコック研究」が感動的なのも、この三本を終わりに据えていることによるのである。

『鳥』の予告篇は、ヒッチコック教授による鳥学講義というユーモアあふれるものだが、扉からティッペ・ヘドレンが入ってくるや雰囲気は一変し、アニメーションで描かれた鳥の襲撃の羽ばたきの黒が煽る不気味さには、ふと映画の死という言葉すら浮かんでくる。最後には「こんな恐ろしい映画を作ったのは、はじめてです」というヒッチコックの言葉が掲げられる。「美しい恐怖映画「鳥」」（南雲堂シナリオ・シリーズ「鳥」63年6月）では、ヒッチコックの恐怖はまっ昼間に発生すると指摘する。植草さん独特の映画の見方は、予兆のような鳥の一撃のシーンの読解に見られる。「やられたコメカミのあたりをベージの革手袋でふれたときの血のつきかた」。この革手袋と血のシュルレアレスム的結合を思わせる細部から、美しいものと恐ろしいものが背中合わせになるヒッチコック演出の原理を導き出すのである。

『マーニー』の予告篇では、ヒッチコックがスタジオで大クレーンから舞い降りてくる。この監督の権力の象徴のようなクレーンを使っているところに、ヒッチコックの自信というより、言いようのない不安を読み取れないだろうか。新作『マーニー』について、ヒッチコック監督はこう語る。「どのジャンルに入るかわかりません。『サイコ』とは違うし、鳥の大群を連れてきて、人間をつかせることもしません。今回は人間の標本をふたつ用意しました。男、そして……女です。セックス・ミステリーとも言えます。たとえ、そう呼んだとしても、中身はそれ以上です。シーンを見ていただければお分かりになるでしょう」。字幕で、『マーニー』という映画の定義を、セックス・ストーリーから、ミステリー、探偵物語、ロマンス、泥棒のお話、ラブ・ストーリーと疑問符つきで挙げていき、最後にそれ以上のものだと断ずるところも同様である。実際、『マーニー』は興行的成功を収めえず、ヒッチコックは再びスパイ・スリラーという古いジャンル映画に撤退をせざるを得なくなる。これは、植草さんが、『裏窓』の批評で、「スリラー的要素を平和的な雰囲気と結びつけ」と評価したヒッチコックの進展と逆行したとも言い換えられるだろう。

それで、「「マーニー」とヒッチコックの新しい魅力」（「映画の友」64年10月号）である。これが「ぼくのヒッチコック研究」ばかりか、「映画だけしか頭になかった」全篇を締め括るのには意味がある。『マーニー』全篇を覆っていた言いようのない不安感と同質のものが、この論考全体から感じられるからである。こうはじまる。「こんどのヒッチコックにも頭がさがった。見終わったあとで『これはもう名人芸というほかない。名人芸という言葉を口にすると、なんだか古くさいものを連想させるけれど、ヒッチコックの場合は新しいのだ。ヌーヴェル・ヴァーグの連中が喜ぶような新しさ。だが、いくら頑張ったって、とても出せないような新しいイメージ。そういったイメージで「マーニー」はいっぱいだ』」。ここには、予告篇でヒッチコックが見せた危機感が垣間見えはしないか。原稿は、連想ゲームのように進む。「このイメージの新しさは、いったいどうやって生まれてくるのだろうか」。「イメージがヒッチコック独特のものだからである」。「ヌーヴェル・ヴァーグが喜ぶような新しいイメージだと書いたのは、トリュフォーが「マーニー」を見たら、どんなに感心しちゃうだろうかということが、とっさに頭にきたからであった」。「最近の映画を見ながら、つくづく考えるようになったのは、『いったいヌーヴェル・ヴァーグが出てこなかったら、映画はどんなことになってしまったろう』ということである」。

ここに来て、映画の未来への憂いが感じられる。それというのも、植草さんが期待したエリア・カザンとジョン・ヒューストンの新作に絶望感に近いものを味わったからだという。「カザンやヒューストンは、そうたいして映画がすきでなくなったということを、はっきりと感じせるような演出ぶりだった。だから衰弱したイメージになってしまう」。「「マーニー」をみて驚いたのは、ますます映画がすきになっていくヒッチコックだった」。ここから、いよいよヒッチコックの新しいテクニックの分析になっていくのであるが、その前に、本の後書きの「原稿が書けないときに」に触れることにする。ここで、植草さんの文章法が語られるからである。「いつでも原稿を書いているときは試写メモの手帖をそばに置いて、どんなふうに場面が変ったか、そのイメージを追っかけてばかりいた。けれどイメージが浮かんでも、それを文章にすることができない。どこかでイメージの覚えかたが違っていたり、記憶から脱落しているので、文章がつながってこないのだった」。「ともかく試写メモをたよりに最初から最後までイメージがどうにかつなぎ合わさってこないと、ぼくには原稿が書けないのだった」。ここには、イメージの連続性という視点から植草さんがヒッチコックをすきな理由が存分に語られている。『マーニー』の批評には、この試写メモがそのままの形で使われ、ヒッチコックの秘密と植草さんの秘密が重なり合うかのように語りかけてくる。このトーキー映画のなかにサイレント映画が現れたような、すなわち映画の過去と未来を同時に含んだ傑作が、植草さんの映画評論集を締め括るのは必然だった。映画の未来へ向けた最後の一文はこうだ。「こんなことを書いたというのもヒッチコック映画の将来は、ヌーヴェル・ヴァーグの将来となるからである」。

1959年の植草甚一が、「モダン・ジャズ」を紹介する

大谷能生
（音楽家・批評家）

植草甚一スクラップ・ブック・シリーズに、おもに「スイング・ジャーナル」誌に寄せた短文のディスク・レヴューを中心に編まれた『J・J氏のディスコグラフィー』というタイトルの一冊がある。そのなかに、一九五九年十一月の「音楽芸術」誌に植草甚一が寄稿したという、「モダン・ジャズ・レコード50選」という題の原稿が収録されている。

一九五九年十一月、ということは、ジャズ・メッセンジャーズの来日によって本格的な「モダン・ジャズ・コンボ」ブームがはじまる約一年前に書かれた文章であり、そろそろジャンルとして一般にも認知されてきた「モダン・ジャズ」というものに対して、ここらで一度特集記事でも組んでおくか、と、ジャズ・ジャーナル以外の雑誌も思いはじめていた頃のものということになるだろう。クラシック専門誌にジャズ・レコードの記事が載るのはめずらしいことだが、ここでその選択に当たった植草甚一は、実はこの時点で、まだジャズを聴きはじめてから三年と少ししか経っていなかった。ジャズ雑誌で原稿を書きはじめたのもつい一年ほど前からの話であって、通常ならこのような役を任されることはないように思うのだが、おそらく、映画と文学の批評家としてすでに名を成していたということと、海外の文化事情に明るい文筆家だという評判から、門外漢へ「ジャズ」を紹介するには相応しい人材だろうと思われ、選

ばれたのではないだろうか。ともかく、これは植草甚一の「ジャズ評論家」としての最初期の仕事であり、一九五六年から五九年までのあいだに植草甚一がどのようなモダン・ジャズの「勉強」をおこない、モダン・ジャズという音楽に対して、この時点で彼がどんな歴史的視点からどのような価値判断を下していたのかをうかがうことの出来る、一九五〇年代のジャズの受容を巡る興味深い資料となっているように思う。

国内プレス版しか選ぶことが出来ないということ。また、専門誌ではない場所に入門的にレコードを紹介する記事であること、という二つの制限に対して想像力を働かせながら、植草甚一が一九五九年時点で作ったリストが、どれだけ「スジがとおった」ものであるのかどうか、五〇年の歴史を隔てた視点から見てみたい。以下、彼が紹介しているレコードを紹介順にそのタイトルだけ挙げてゆくので、まずはざっと目を通してみてください。

1「ガレスピー・パーカー・イン・コンサート」ディジー・ガレスピー&チャーリー・パーカー

右上「マイルス・デイヴィス傑作集（クールの誕生）」マイルス・デイヴィス
左上「スタディ・イン・ブラウン」ブラウン＆ローチ・クインテット
右下「フォンテッサ」モダン・ジャズ・カルテット
左下「道化師」チャールス・ミンガス・ジャズ実験室

2「ウディ・ハーマン・イン・ハイーファイ」ウディ・ハーマン
3「マイルス・デイヴィス傑作集（クールの誕生）」マイルス・デイヴィス
4「バルボアのケントン」スタン・ケントン
5「ドラム・イズ・ア・ウーマン」デューク・エリントン楽団
6「アトミック・ベイシー」カウント・ベイシー楽団
7「ドラム組曲」マニー・アルバンとアーニー・ウィルキンス
8「組曲 ブルース」マニー・アルバン
9「ビッグ・モダン・サウンド」ジョニー・リチャーズ・オーケストラ
10「マイルス・デイヴィス+19」マイルス・デイヴィス
11「ポーギーとベス」マイルス・デイヴィス
12「ルグラン・ジャズ」ミシェル・ルグラン
13「スインギング・ミスター・ロジャース」ショーティー・ロジャース&ヒズ・ジャイアンツ
14「シェリー・マンの『ピーター・ガン』」シェリー・マン&ヒズ・マン
15「シアリング・イン・ハイ・ファイ」ジョージ・シアリング・クインテット
16「ジュニア・カレッジのブルーベック」デイヴ・ブルーベック・カルテット
17「一九五八年 ニューポートのブルーベック」デイヴ・ブルーベック・カルテット
18「ジェリー・マリガン四重奏団」ジェリー・マリガン・カルテット
19「ジェリー・マリガン四重奏団 パリ・コンサート」ジェリー・マリガン・カルテット
20「ジェリー・マリガン・クァルテット」ジェリー・マリガン・カルテット
21「チャーリー・マリアーノ」チャーリー・マリアーノ
22「ウォーン・マーシュ五重奏団」ウォーン・マーシュ
23「チコ・ハミルトン・イン・HI-FI」チコ・ハミルトン・クインテット
24「チコ・ハミルトンの芸術」チコ・ハミルトン・クインテット
25「ジョン・ルイス〜チコ・ハミルトン」ジョン・ルイス&チコ・ハミルトン
26「ジミー・ジェフリー3」ジミー・ジェフリー・トリオ
27「ミュージック・イン・モダン・ジャズ四重奏団」モダン・ジャズ・カルテット
28「フォンテッサ」モダン・ジャズ・カルテット
29「モダン・ジャズ四重奏団」モダン・ジャズ・カルテット
30「たそがれのベニス」モダン・ジャズ・カルテット
31「ジョン・ルイスの芸術」ジョン・ルイス

Miles Davis

Wakin'

Miles Davis Sextet & Quintet

(PRESTIGE 7076)

A Miles Davis Sextet

Miles Davis ---- trumpet
J. J. Johnson ---- trombone
Lucky Thompson -- tenor sax
Horace Silver ---- piano
Percy Heath ---- bass
Kenny Clarke --- drums

Walkin' (Carpenter)
Blue 'n Boogie (Gillespie)

RECORDED April 29 1954

B Miles Davis Quintet

Miles Davis ----- trumpet
Davey Schildkraut -- trumpet
Horace Silver ---- piano
Percy Heath ---- bass
Kenny Clarke --- drums

Recorded April 3 1954

Solar (Davis)
You Don't Know What Love Is (Raye–DePaul)
Love Me Or Leave Me (Donaldson)

The Miles Davis Quintet

'Round About Midnight

Miles Davis
John Coltrane
Red Garland —— より
"Philly" Joe Jones
Paul Chambers

1) 'Round About Midnight (T. Monk) よし
2) Ah-Leu-Cha (C. Parker)
3) All Of You (C. Porter)

(この Garland よい)

1) Bye Bye Blackbird (R. Henderson)
2) Tadd's Delight (Tadd Dameron) arranger → Bebopの作曲家
3) Dean Old Stockholm (Swedenの Folk Song)

Milesのcomboは1955年より
何年頃から人気が出た

Style — 中音域を中心にノンVibratoで奏するソフトなトーン これが Eldridge, Gillespieとは全然違う

L. フェザーの形容は（卵の殻の上を歩く男）

32「モダン・ジャズ・セクステット」 モダン・ジャズ・セクステット
33「KとJ.J.」 J・J・ジョンソン&ケイ・ウィンディング
34「ミルト・ジャクソン～レイ・チャールズ」 ミルト・ジャクソン&レイ・チャールズ
35「ポーギーとベス」 ハンク・ジョーンズ
36「ニューポートのニュー・フェイス」 ランディ・ウェストン&レム・ウィンチェスター
37「モダン・アート」 アート・ファーマー
38「スタディ・イン・ブラウン」 ブラウン&ローチ・クインテット
39「マックス・ローチ・プラス・フォア」 マックス・ローチ五重奏団
40「モダン・ジャズ・ワルツ」 マックス・ローチ五重奏団
41「ハード・ドライヴ」 アート・ブレイキー&ジャズ・メッセンジャーズ
42「セロニアス・モンクとアート・ブレイキーのジャズメッセンジャー」 アート・ブレイキー・ジャズ・メッセンジャーズ・ウィズ・セロニアス・モンク
43「ブリリアント・コーナーズ」 セロニアス・モンク
44「マイルス・デイヴィス・クインテット」 マイルス・デイヴィス
45「マイルストーンズ」 マイルス・デイヴィス
46「ソニー・ロリンズ」 ソニー・ロリンズ
47「ソニー・ロリンズとモダン・ジャズ四重奏団」 モダン・ジャズ・カルテット&ソニー・ロリンズ
48「アトランティック・ジャズ・ギャラリー」 V.A.
49「道化師」 チャールス・ミンガス・ジャズ実験室
50「イースト・コースティング」 チャールス・ミンガス

どうでしょうか？ レコードの並びとして植草甚一は、「まず最初に歴史的価値のある三枚のレコードをあげ、ビッグ・バンドの九枚をセレクトしてから、ウェスト・コースト派の一流レコード、ついで室内学的ジャズの傾向と、バップ時代の新しい継承ともいうべきハード・バップから、これがファンキーの要素を加えるようになった最近の傾向との並立状態のうえで、とにかくいちおうセレクトしてみた。」と述べている。

ジャンル別に数えると、一九四〇年代の歴史的録音が三枚。ビッグ・バンドものが九枚。ウェスト・コースト系が十二枚。MJQ関係が六枚。ファンキー系ハード・バップが五枚。そしてイースト・コーストの真っ黒いハード・バップが十四枚――なるほど、これが当時の日本における「モダン・ジャズ」総体のイメージになるのか、と思い、リストを見ながら気が付くのは、歴史的名盤の次にスタン・ケントン、デューク・エリントン、カウント・ベイシーらの最新作を並べて編曲されたジャズの個性を確認させてから、一般的な音楽ファンにも抵抗が比較的少ないだろう西海岸の白人系ソフト・サウンドのコンボに進み、音楽的黒白配合率が絶妙な（というよりも、いま聴くと「何でこのサウンドが、当時はこんなに自然に受け入れられていたの？」と思うほど、ジョン・ルイスのセンスは「珍妙」の部類に入るものだと思うのだが）MJQを挟んで、もっとも「モダン・ジャズ」らしい即興演奏に満ちた、ハード・バップのコアなレコードを紹介するという、これまでまったく「黒人音楽」に触れたことがないであろう「音楽芸術」誌読者に対する植草甚一の配慮である。

ここにあるのは、「〈モダン・ジャズ〉とは、単なるアメリカのポピュラー・ミュージックとも、戦前のスウィング・ミュージックとも別なものなのだ」ということを伝えようとするための工夫であり、ということは、この時代の日本では、まだ一般的には「モダン・ジャズ」のサウンドもイメージも定着していない、それは極少数のマニアの間だけで喜ばれている、非常にマイナーな音楽だった、ということである。端的に言うならば、このリストにおいて切り落とされているのは、ルイ・アームストロングであり、ベニー・グッドマンであり、グレン・ミラーであり、彼らのようなポピュラー・ヒッターが代表していたアメリカ産の流行歌のあれこれである。「モダン・ジャズとは断じてダンス／ポップス・ミュージックではない」という強い指向が、一九〇八年生まれでありながら、戦前のスウィング時代をスルーしていきなり「モダン」からジャズの世界に飛び込んだ植草甚一にははっきりとあり、おそらくその「勉強」への意欲は、同世代の他の評者と比べても非常に大きかったのではないか、とぼくは思う。

このリストのなかで、これまでぼくが聴いたことがなかったミュージシャンは、「マニー・アルバンとアーニー・ウィルキンス」と「ジョニー・リチャーズ・オーケストラ」のふたつだった。彼らがこの時代にどれだけ著名な存在だったのかは興味あるところだが、五〇組中四十八のアーティストを知っている、聴いたことがある、という

「惑星」エリック・ドルフィー

ことは、ぼくは未だに、この時点で作られた「モダン・ジャズ」のイメージ／言述のなかで物を考えて、演奏している、ということに他ならないだろう。戦後の日本の音楽業界の中で、あらたな棚を勝ち取るために切り取られた、一つの音楽のイメージ――〈モダン・ジャズ〉はスウィングともディキシーとも、R&BともR&Rとも異なる、都市黒人が作ったあたらしい音楽なのである。そのための場所を開けよ。」という主張が、このリストからは伝わってくる。そうしたリストの中にポツリと「レイ・チャールズ」という名前が紛れ込んでいるのは、やはり一九五九年という時代を感じさせてくれて面白いと思う。

植草甚一がこのリストを制作していた時、アメリカではマイルス・デイヴィスの「カインド・オブ・ブルー」が、ジョン・コルトレーンの「ジャイアント・ステップス」が、オーネット・コールマンの「ジャズ来るべきもの」がリリースされ、話題となっていたはずである。一九六〇年代のジャズ・ブームとともに、この時点ではまだ日本プレスのなかったブルーノートやプレスティッジ、リヴァーサイドの名作が続々と日本でも発売されることになり、「モダン・ジャズ」はこれからその黒さをますます増してゆくことになる。

植草甚一スクラップブック15巻、『マイルスとコルトレーンの日々』の月報に、岩浪洋三の筆によって、一九六一年にスイング・ジャーナル誌のために植草甚一が選んだ年間ベスト・テンの内容が再録されている。以下のようなものだ。レーベルは省略してタイトルだけ記す。

1 コルトレーン・ジャズ／マイ・フェバリット・シングス
2 アフリカ／コルトレーン
3 ブラック・ホークのマイルス・デイビス
4 ギル・エヴァンスの主張
5 ブルースの真実／オリバー・ネルソン
6 ジス・イズ・アワ・ミュージック／オーネット・コールマン
7 惑星／エリック・ドルフィー
8 ソウル・ジャンクション／レッド・ガーランド
9 シェークスピア祭のオスカー・ピーターソン
10 オーバー・シーズ／トミー・フラナガン

専門誌への寄稿ということを差し引いても、前述のリストから僅か二年のあいだに取り上げられているアイテムの傾向が大きく変化していることがお分かりになると思う。この時点で、もし植草甚一が「ジャズ入門」用のリスト制作の依頼を受けた場合、その内容はおそらく、五九年時点で上部に位置していた「白い」サウンド群を大幅にカットした、それは「ジャズの前衛と黒人たち」の名前で埋められるものになったに違いない。

一九五九年という、「モダン・ジャズ」のひとつの契機に当たる年に作られた、日本における「モダン・ジャズ」のイメージ――これらのリストの十年前を考え、また、十年後を考えることによって、ぼくたちが思っている「モダン・ジャズ」のイメージは、歴史のなかで再び流動的なものとなり、いままで気が付かなかった支流や轍をたっぷりとたたえたポリ・モーダルな存在として、あらたな潮流の在処を示してくれるだろうと思う。歴史をもう一度、歴史のなかに返すこと。植草甚一がくぐり抜けた「モダン・ジャズ」の言述を、その始原からあらためて読み直し、そこに現在を歴史化してゆくリアル・ポリティクスを読み取ってゆく、そのような作業を、ぼくは最近はじめた彼についての連載において、積極的に進めようと思っている。

あるいて　かって

近代ナリコ
（エッセイスト）

ストッキングにがま口の口金がついている。「サンフランシスコのポスト・ストリートのホテルにいたときに、歩くとすぐ手品道具屋がありました。そこで見つけたがま口のついた靴下です。」と植草甚一はいうけれど、口金が邪魔で穿けるわけもなし、かといってお金を入れようにも、薄物のナイロン地はすぐに破けてしまいそう。なんの役にもたたないばかばかしさが植草甚一の気に入ったのか。その、靴下なのかがま口なのかわからないシロモノを『植草甚一主義』（美術出版社、昭和五三年）でみて、おなじようなのを私も欲しくなり、手芸用品店でがま口の口金を買ってきて、履き古しの靴下につけてみた。べつにお財布にしようというのでなく、ただ手元においてあるというだけのこれもまた非実用品である。

そんながらくたみたいなものを、植草甚一はたくさんたくさんもっていて、先の本のなかには、ブローチ、ペンダント、ワッペン、虫や鳥や動物を模ったチャームや置物、ガラス玉、おもちゃ、ジャンクアートなどがずらりとならぶ。それは、本や雑誌やレコードとともに、植草甚一をかたちづくるフラグメントである、と書こうとしてなにやら違和感があった。そうではなく、彼が手にすると、それがどんなテイストであろうと、もののほうが植草甚一的になってしまう、というほうがぴったりとくる。とにかく、どれもこれも、私も欲しいようなものばかりで、眺めていて飽きない。

高平哲郎は、それらのことを「コレクターでない人のコレクション」と言っているけれど、じつにそうだ。同好の士がいるようないわゆるコレクターズ・アイテムには、このひとは目もくれない。カメラやパイプや帽子などは、好きで集めているひともおおいけれど、植草甚一にはお目当てのものを血眼になって探し出すコレクター魂の熱っぽさはない。まず出会いがあり、気に入ればそれは植草甚一のものになる。どこかで誰かの決めた価値がすでにあるから、なにがしかのいわくがあるから、だから手に入れたい、というのとはぜんぜんちがう。いや、欲しい、と思うことすらこのひとはすっとばしている。

こまごまとしたものを買うのをやめられない質の私は、こういう、何に使うでもなく、ただ眼に楽しく、もっているとうれしいお気に入りを山ほど所有した植草甚一に共感する。そのジャンク好き、買い物好きは、いかにも女のきょうだいにかこまれて育ったひとらしいなあと思うけれど、その買いっぷりのよさは男気にあふれている。

私など、気に入ったものすべてを手に入れられるわけではなく、経済的理由、物理的理由、あるいは人の目を気にして、買わなかったり、買えなかったりもし、それでもいいなあ、と思うものに出会えば、やはり欲しい欲しい、となるわけで、けれども植草甚一は、いいな、おもしろいな、となったら即買う。そのいきかたは徹底している。進行形のひとだなあ、と思う。水が流れるみたいに街へでて、何かに出会い、気に入ると買っている。

ほんとうにこのひとは買い物ばかりしている。店のないところは歩く気がしないと書くのだから、お買い物なき散歩などありえないのである。おもしろい芝居を観ても、帰りに何も買えないと後味が悪い、とまでいう。それで、街をブラついて、何かいいものがあって買えるとリラックスしている。植草甚一が買い物できて、リラックスできたと書くのを読むと、こちらまでリラックスしてくるからおもしろい。

買い物が嫌いなひとは、お店に入ると緊張するといい、その気持ちもすこしわかるけれど、お買い物してリラックス、のほうがよりわかる。私もお出かけしたからには、何か買いたい。でも、手ぶらで帰ることだってあり、するとさみしい。こういうのを買い物依存症というのだろうか？　ちょっと違う気もする。高価なブランド品を買うのをやめられない、というのではないし、でも今晩のおかずとかトイレットペーパーではなくて、ちょっとしたもの、アクセサリーや、すぐ読むわけでもない文庫本や、そんなものがいいので、これはどういう心理なのだろう、私はさみしい人間なのだろうか、などと考えてしまうけれど、植草甚一はそんなことはしない。

『植草甚一主義』には東野芳明との対話が収録されている。植草甚一と東野芳明の父親は同級生なのだそうだ。親子の年齢差のふたりは、まずコラージュの話からはじめる。村山知義やエルンストに驚かされて、つくりはじめられたコラージュ。植草甚一は昭和五年に、フランスででたばかりのエルンストの『百頭女』を洋書屋でみつけているのだ。大正から昭和のはじめにかけての、いい時代の空気を吸って少年期と青年期をすごしたひとの、日向ですんなりとのびた草木のような明朗闊達さがこのひとにはある。

コラージュはシュルレアリスム的であったり、構成主義的であったり、またポップアートのようでもあって、しかし、どれも植草甚一以外のなにものでもない。それはたくさんのものをみたり読んだりきいたりしていても、それらすべてがこのひとのなかに、いつも新鮮で純粋なかたちで、植草甚一というひとのものとしてありつづけているせいではないか。内部へとりいれたものが、澱まず、余分なものとして滞ったり、溜まったりもしない。だから、いつもにごりのないきれいな眼でものをみることができる。

東野芳明は、こんなふうに言っている。

…植草さんのコラージュを見ていて感ずることがいつもあるんです。それは植草さんがいつも世界の断片というか、細部を手離さないことですね、それがぼくの世代にはない。ある意味では世界への限りない旺盛な好奇心といっていいんだけれども、世界というものをまるで顕微鏡をのぞきこむように細部から積み立てていって、決して体系化しない。そしてその細部を常に手離さないでいらっしゃる生き方というのは、非常にうらやましいですね。

体系化しないということでは、文章もおなじだと思う。「世界への限りない旺盛な好奇心」を駆使し、これだというものを颯爽とクローズアップし、その断片を軽やかに並べてみせる。そして、意味づけしたりまとめたりはしない。けれども入念にことばをえらんでいる、使いたくないことばを、意識するよりまえに本能的に避けていると、このひとの書くものを読んでいると感じる。きっと、街を歩くしかたとおなじなのだろう。力んではいないけれど、強いものがある。

小田急線沿線で育ったので、私のはじめての都会は新宿だった。古着や雑貨をみたり、本やレコードを買ったり、ライブを観に行ったり。植草甚一のみた新宿とはもうずいぶんちがっていたかもしれないけれど、彼の新宿歩きの文章はいろいろと思い当たることがあって好きだ。コーヒーを飲んだり、友達とばったり会ったり、ジャズをききにいったり、紀伊國屋で本を買ったりしているわけだけれど、西口の高層ビルのあかりと、駅の側のネオンのあいだの空間に夜の闇がひろがっているさまを描くところなど、ああ新宿だなあ、と思ったりする。

「幻の新宿散歩」という文章のなかの新宿は不思議。赤、青、緑、紫、色とりどりに輝く街路と人波。それは「超現実的」で、「純粋なプロムナード」で、路上にはめ込まれた球体が、夜中の十二時になると回転して光りだす。ただしこれは植草甚一の想像する「少し先の新宿」のこと。「未来」ではなくて「少し先」と書くところがいいなあ。少しどころか、もうだいぶ先であるいまの新宿は、植草甚一をリラックスさせられる街かしら？　そういえば、ついこのあいだ人に会う用があって上京し、地下鉄で新宿へでて、これまた地下にある喫茶店へ行き、そのまま地下道を抜けて小田急に乗って実家に帰ってしまったので、新宿の地上へは一歩もでなかったことを思い出し、がっかりした。すこしでも街へでて、買い物でもすれば、リラックスできたかもしれないのに。植草甚一は、「幻の新宿」をしばし歩いたあと、紀伊國屋で本を買って帰っている。

「植草甚一主義」美術出版社、1978

3月10日（金）

12時に起き、書評（講談社から 山田全集、高木彬光）新聞、ファン Letter を見るうちに1時。きょうは中間小説の原稿〆切もせまり、外出をやめるが、雑用をしているうちに5時になった。鈴木弘子さんから新切手が来る。

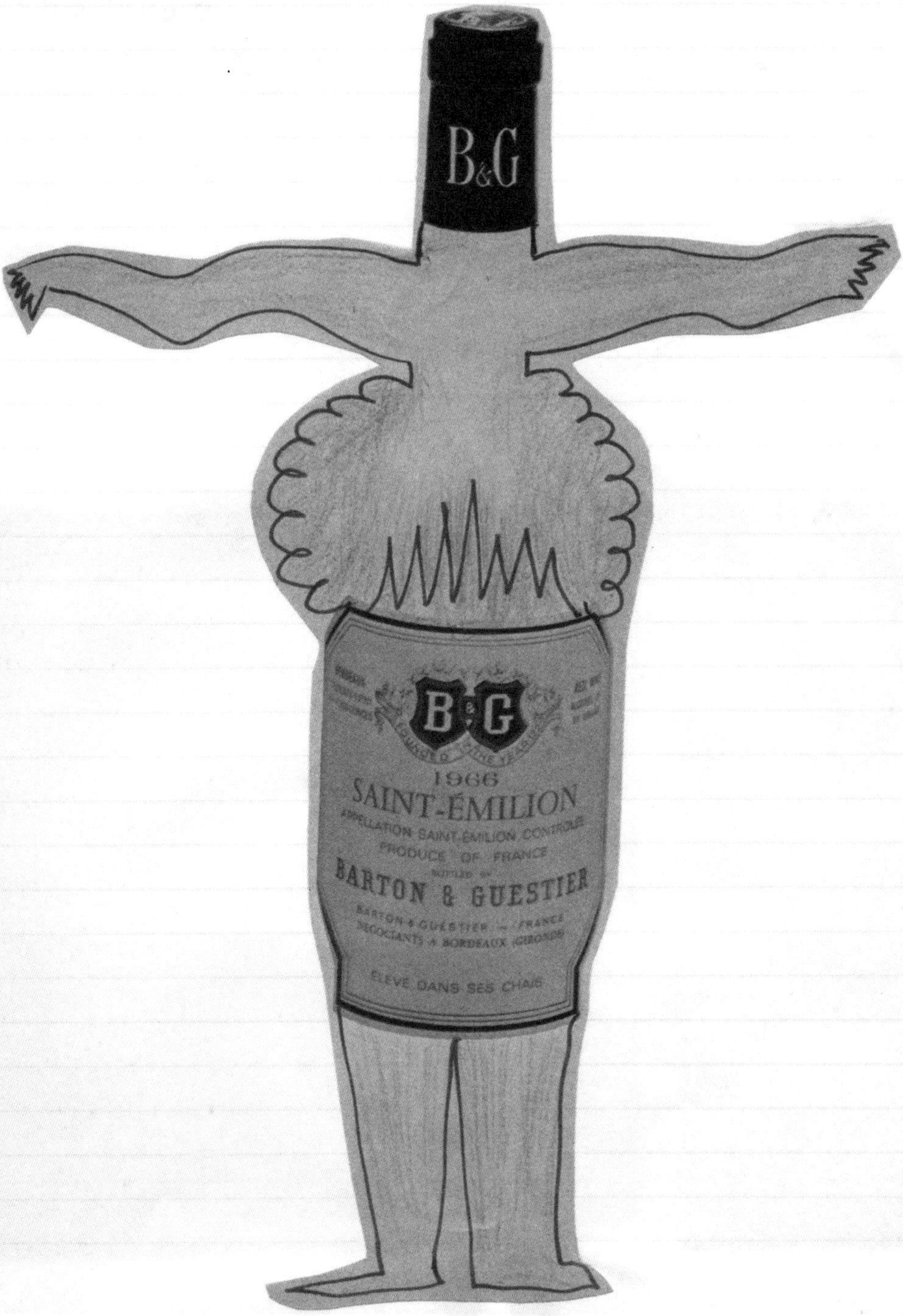

執筆者紹介

浅生ハルミン（あさお・はるみん）
一九六六年、三重県生まれ。イラストレーター。またエッセイストとして『私は猫ストーカー』の著書がある。10ウン年モノの連載エッセイを今年2冊上梓する予定です。趣味は古本と猫。

阿部嘉昭（あべ・かしょう）
一九五八年、東京生まれ。評論家、立教大学特任教授。近著に『僕はこんな日常や感情でできています』（晶文社）、『昨日知った、あらゆる声で』（書肆山田）、『マンガは動く』（泉書房）等。「阿部嘉昭ファンサイト」開設中。

大谷能生（おおたに・よしお）
一九七二年生まれ。音楽家、批評家。晶文社ウエブサイトにて「植草甚一のいた時代 J・J氏と二〇世紀の日本文化」を連載中。著書に『貧しい音楽』（月曜社）『大谷能生のフランス革命』（門松宏明との共著、以文社）など。

岡崎武志（おかざき・たけし）
一九五七年大阪府生まれ。ライター、書評家。植草甚一の影響を受けて、町歩き、古本屋巡り、ジャズを聞く植草チルドレン。近刊に『女子の古本屋』、『新・文學入門』（山本善行との共著）、『昭和30年代の匂い』がある。

荻原魚雷（おぎはら・ぎょらい）
一九六九年三重生まれ。著書に『古本暮らし』（晶文社）、編著に『吉行淳之介エッセイ・コレクション』（ちくま文庫）がある。「sumus」同人。ブログ「文壇高円寺」http://gyorai.blogspot.com/

小田晶房（おだ・あきのぶ）
一九六七年京都生まれ。マップ構成員／なぎ食堂店主。渋谷鶯谷町にて、日々、酒の肴になるヴェジ・メニューを開発しながら、レコード作ったり、文章書いたり、酔っぱらったり、突っ伏し寝たりしております。

小田島等（おだじま・ひとし）
一九七二年東京生まれ。おもしろデザイナー。桑沢デザイン研究所Ⅱ部卒後、スージー甘金氏にちょっと師事。九五年よりフリー。著作漫画に『無 FOR SALE』（晶文社）。古屋蔵人、黒川知希との共著『2027』（ブルースインターアクション）。音楽ユニットBEST MUSICでは「MUSIC FOR SUPERMARKET」（Sweet Dreams）をリリース。

小野耕世（おの・こうせい）
東京生まれ。映画マンガ評論家。作家。著書『バットマンになりたい』、『スーパーマンが飛ぶ』、『銀河連邦のクリスマス』、『アメリカン・コミックス大全』以上晶文社。『ドナルド・ダックの世界像』（中公新書）、『世界のアニメーション作家たち』（人文書院）ほか。熱気球パイロットの資格を持つ。

恩田陸（おんだ・りく）
一九六四年生まれ。小説家。近著に『ユージニア』（角川書店）、『中庭の出来事』（新潮社）、『チョコレートコスモス』（毎日新聞社）、『いのちのパレード』（実業之日本社）など。

鏡明（かがみ・あきら）
作家、翻訳家、評論家。「本の雑誌」に「連続的SF話」「フリースタイル」に「マンハントとその時代」を連載中。著書に『不確定世界の探偵物語』『シンボーズ・オフィスへようこそ（共著）』など。

春日武彦（かすが・たけひこ）
一九五一年京都府生まれ。精神科医・作家。著書に『無意味なものと不気味なもの』（文藝春秋）、『僕たちは池を食べた』（河出書房新社）、『病んだ家族、散乱した室内』（医学書院）など。甲殻類恐怖症で不眠症。

岸野雄一（きしの・ゆういち）
東京芸大大学院や映画美学校で映画音楽学の教鞭を執るほか、音楽レーベル“Out One Disc”を主催し、俳優・音楽家・著述家等、多岐に渡る活動を包括する名称としてスタディスト（勉強家）を名乗り活動中。

北沢夏音（きたざわ・なつを）
一九六二年東京都生まれ。雑誌編集者、音楽ジャーナリスト、DJなどを並行しつつ物書きに。「クイック・ジャパン」誌で連載したサブ・カルチュアと雑誌文化を検証する長篇ルポルタージュ『Get back,SUB!――あるリトル・マガジンの魂に捧ぐ』の単行本化に向け鋭意準備中。

北山耕平（きたやま・こうへい）
一九四九年生まれ。大学在学中に雑誌「ワンダーランド」に参加。その後誌

profile

名を「宝島」とかえた同誌の4代目編集長をつとめる。七六年に退社して渡米。アメリカ・インディアンの世界に遭遇し、アメリカ先住民族の精神復興運動に参加し、帰国後も環太平洋の先住民族とその精神世界の旅を続ける。

近代ナリコ（こだい・なりこ）
「modern juice」編集人。晶文社ホームページで「女のエクリチュール」連載中。「彷書月刊」の連載「ハルミン・ナリコの読書クラブ」が近日単行本化。

杉山正樹（すぎやま・せいじゅ）
一九三三年、東京生まれ。作家・文芸評論家。元「マンハント」編集者。『郡虎彦・その夢と生涯』で芸術選奨新人賞、『寺山修司・遊戯の人』で新田次郎文学賞、AICT演劇評論賞を受賞。

樽本樹廣（たるもと・みきひろ）
一九七八年東京生まれ。古本屋・「百年」店主。百年でのイベント「と」も企画する。「と」は対立の契機ではなく、8の字を描くように循環する運動。「と」によって、何かが生まれればうれしい。
百年HP　100hyakunen.com

千野帽子（ちの・ぼうし）
パリ第四大学ソルボンヌ校博士課程修了。二〇〇四年より休日のみ文筆業。著書『文藝ガーリッシュ』（河出書房新社、続篇も準備中）『文學少女の友』（青土社）。《野性時代》《ミステリマガジン》などに連載。

筒井武文（つつい・たけふみ）
映画監督。東京藝術大学大学院映像研究科教授。監督作に、『ゆめこの大冒険』（86）、『オーバードライヴ』（04）。現在、映画美学校生とのコラボ作品『孤独な惑星』を製作中。

萩原朔美（はぎわら・さくみ）
一九四六年生まれ。映像作家。エッセイスト。多摩美術大学教授。主著『思い出のなかの寺山修司』（筑摩書房）、『小綬鶏の家』（集英社）、『毎日が冒険』（三月書房）、『砂場の街のガリバー』（フレーベル館）、『「演劇実験室天井桟敷」の人々』（フレーベル館）他。

秦隆司（はた・たかし）
一九五三年東京生まれ。編集者／翻訳家。マサチューセッツ大学卒業。記者、編集者を経てニューヨークで独立。洋書の書評誌「アメリカン・ブックジャム」創刊。著書『スロートレインに乗って行こう』、訳書『ロック・デイズ 1964―1974』ほか。

福田教雄（ふくだ・のりお）
一九七〇年生まれ。マップ／スウィート・ドリームス。二〇〇七年よりスウィート・ドリームスとしての活動開始。同名の雑誌を二冊、BEST MUSICのCDや、展示を手伝ったアメリカ人アーティストのカタログなどを発行中。

前田司郎（まえだ・しろう）
一九七七年東京生まれ。五反田団主宰。作家・劇作家・演出家。最近の著書に『グレート生活アドベンチャー』（新潮社）、『誰かが手を、握っている気がしてならない』（講談社）などがある。

安田謙一（やすだ・けんいち）
ロック漫筆家。六二年生まれの神戸市在住。著作に『ピントがボケる音』（国書刊行会）、市川誠との共著『すべてのレコジャケはバナナにあこがれる』（太田出版）がある。

山崎まどか（やまさき・まどか）
一九七〇年生まれ。エッセイスト。清泉女子大学卒。主な著書に『オードリーとフランソワーズ』（晶文社）、『乙女日和』（アスペクト）、『女子映画スタイル』（講談社）。共著に『ハイスクールU.S.A.』（国書刊行会）。

カバー装画　テリー・ジョンスン
装丁　小田島等
写真　青野義一（1,6,9,10,13,86,97-111,115,118-9,134,135,137,146,174p）
協力　池波豊子
鍵谷泰子
関口展
細野しんいち
諸岡敏行
淀川美代子
世田谷文学館
㈱宝島社

BARTON S
TON'S COTINENTAL
CE CREAM

植草甚一《うえくさじんいち》　ぼくたちの大好《だいす》きなおじさん
J・J 100th Anniversary Book
2008年8月8日初版

編　者　晶文社編集部
発行者　株式会社晶文社
東京都千代田区外神田 2-1-12
電話 03-3255-4501(代表)・4503(編集)
URL http://www.shobunsha.co.jp
ダイトー印刷・三高堂製本

ISBN978-4-7949-6732-9　Printed in Japan